'생활과 윤리'
동양윤리와 만나다

'생활과 윤리,
동양윤리와 만나다

· 동양윤리교육학회 편 ·

고재석, 김기현, 김민재, 박병기, 안영석, 이상호,
이영경, 이우진, 장승희 저

씨아이알

—

머리말

—

『생활과 윤리, 동양윤리와 만나다』가 드디어 모습을 갖추어 세상의 빛을 보게 되었다. 책의 출판을 기획하고 첫 모임을 가진지도 아마 3년가량의 세월이 흐른 것 같다. 책의 출간에 즈음하여 먼저 그간의 경위를 밝히고 이 책의 취지를 말씀드린다.

「2015 도덕과 교육과정」 개발 관련 회의에서 있었던 일이다. 당시 도덕 교과에서는 하위 과목들의 내용에서 한국·동양윤리사상과 서양윤리사상의 비중 불균형 문제가 논의된 적이 있었다. 특히 그때 회의에서는 동양철학계를 대변하는 학회 관계자들이 참석하여, "한국이라는 이곳에서 우리 청소년들에게 우리 도덕 교과목들을 교육하는데, 어떻게 한국 및 동양윤리사상보다 서양윤리사상의 내용이 더 많고 비중이 클 수 있는가?"라는 요지로 교육과정 개발자들을 질타한 적이 있었다. 이에 대해 당시 동서양 윤리사상 전공자들 모두 원론적으로는 그 문제에 공감하면서도, 현실적으로는 그렇게 될 수밖에 없는 이유를 해명하고 서로 의견을 나눈 적이 있었다. 요약하자면,『윤리와 사상』 과목은 비교적 이론윤리적 성격이 강하고 이에 대한 연구도 충분히 있으므로 동서양의 균형이나 일정한 수준을 확보할 수 있지만, 응용윤리적 성격이 강한『생활과 윤리』과목에서는 내용을 구성하는 각각의 주제들에 대한 한국·동양윤리사상적 접근의 기초적인 연구물 자체가 아예 없거나 미흡하기 때문에 균형 확보가 제대로 이루어지지 않았다는 것이다. 그리고 이것이 현 도덕윤리교육학계의 현실이라는 것이다.

『생활과 윤리, 동양윤리와 만나다』라는 제목을 달고 있는 이 책은 바로 이러한 상황과 문제의식에서 출판이 기획되었다. 도덕과 교육과정 개정 작업이 완료된 이듬해에 '동양윤리교육학회'에서는 한국 및 동양윤리사상 전공자들이 모여 「2015 도덕과 교육과정」에 따른『생활과 윤리』교과서가 발간될 즈음에 이를 뒷받침할 수 있는 책을 출판하기로 결의하고 세부 주제를 정하고 역할을 분담하였다. 그래서 이 책은『생활과 윤리』6개 단원의 18개 세부 주제에 대하여 9명의 연구자가 대체로 단원별로 고르게 필요한 주제를 선택해 집필한 책이다. 비록『생활과 윤리』교과서에 수록된 주제 전부는 아니지만, 현실적으로 접근 가능한 여러 주제에 대해 동양윤리적 관점에서 보다 체계적인 내용을 제공함으로써『생활과 윤리』과목의 전통윤리적 부분의 완성도를 제고하고자 노력하였다. 그럼에도 불구하고 이번 결과물이 그 기대에 어느 정도 부응해낼 수 있을지는 미지수인 것도 사실이다. 모든 일이 첫술에 배부를 수 없듯이 이번 일을 계기로 유사한 성격의 노력들이 이어짐으로써, 이 책이 학계와 도덕교육의 발전에 미력하나마 기여할 것을 기대해본다.

이 책이 출판되기까지 적지 않은 시간이 흘렀다. 그동안 원고를 지체 없이 써주셨으면서도 결과를 재촉하지 않고 출판을 묵묵히 기다려주신 다수의 집필진들, 전임회장으로서 학회 기틀을 잡아주시고 집필까지 맡아주신 박병기 교수, 출판하기까지의 온갖 업무를 돌보면서 수고를 아끼지 않은 학회 총무이사 김민재 교수, 그리고 어려운 출판계의 상황 속에서도 기꺼이 출간을 결정해준 도서출판 씨아이알 가족들 등 모든 분들에게 진심으로 감사를 드린다.

2020년 1월 2일
안동 송천동 논골 앞에서
동양윤리교육학회장 **안영석**

:: 목차

머리말 v

①

현대인의 삶과 동양윤리사상

I.   삶의 문제와 동양윤리사상의 본질   3
II. 윤리문제에 대한 동양윤리적 성찰과 탐구   14
III. 현대의 윤리문제에 대한 동양윤리적 적용과 해결방안의 모색 24

②

동양사상에 나타난 생사관의 윤리적 의미

I.   머리말   37
II. 죽음의 철학적·심리학적 의미   39
III. 동서양의 생사관의 특성   41
IV. 동양사상의 생사관   45
V.   생사관의 윤리적 의미   59

3

유교적 부부관계에 대한 재조명

  I.   올바른 부부관계에 대한 교육의 필요성   67

  II. 유교적 부부관계에 대한 부정적 인식   69

  III. 유교적 부부관계에 대한 재조명 노력   75

  IV. 유교적 부부관계의 도덕교육적 활용 방안   83

  V.   남은 과제들   90

4

사회정의의 기초, 유학에서 규정한 의(義)의 의미

  I.   생명보다 귀한 가치, 의   99

  II. 마음에 선험적으로 내재하는 도덕 준칙   101

  III. 상황에 맞게 드러나는 중용 준칙   105

  IV. 어진 마음에 기초하는 보편 준칙   109

  V.   옳음을 위한 유일한 길, 수양과 덕치   116

5

직업과 청렴의 윤리

  I.   장인 정신과 직업윤리   123

  II. 공자의 직업윤리   125

  III. 맹자의 직업윤리   128

  IV. 순자의 직업윤리   135

  V.   공직자의 직업윤리와 청백리 정신   140

6

동양윤리 관점에서 본 과학·환경의 윤리교육

I. 들어가는 말	161
II. 과학·정보·환경에 대한 동양윤리적 접근	164
III. 선의 과학과 악의 과학	179
IV. 사람의 본성과 동물의 본성은 같은가 다른가	199

7

예술과 도덕: 유교의 예술론

I. 음악의 신 건달(乾達)을 아십니까?	215
II. 공자의 예술론: 인간다움[仁]의 실현 장치	220
III. 순자의 예술론: 선(善)으로 이끄는 인위(人爲)의 도구	226
IV. 『예기(禮記)』의 「악기(樂記)」 편: 유교 예술론의 집대성	234
V. 결 론	240

8

다문화사회에서의 종교적 공존과 관용

I. 다문화사회와 종교	247
II. 종교의 다양성과 공통성	249
III. 한민족의 원형적 정신과 계승	252
IV. 종교적 분쟁의 해소를 위하여	266

9

평화와 공존에 관한 동양윤리적 대안

I. 공존(共存)과 평화(平和)라는 화두(話頭)   277
II. 새로운 교육과정에서 '생활과 윤리' 과목의 동양윤리적 배경 강화

                                                                      280
III. 삶의 질서와 평화, 공존의 미학   284
IV. 평화와 공존을 위해 우리는 어떤 노력을 해야 할까?   298

찾아보기   302
저자 소개   309

1
현대인의 삶과 동양윤리사상

이영경 (경북대학교 윤리교육과 교수)

1
현대인의 삶과 동양윤리사상

I. 삶의 문제와 동양윤리사상의 본질

현대사회에서는 개인이 영위하는 삶의 영역이 전통사회보다 훨씬 넓기 때문에 생활 가운데서 형성하는 관계망(關係網)은 매우 다양하다. 이러한 삶의 다양성에 따라 현대인들은 이전의 단순한 생활에서는 경험할 수 없었던 여러 복잡한 문제에 직면하게 되고, 이러한 문제 상황에서 적절하게 대응하지 못한다면 개인의 삶은 심각한 위기에 봉착한다. 그러므로 어떠한 가치관을 가지고 생활하며, 어떻게 삶의 어려움을 극복할 것인가 하는 것은 삶을 가치 있고 행복하게 영위하는 데 매우 중요하다. 윤리사상은 바로 이러한 삶의 문제를 윤리적 관점에서 성찰하면서 좋은 삶을 지향하는 실천적인 가치체계라고 할 수 있다. 삶에 대한 가치적 관념과 태도인 윤리적 입장이 어떠한가에 따라서 삶에서 추구하는 이상(理想), 삶을 살아가는 방법과 문제해결 방식이 달라지므로 삶의 의미와 행복의 성취 여부가 갈린다. 따라서 우리는 좋은 삶, 행복한 삶을 영위하기 위해서 어떠한 윤리관을 가져야 할지를 고민해야 할 것이다.

동양의 대표적인 윤리사상인 유교(儒敎), 불교(佛敎), 도가(道家) 사상은 인간의 본질과 삶의 문제에 대해 성찰하면서 가치롭고 행복한 삶의 방향과 원리를 모색해온 사상체계이다. 동양윤리사상은 삶에서 직면한 문제의 성찰과 극복이라는 실천적 명제를 본질로 하는 것이라는 점에서 실천적인 윤리 사유의 체계라고 할 수 있다. 고대 사회로부터 인간이 삶에서 직면하게 되는 윤리문제를 논의하고 바람직한 가치의 실천을 지향해온 유교, 불교, 도가 등의 동양윤리사상은 현대사회에서도 삶의 문제들에 대해서 의미 있는 성찰의 계기를 제공한다. 그러므로 동양윤리사상의 본질에 대한 이해를 통하여 현대인들이 좋은 삶을 영위할 수 있는 삶의 지혜를 얻을 수 있을 것이다.

유교사상과 인격 형성적인 삶의 추구

유교사상은 인격 형성이라는 인간됨의 가치를 중심에 두고 삶을 성찰하는 것을 본령으로 삼아왔다. 즉 참된 인간이 되는 것이 바로 유교가 지향한 사상적 근본이었던 것이다. 공자(孔子)는 "옛날의 학자들은 자신의 수양을 위한 학문을 했으나, 지금의 학자들은 다른 사람의 인정을 받기 위한 학문을 한다(『논어(論語』, 헌문(憲問))."라고 하였다. 공자를 비롯한 유가(儒家)들의 공부 목적은 인간으로서의 도리를 깨치고 실천하는 자기 인격 형성에 있었으며, 도덕적 올바름을 배제한 채로 단지 다른 사람의 인정만을 받기 위한 것이 아니었다. 다시 말하면 다른 사람의 인정을 받는 것을 학문의 목적으로 삼아서는 안 되며, 참된 인간의 품성을 닦는 인격 형성이 목적이 되어야 한다는 것이다. 공자가 정립한 인격 형성이라는 유교사상의 본령은 조선의 유학자 율곡(栗谷) 이이(李珥)에게도 이어지고 있다.

> 몸소 올바르게 실천하려는 사람은 성리학을 정밀히 연구하고, 성리학을 정밀히 연구하는 것은 몸소 올바르게 실천하기 위해서 그렇게 하는 것이다(『성학집요(聖學輯要)』).

인간의 바른 도리와 삶의 가치를 탐구하고 실천하는 유교사상의 근본정신에 따라 율곡은 성리학[도학]의 본질이 도리의 실천에 있다고 강조하면서, 도학(道學)은 윤리(倫理)를 밝히고 인간의 도리를 잘 실천하여 극진하게 하는 것에 본령이 있다고 주장한다. 즉 인간의 윤리적 가치를 탐구하고 그 가치를 실천하는 것이야말로 인간에게 가장 중요한 삶의 과업이며, 이 과업을 위한 학문이 바로 유학이라는 것이다.

현대 사회에는 많고 다양한 삶의 문제들이 있지만, 그 문제들을 분석해보면 지엽적인 것, 부차적인 것이 있는 반면에 근본적인 것, 일차적인 것도 있다. 만약 삶의 문제를 해결한다고 하면서, 모든 문제를 파생시키는 근본적인 문제를 도외시한 채 부차적이고 지엽적인 문제를 먼저 해결하려고 매달린다면 이는 문제의 핵심을 비켜가는 것일 뿐만 아니라 문제를 더욱 악화시키는 일이 될 수 있다. 근본적인 문제의 해결은 여러 연관되고 파생되는 문제의 해결을 가능케 한다. 그러므로 현대인의 삶에서 근본적인 문제가 무엇인지를 이해하고 깨닫는 것이 중요하다. 유교사상에서는 돈, 명예, 출세 등과 같은 외재적 가치가 아닌 인간 자신에 대한 탐색을 가장 중요하게 여긴다. 즉 유교사상에서는 인간의 본성과 가치에 대한 이해를 바탕으로 하면서 윤리적 인격을 형성하는 것이 바로 좋은 삶을 위한 근본적인 명제라고 규정한다. 『중용(中庸)』에서는 인간의 근본적인 삶의 명제를 다음과 같이 제시하고 있다.

> 오직 천하의 지극히 성실한 사람이라야 그의 본성을 모두 실현할 수 있다. 그의 본성을 모두 실현할 수 있으면, 다른 사람의 본성을 모두 실현하게 할 수 있다. 다른 사람의 본성을 모두 실현하게 할 수 있으면, 만물의 본성을 모두 실현하게 할 수 있다. 만물의 본성을 모두 실현하게 할 수 있으면, 천지의 화육(化育)을 도울 수 있다. 천지의 화육을 도울 수 있으면 천지와 더불어 셋이 될 수 있다(『중용』, 21장).

유학자들은 인간에게 가장 중요한 문제는 자기를 인격적으로 완성해가는 것이라고 인식한다는 점에서, 삶의 궁극적인 목표는 자기완성에 있다고 할 수 있다. 그리고 자기완성은 자기 성실성이 담보되어야만 가능하다. 중요한 것은 유학에서의 자기완성은 다른 사람의 본성과 만물의 본성을 모두 이루어주는 이타적인 명제로 직결된다는 점이다. 이는 인격형성은 자기의 내적 가치 구현에 머무는 것이 아니라 다른 사람과의 관계에서 가치로운 행위를 하고, 다른 사람의 삶과 인격 형성을 도와주는 것으로 확장된다는 점이다. 뿐만 아니라, 거시적으로 본다면 인간은 다른 동물들의 생명도 가치롭게 여기면서 공존적이고 공생적인 맥락에서 그들의 삶을 존중하는 주체로 자리해야 한다는 것이다.

윤리적인 인격을 형성하는 것이 삶에서 중요한 명제가 되는 이유는 바로 윤리적인 인격은 삶의 문제를 지혜롭게 해결할 수 있는 탁월한 윤리적인 능력을 가지기 때문이다. 유가들은 윤리적인 사람이어야 비로소 삶의 다양한 문제들을 근본적으로 통찰하고 잘 해결할 수 있다고 인식한다. 이러한 유가들의 인식은 실제로 현대사회의 여러 문제를 중심으로 생각해보면 타당한 견해임을 알 수 있다. 예를 들면 현대사회에서 첨예하게 대두하고 있는 생명 경시의 문제, 황금만능주의의 문제, 치열한 경쟁의 문제, 환경오염의 문제들을 해결하는 데 근본이 되는 것은 이러한 문제들을 야기하는 주체이면서, 해결하는 주체이기도 한 현대인이 가진 윤리관의 본질을 파악하는 것이라고 할 수 있다. 사실 현대 문명이 안고 있는 문제들은 윤리적 관점의 왜곡 혹은 혼란 문제에 기인하는 바가 크다. 유교사상에서 중시하는 윤리적 인격은 삶의 여러 문제들을 통찰하여 왜곡된 양상을 바로잡고 혼란을 제거할 수 있는 능력을 함양하여 조화롭고 행복한 삶을 영위할 수 있는 인격을 의미한다는 점에서 윤리적 인격은 좋은 삶을 위해서는 반드시 갖추어야 할 바라고 할 수 있다.

유교사상은 사람들이 자신의 삶에만 집중하는 것이 아니라 다른 사람의 삶에도 관심을 갖고 도와주는 이타적인 실천을 중시하는 사유체계임은 '수기치인(修己治人)'이라는 공자의 정신에서도 드러나는데, 다산(茶山) 정약용(丁若鏞)은 이러한 유교사상의 본령에 대해서 다음과 같이 언급하고 있다.

옛날의 학문은 힘쓰는 것이 일을 행함에 있기에 일을 행함으로써 마음을 다스렸으나, 지금의 학문은 힘쓰는 것이 자신의 마음만을 배양하는 데 있기에 자신의 마음만을 배양하는 데 빠져서 일을 버리는 데 이르게 된다. 자신만을 선하게 하고자 하는 자는 오늘날의 학문도 좋지만, 천하도 구하고자 하는 자는 옛 학문이라야 비로소 가능하다 (『맹자요의(孟子要義)』).

다산의 입장은, 당시 조선의 많은 유학자들이 개인의 마음 수양에만 주력하여 사회문제의 해결에 의미 있는 역할을 하지 못하므로, 이 문제점을 각성해서 다른 사람들이 겪는 삶의 어려움을 극복하는 데 기여할 수 있는 실제적이고 실천적인 유학정신의 구현을 위해 노력해야 한다고 주장한 것이다. 그러므로 다산은 군자(君子)가 되고자 하는 것을 목표로 삼는 실천적 사유체계인 유교사상은 자신을 선하게 하고, 다른 사람을 사랑하는 사상이라고 규정한다.

군자의 학문은 두 가지를 벗어나지 않는다. 첫째는 수기(修己)이고, 둘째는 치인(治人)이다. 수기는 자신을 선하게 하는 것이고, 치인은 남을 사랑하는 것이다. 자신을 선하게 하는 것은 의(義)가 되고, 남을 사랑하는 것은 인(仁)이 되니, 인(仁)과 의(義)는 상호 작용을 하므로 어느 한쪽도 버릴 수 없다(『맹자요의』).

군자는 현대적 의미로 환원하면 '윤리적 존재'라고 할 수 있다. 윤리적 존재, 윤리적 인격은 도덕적 의로움[義]에 입각하며 자신을 선하게 하는 자이다. 즉 윤리적 존재는 도덕적 올바름의 가치에 입각하여 사유하면서 사회에서 덕을 실천하는 존재이며, 생활 가운데서 직면하는 다양한 상황에서 충실하게 사랑을 실천하는 인간이다. 이 점에서 다산이 생각하는 유교윤리사상은 실제적인 생활 가운데서 발생하는 문제들에 집중하면서 그 합당한 윤리적 해결 방안을 찾고 행하려는 실천적 인격을 형성하는 데 도움을 주는 윤리적 사유 체계이다. 이러한 유교윤리사상의 명제는 현대인에게 좋은 삶·행복한 삶을 위한 실천적인 지혜가 무엇인지를 깨닫게 한다.

불교사상과 행복한 삶의 추구

불교사상 역시 철저하게 삶의 문제를 중심으로 구축된 윤리체계이다. 불교는 인간이 처한 실상을 바로 보면서 살아가는 것이 매우 중요하다고 여긴다. 이러한 맥락에서, 『불설비유경(佛說譬喩經)』에서는 붓다가 인간의 실존적 상황을 어떻게 이해하고 있는지를 잘 보여주고 있다.

> 어느 날 세존이 쉬라바스티의 기수급 고독원에 있었다. 이때 세존이 대중 가운데서 승광왕에게 말했다. "대왕이여, 나는 지금 대왕을 위해서 한 가지 비유로 생사의 맛과 그 근심스러움을 말하고자 하니 잘 듣고 기억하기를 바란다. 한량없이 먼 겁 전에 어떤 사람이 광야에서 놀다가 사나운 코끼리에게 쫓겨 급히 달아나면서 의지할 데가 없었다. 그러다가 그는 우물곁에 나무뿌리 하나가 우물 안으로 드리워져 있는 것을 보고는 곧 그 나무뿌리를 잡고 내려가 우물 속에 몸을 숨기고 있었다. 그때 마침 검은 쥐와 흰 쥐 두 마리가 그 나무뿌리를 갉아내고 있었고, 그 우물 안의 사방에는 네 마리 독사가 그를 물려고 하였으며, 우물 밑에는 독룡(毒龍)이 있었다. 그는 독사가 몹시 두려웠고 나무뿌

리가 끊어질까 걱정이었다. 그런데 그 나무 위에는 벌집에서 벌꿀이 다섯 방울씩 그의 입으로 떨어지고 있었는데, 나무가 흔들리자 벌이 흩어져 내려와 그를 쏘았고, 또 들에서는 불이 나서 그 나무를 태우고 있었다."(『불설비유경』).

붓다는 인간이라는 실존을 사나운 코끼리에 쫓긴 사람이 우물 안에서 위태롭게 나무뿌리 하나를 잡고 버티고 있는 것과 같은 형국으로 비유하고 있다. 이러한 인간의 근본적인 고(苦)의 실존 문제를 어떻게 극복할 수 있을 것인가를 모색하는 것이 불교윤리사상의 화두이다. 불교 역시 인간의 행복을 지향하는 것이 본령이라고 할 수 있다. 불교에서 추구하는 행복은 열반(涅槃)인데, 이는 고(苦)를 해소한 상태를 의미한다. 그렇기에 불교는 인간이 자신의 고를 어떻게 해결할 수 있을 것인지를 문제 삼는다. 붓다의 '독화살의 비유'는 이러한 불교의 정신을 가장 명료하게 보여주고 있다. 『중아함경(中阿含經)』을 보면, 어떤 사람이 독화살을 맞아 생명이 위중하므로 급히 의사를 불렀는데, 그 의사는 곧바로 독화살을 뽑지 않고 화살을 맞은 사람의 신분을 묻거나 화살을 만드는 데 쓰인 나무가 무엇인지 등을 물으면서 시간을 허비한다면 독화살을 맞은 사람은 곧 죽게 될 것이라는 예를 붓다는 들고 있다. 붓다는 자신의 가르침이란, 비유하자면 독화살을 맞은 사람에게서 즉각 독화살을 빼내고 치료해서 살려내는 것과 같다고 말한다. 이러한 입장에서 붓다는 인생의 고를 해소하는 것을 본령으로 하는 '네 가지의 진리[四聖諦]'를 제시하였다.

내가 한결같이 말하는 법은 무엇인가? 나는 이런 이치를 한결같이 말하니, 곧 괴로움[苦]과 괴로움의 발생 원인과 괴로움의 소멸과 괴로움의 소멸에 이르는 길인 사성제이니, 나는 이것만을 한결같이 말한다. 이는 무슨 까닭인가? 이것은 이치와 맞고 법과 맞으며 또 이것은 맑고 깨끗한 행실의 근본으로써 지혜로 나아가고, 깨달음으로 나아가며, 열반으로 나아간다. 그러므로 나는 한결같이 이것만을 말한다. 이것이 바로 말하지 않아야 할 것은 말하지 않고 말하여야 할 것은 말한다고 하는 것이다. 너희들은 마땅히 이렇게 지니고 배워야 한다(『중아함경』).

이렇게 불교사상은 삶의 근본문제를 본질적으로 사유하면서 그 해결 방법을 모색한다. 불교에서 깨달음과 열반을 이루는 것은 행복해지는 길이다. 현대사회에서도 대다수의 사람이 꿈꾸는 삶의 이상이 바로 행복이라는 점에서 본다면 불교와 현대인의 삶의 문제의식이 근본적으로 다를 수 없다. 현대인은 행복해지기 위해서 일하고 노력하지만 진정한 행복과 삶의 의미에 대해서 깊이 생각하지는 않고 있다. 우리는 불교사상을 통해서 자신의 삶의 문제에 대해서 고민하고, 진정으로 자기 삶의 행복을 구현하는 길을 찾아나가는 데 의미 있는 시사점을 얻을 수 있다.

도가사상과 무위자연(無爲自然)의 삶의 추구

노자(老子)와 장자(莊子)의 사상이 중심이 된 도가사상에서는 인간은 어떻게 하면 자연에 부합하는 삶을 살 수 있을 것인지를 본질적으로 문제 삼았다. 현대에서는 고도화된 과학 기술을 토대로 물질문명이 크게 발달했지만 환경오염과 이로 인한 생태계 파괴, 인간 소외 등의 여러 문제들이 초래되면서 인간의 삶을 위협하고 있다. 도가사상은 인간의 자연적인 삶을 훼손하는 인위적인 문명에 대해서 근본적인 물음을 던진다.

> 학문을 하면 나날이 보태어지고, 도를 실천하면 나날이 덜어내어 줄어든다. 덜어내고 또 덜어내면 무위(無爲)에 이르게 된다. 무위에 이르게 되면 되지 않는 일이 없다(『도덕경(道德經)』, 48장).

자연과 인간의 본성에 대해서 무지(無知)한 채로 외부 사물에 대해서 집착하고, 인위적으로 인간의 삶을 이끌어나가려는 정치·교육 등에 대한 지식만을 추구하는 데 몰입하는 학문은 오히려 인간의 삶을 불행하게 할 수 있다는 것이 노자의 생각이다. 노자의 입장에서는 도를 실천한다는 것은 인간, 자연, 사물의 근본에 따르는 삶을 사는 것이다. 세상의 갈등과 문제를 잘 해결하여 화평한 사회를 이루고자 한다면 말단에 치우치는 지식, 자연에 거스르는 삶에 대한 집착을 버려야 한다는 점을 노자는 보여준다. 이 점에서 도가사상은 현대사회의 과학 문명으로 인한 문제점을 극복하는 데 의미 있는 계기를 열어 줄 수 있는 사상이라고 볼 수 있다.

장자 역시 세상을 다스리는 방식과 관점에 대해서 논하면서 인위적이고 형식적으로 사람들을 다스리려는 노력이 오히려 삶을 해친다고 주장한다.

> 천하를 있는 그대로 놓아둔다는 말은 들었어도 천하를 다스린다는 말은 듣지 못했다. 천하를 있는 그대로 두는 까닭은 천하의 사람들

이 타고난 본성을 어지럽힐까 염려해서이고, 놓아두는 까닭은 천하의 사람들이 타고난 덕을 바꿀까 염려해서이다. 천하의 사람들이 자기 본성을 어지럽히지 않고 자신의 덕을 바꾸지 않는다면 따로 천하를 다스릴 일이 있겠는가?(『장자(莊子)』, 재유(在宥)편)

장자는 인간의 본래적 자연성을 구속하지 않아야 본성에 부합하는 좋은 삶을 누릴 수 있으므로 억지로 인간의 본성을 누르고 옭아매는 법률이나 제도를 만들어서 다스리려고 하는 것은 인간의 상덕(尙德)을 해치는 것일 뿐이라고 본다. 즉 인간의 본성에 따라 표출되는 자연적이고 자발적인 행위를 굴절시키려는 노력은 인위적인 앎과 욕망으로 작위하는 것을 말하는데, 이는 '인위로써 자연을 손상시키는 것이며, 지혜로써 성명(性命)을 손상시키는 것'이다. 그러므로 장자는 본성을 어그러지게 하는 어떠한 간섭과 작위를 가하지 않는 재유(在宥), 즉 무위자연(無爲自然)의 삶이 중요하다고 강조한 것이다.

동양의 대표적인 윤리사상인 유교, 불교, 도가의 사상은 인간이 직면하고 있는 가장 근본적인 문제를 토대로 삶을 성찰하면서 좋은 삶을 영위하기 위한 실천적 노력을 지향한다. 현대사회에서 나타나고 있는 많은 문제를 해결하기 위해서는 그 문제들을 관통하는 근본적인 원인을 해명하고 해결하는 것이 순리이다. 동양윤리사상은 바로 이러한 인간의 본질과 삶의 근본에 대한 고민과 성찰을 통하여 삶의 문제를 해결하려는 실제적인 사유체계이다. 동양윤리사상에서는 인간의 가치와 삶의 본질을 통찰해야만 삶에서 야기되는 문제들을 근본적으로, 그리고 효과적으로 해결할 수 있다고 본다. 이것이 바로 농양윤리사상이 현대의 문명과 현대인에게 일깨워주는 윤리적인 가치이다.

II. 윤리문제에 대한 동양윤리적 성찰과 탐구

삶에서 직면한 윤리문제를 해결하는 데 기본적인 과정이 되는 것은 그 문제에 대해서 성찰하고 탐구하는 것이다. 윤리문제에 대한 성찰과 탐구는 직면한 윤리문제를 반성적으로 살피면서 그 문제의 본질과 양상을 파악하고 해결방안을 모색하는 것을 말한다. 예를 들면, 친구와의 갈등이나 사회적 분쟁들의 해결을 모색하는 데, 가치의 충돌과 이기적인 자기 탐욕 요인 등이 원인이 아닌지를 성찰하고 이에 따라 그 해결방안을 탐색하는 윤리적 성찰과 탐구가 근본적인 방법이 될 것이다. 동양윤리에서는 이와 같은 윤리적 성찰과 탐구의 방법을 다양하게 제시해왔다.

유교사상의 성찰과 궁리(窮理)

유교사상은 인간의 삶에 대한 성찰과 탐구를 중시하는데, 삶의 성찰에 대한 유가들의 고전적 모습은 증자(曾子)의 이른바 '일일삼성(一日三省)'으로 나타난다.

> 나는 날마다 세 가지로 반성한다. 다른 사람을 위하여 도모함에 성실하지 않았는가? 벗과 사귐에 믿음 있게 하지 않았는가? 배운 것을 익히지 않았는가?(『논어』, 「학이(學而)」 편)

타인과의 관계, 교우관계, 배움이라는 세 가지 일을 중심으로 자신의 행위와 태도를 성찰하는 것은 가치 있는 삶을 영위하기 위해서 반드시 필요한 과정이다. 위와 같은 증자의 성찰적 태도를 이해하는

데 유념해야 할 것은, 열거된 세 가지 측면의 성찰은 일상에서 중요하다고 여겨지는 것을 대표적으로 예시한 것일 뿐이며 그 참 의미는 삶의 모든 국면에서 정밀한 성찰이 필요하다는 것이다. 이러한 증자의 입장을 오늘날의 삶의 관점에서 이해하자면, 현대인이 생활에서 직면하는 다양한 인간관계와 윤리적 문제 사태에 대한 도덕적 성찰의 생활화가 중요함을 깨달아야 한다는 것이다.

맹자 역시 삶에 대한 성찰과 탐구를 강조한다. 맹자는 인간의 본질적 기능이 '생각하는 것[思]'에 있으며, 생각하는 것은 마음의 주요 기능에 속하는 것으로 인식하고 있다. 유가들은 마음을 통하여 자신이 직면하는 삶의 상황을 인식하고 문제를 해결할 수 있다고 보았으며, 그것은 '생각함'으로 가능하다고 주장한다.

눈과 귀 같은 기관은 생각함[思]이 없으니 외물(外物)에 의해 가려지기가 쉽다. 외물이 이에 접촉되면 곧 이끌리게 될 따름이다. 마음의 기관은 생각하는 능력이 있기 때문에 생각하게 되면 깨닫게 되고 생각하지 않으면 깨닫지 못하게 된다. 이것은 하늘이 나에게 준 것이니 먼저 마음을 세워 놓는다면 그 몸이 뺏지 못할 것이다. 이렇게 하면 대인(大人)이 될 수 있다(『맹자』, 「고자상(告子上)」 편).

맹자는 육체의 욕망에 휘둘리지 않고, 물질적인 가치에 종속되지 않는 주체적인 삶을 살기 위해서는 생각하는 것이 반드시 필요하다고 주장하고 있다. 대인(大人)이라고 지칭되는 윤리적으로 성숙한 인격이 되기 위해서는 자신이 생활 가운데 발생되는 다양한 문제들에 대해서 윤리적인 관점에서 생각하여 그 문제의 본질을 깨닫고 해결 방안을 찾아나가는 과정이 반드시 요청된다고 맹자는 인식하고 있다.

성리학에서는 궁리(窮理)의 개념을 중심으로 윤리적 탐구를 강조하는데, 율곡은 다양한 윤리적 사태에서 문제의 본질을 탐구하는 궁리의 방법을 구체적으로 거론하고 있다.

> 궁리는 하나의 단서로만 규정될 수 있는 것이 아니어서, 안으로는 몸의 이치를 탐구하면 보고 듣고 말하고 움직이는 것에 각각 그 법칙이 있고, 밖으로는 식물과 동물들에 각각 마땅한 이치가 있고, 집에서는 부모에게 효도하고, 잘못을 바로잡고, 부인을 대하고, 은혜를 돈독하게 하고, 윤리를 바르게 하는 것 등의 이치를 살펴야 하며, 사람과 접할 때에는 현명함, 어리석음, 사악함, 올바름, 순박하고 덕이 있음, 결함이 있음, 교묘함, 졸렬함 등을 분별해야 하며, 일을 처리할 때에는 옳고 그름, 얻는 것과 잃는 것, 편안하고 위태로운 것, 다스림과 어지러움의 기미를 자세히 살펴야 하며, 반드시 책을 읽어서 이를 밝히고 옛것을 잘 되새겨서 이를 증명해야 한다(『만언봉사(萬言封事)』).

궁리는 인간의 행위 법칙, 가정에서의 윤리, 다른 사람과의 관계에서의 윤리, 일을 처리할 때의 윤리 등에 대해서 탐구하고 성찰하는 것을 의미한다. 특히 율곡은 일을 처리하는 데 옳고 그름, 이익과 손실, 평안함과 위태로움, 다스려짐과 어지러움 등의 구체적인 상황들을 예로 들면서 이러한 상황들을 유발시키는 원인을 파악하고 이를 바탕으로 일을 합리적으로 해결하는 방법을 찾는 것을 궁리로 이해하고 있다. 이것은 사람들이 실제로 구체적인 도덕적 문제 상황에서 일을 처리할 때 직면한 문제의 특성과 원인을 탐구하여 그 해결방법을 모색하는 유가들의 윤리적인 탐구와 성찰의 방법을 제시한 것이다. 따라서 유교윤리사상에서 강조되고 있는 궁리는 오늘날 우리의 생활 가운데 처한 여러 문제들을 해결하는 데 고려하고 활용할 수 있는 실제적인 의미를 가진다고 할 수 있다.

다산은 유학을 '행사(行事)의 윤리학'이라고 이해하면서, 윤리적 탐구 행위는 생활 가운데서 선(善)과 사(邪)를 분별하고, 선을 실천하려는 마음을 가지는 것이라고 규정한다. 이러한 맥락에서 다산은 일상의 문제 해결을 위한 윤리적 성찰과 탐구의 방법을 제시하고 있다.

> 반드시 먼저 격물치지(格物致知)를 통해 사물의 이치를 궁구하고 학문의 본원을 거슬러 올라가서 이치의 극진한 데까지 이르게 하는 데 노력을 아끼지 말아야 한다. 그러면 착한 것[善]과 사특한 것[邪]을 구별하는 마음의 눈이 밝아지고, 상서로운 일이나 재앙을 초래하는 것이 명료해져서, 두려워하지 않으면서 경계하고 겁주지 않아도 조심하여 저절로 천리(天理)가 유행하는 경지에 이르게 된다(『중용책(中庸策)』).

사물의 이치를 탐구하고 앎을 지극히 한다는 격물치지의 공부는 '착한 것과 사특한 것', 즉 선과 악을 구분하는 마음의 능력을 함양하는 것으로 다산은 규정하고 있다. 이는 격물치지의 탐구 공부가 바로 실제적인 삶의 상황에서 적용 가능한 윤리에 대한 이해임을 의미한다. 즉 궁리는 선악에 대해 탐구하여, 선을 선택하고 실천하며 악을 하지 않는 방법인 것이다. 다산은 사람들의 생활 가운데서 '상서로운 일이나 재앙을 초래하는 것'에 주목하고 있는데, 이것은 삶에서 행복과 불행을 야기하는 문제에 대한 성찰을 강조한 것이다. 다산은 이러한 문제들을 해결하기 위해서는 상서로운 일이나 재앙을 초래하는 문제의 본질과 그 해결 방안을 모색하는 성찰 과정이 필요하다고 본 것이다. 이와 같이 유교사상은 삶의 문제에 대한 성찰과 탐구를 통하여 그 문제의 맥락을 통찰하고 적절한 해결 방안을 모색하려는 윤리적 사유 체계라고 할 수 있다. 유교사상의 이러한 성찰과 탐구의 입장은 현대 사회에서 발생하는 다양한 문제들을 구명하고 그 해법을 찾아가는 데 윤리적으로 사유하고 성찰하는 것이 중요한 의미가 있음을 보여주고 있다.

불교사상의 지혜와 공관(空觀)

불교에서도 삶의 문제에 대해서 성찰하고 탐구하는 과정들을 중시하고 있는데, 이는 삶의 고(苦)를 해소하고 열반에 이르는 수행의 방법인 '팔정도(八正道)'에서 정견(正見)과 정사(正思)가 제시되어 있는 데서 알 수 있다. 정견은 삶의 진리를 바르게 보는 것, 즉 연기법(緣起法)과 사성제(四聖諦) 등에 대해서 바르게 이해하는 것이다. 정사는 올바른 지혜로 바르게 사유(思惟)하고, 자신의 참된 모습은 무엇이며, 무엇을 해야 할지를 성찰하는 것을 말한다. 『법구경(法句經)』에서도 "모든 때에 생각을 집중하면 바르게 생각할 수 있다. 모든 때에 생각을 집중하면 바르지 않을 수 없다. 바른 생각을 좇아 수행하여 물러나지 않으면 모든 번뇌를 없애고 바른 지혜로 악을 끊는다(『법구경』, 도행품(道行品))."라고 함으로써 성찰과 지혜의 의미를 언급하고 있다. 이와 같이 불교에서는 자신과 삶의 문제에 대한 주체적이고 반성적인 성찰과 지혜를 강조하고 있다.

불교의 핵심적인 공부인 삼학(三學)에서도 지혜를 중시하고 있음을 알 수 있다. 즉 계·정·혜(戒·定·慧)에서 지혜[慧]의 공부는 바로 문제의 본질을 통찰하는 성찰과 탐구를 통하여 진리를 깨닫고 주체적인 삶을 영위하는 공부인 것이다. 붓다는 열반에 들기 전에 제자들에게 삼학을 가르치면서 지혜의 의미에 대해서 다음과 같이 설법하였다.

> 지혜가 있으면 탐착이 없어진다. 항상 스스로 성찰하여 지혜를 잃지 않도록 해야 한다. 이것이 곧 나의 법 중에서 능히 해탈을 이룰 수 있게 하는 것이다. 그렇게 하지 못하는 사람은 이미 수행자도 아니며, 재가신자도 아니므로 무엇이라고 부를 수 없다. 진실한 지혜는 늙음과 질병과 죽음 등의 바다를 건널 수 있게 하는 견고한 배이고, 무명(無明)의 어둠을 밝히는 큰 등불이며, 모든 병을 고칠 수 있는 좋은 약이며, 번뇌의 나무를 잘라내는 날카로운 도끼이다. 그러므로 너희들은 듣고, 생각하고, 닦는 세 가지의 지혜로 자신을 더욱 이롭게 해야 한다. 만약 어떤 사람이 지혜의 관조 능력을 가졌다면, 비록 그것이 육신의 눈으로 보는 것이라 할지라도 밝게 보는 사람이다. 이것을 지혜라고 한다(『불유교경(佛遺敎經)』).

지혜는 문제해결의 원리를 파악하는 능력이라고 할 수 있으므로 지혜의 기능은 직접적으로 문제의 해결과 관계되는 것이다. 해탈을 보다 생활 중심적으로 이해하면, 생활 가운데서 문제가 잘 해결되어 번뇌와 괴로움이 소멸된 행복의 상태를 의미한다고 볼 수 있다. 그렇기에 우리는 삼학에서 제시되고 있는 바와 같이 참된 지혜를 발휘하면 생활 속에서 괴로움을 일으키는 문제를 바로 보고 깨달으면서 행복의 길로 나아갈 수 있는 것이다. 이와 같이 불교는 삶의 문제를 해결하기 위해서는 그 문제의 원인과 속성을 성찰하고 깨달아야 한다는 점을 보여주고 있다.

지눌(知訥)은 사람들이 괴로움에 처하게 되는 이유는 인간의 실상(實相)을 바로 보지 못하는 데서 비롯된다고 보면서 번뇌와 괴로움을 제거하기 위한 깨달음의 방법으로 공관(空觀)을 제시한다.

> 오래전부터 '나'라는 상(相)에 굳게 집착하여 그 습기가 너무 무거움으로써, 온갖 의혹과 장애를 일으켜 정(情)을 잊지 못하는 사람은 "사람들의 몸이나 마음은 사대(四大)와 오음(五陰)이 인연을 따라 허깨비처럼 나타난 것이므로 거짓이다. 이 진실이 아닌 것은 마치 뜬 물거품과 같아서 그 속이 비어 있는데, 무엇을 '나'라 하고 무엇을 '남'이라 하겠는가?"라는 공관(空觀)으로 그 견해를 깨어버려야 한다(『권수정혜결사문(勸修定慧結社文)』).

지눌은 사람들이 '나'에 집착함으로써 많은 문제가 발생되고 이로 인해 번뇌가 생긴다고 본다. 그러므로 지눌은 자기에 대한 집착을 버리고 남을 자기와 다른 존재로 여기지 말아야 한다고 주장한다. 나와 남을 근본적으로 다르다고 보는 차별적인 관념으로 인해 갈등이 조성되고 다양한 문제들이 유발되며 삶이 힘들어진다는 것이다. 이러한 지눌의 입장은 현대인이 자기 이익에만 치중하는 삶에 집착하는 경향을 반성하는 데 의미 있는 관점이라고 할 수 있다. 많은 갈등과 문제가 자기의 이익만을 추구하고 집착하는 이기주의에서 유발되는 경향이 뚜렷한 현대사회에서 이 문제를 해결하기 위한 삶의 성찰이 반드시 필요하다. 이와 같이 불교는 현대인들이 이기적인 삶을 추구함으로써 야기되는 문제들을 스스로 성찰하고 해결할 수 있도록 하는 데 의미 있는 지혜를 제공하고 있다.

도가사상의 지혜와 제물(齊物)

오늘날은 지식이 폭증하는 사회라고 할 수 있다. 사회의 다양하고 새로운 분야에서 엄청난 지식이 생산되고 이러한 지식은 사람들의 삶에 큰 영향을 끼친다. 그러나 이들 지식이 곧바로 인간의 행복하고 가치 있는 삶을 담보하는 것은 아니다. 지금 우리가 목도하면서 염려하는 지식의 물결은 인간 자신을 이해하고 깨달아가는 주체적이고 성찰적인 지식이라기보다는 타자(他者) 지향적, 물질 지향적, 자기 이익중심적인 지식의 심화 현상이라고 할 수 있다. 그러므로 사람들이 갖게 되는 지혜라고 하는 것도 실은 자신으로부터 멀어지도록 하고, 삶을 더욱 힘들게 하고 각박하게 하는 간교하고 위험한 지략(智略)이 되기 쉽다. 도가사상은 자기중심적인 삶에 집착하면서 삶을 해치는 지혜를 비판하면서 자기 삶에 대한 근본적인 성찰을 주장한다.

노자는 외부의 사물에 대해서 집착하면서 감각적인 경험에 전적으로 의거하는 지식의 문제점을 비판하는데, 이러한 지식은 곧 지혜의 빈곤으로 나타난다는 것이다. 그러므로 노자는 천지만물의 근원인 도를 깨달아가는 지혜를 가져야 한다고 주장한다. 이러한 지혜는 자기중심적인 지혜가 아니다. 노자는 다음과 같이 설파하였다.

만물은 무성하지만, 각기 자신의 뿌리로 돌아간다. 뿌리로 돌아가는 것을 일러 정(靜)이라고 하는데, 명(命)을 회복한다는 말이다. 명을 회복하는 것을 상[常 : 늘 그러한 이치]이라고 하고, 상을 아는 것을 명찰(明察)이라고 한다. 상을 알지 못하면 제멋대로 나쁜 일을 하게 된다(『도덕경』, 16장).

이는 자기 이익이라는 동기와 준거에 따라서 사물과 상황을 볼 것이 아니라, 모든 존재가 자연의 도에 근원하고 있으므로 사람들은 자기의 본성과 자연의 도에 따라 삶을 이해하는 관점·지혜·통찰력을 가져야 함을 의미한다. 노자의 주장은, 간교한 지략과 같은 지혜를 버리고 인간과 자연의 근원을 통찰할 수 있는 큰 지혜를 가져야 한다는 의미를 일깨우는 것으로써 현대의 자기중심적인 삶을 극복하는 데 시사하는 바가 크다.

또한 장자(莊子)는 다음과 같이 관점의 전회를 언급하면서 사람들이 견지하고 있는 삶의 가치와 입장을 근본적으로 성찰해야 한다고 주장한다.

또 내가 시험 삼아 너에게 물어보겠다. 사람은 습한 데서 자면 허리병이 생기고 반신불수가 되는데, 미꾸라지도 그러한가? 사람은 나무 꼭대기에 머물면 벌벌 떨면서 두려워하게 되는데, 원숭이도 그러한가? 이 세 가지 중에서 누가 올바른 거처를 아는가? 사람은 소와 양, 개와 돼지를 먹고, 사슴은 풀을 뜯어 먹고, 지네는 뱀을 달게 먹고, 소리개와 까마귀는 쥐를 즐겨 먹는다. 이 네 가지 중에서 누가 올바른 맛을 아는가? 수컷 원숭이가 암컷 원숭이를 자신의 짝으로 여기고, 사슴은 사슴 종류와 사귀고, 미꾸라지는 물고기와 함께 헤엄치며 노닌다. 모장(毛嬙)과 이희(麗姬)를 사람들은 아름답다고 여기지만 물고기는 그들을 보면 물속으로 깊이 도망가고, 새는 그들을 보면 하늘로 높이

날아가고, 사슴은 그들을 보면 힘껏 달아난다. 이 네 가지 중에서 누가 천하의 올바른 아름다움을 아는가? 내 입장에서 살펴본다면 인의(仁義)의 단서(端緒)와 시비(是非)의 길이 복잡하게 얽혀서 어수선하고 어지럽다. 그러니 내가 어찌 그 구별을 알 수 있겠는가?(『장자』,「제물(齊物)」편)

현대사회에는 다양한 이익 주체와 집단에 의해서 그들 각각의 입장만이 옳고 가치롭다는 주장(主張)과 주의(主義)가 난무하는 실정이다. 또한 개인들마다 자기 이익을 일방적으로 추구하고 극대화하기 위해서 자기의 주장만을 강변하는 것을 쉽게 볼 수 있다. 자기입장에만 근거한 극단적인 주관주의가 다른 사람들을 배려할 줄 모르는 자기중심적인 행동을 야기하고, 또 많은 갈등을 초래하게 된다. 이때『장자』에서 보여주듯이, 사람이 주장하는 옳고 그름도 만물의 관점에서 볼 때는 항상 옳은 것은 아니라는 입장을 우리는 상기해야 한다. 그리고 사람들의 입장이 서로 다를 수 있는 이유가 있으므로 서로의 입장을 존중해야 한다는 것을 깨달아야 한다. 또한 사람들이 견지하는 옳고 그름의 의미도 근본적으로 성찰하여 진정으로 옳고 그른 것이 무엇인지를 잘 파악해야 한다는 것이다. 이러한『장자』의 입장은, 현대인들이 자신의 삶에 대한 입장과 가치관에 대해서 겸허하게 성찰하는 자세를 가짐으로써 자신이 가진 입장과 주장이 가진 문제점을 성찰하여 궁극적으로는 조화롭고 행복한 삶을 누릴 수 있는 길을 열어주는 데 도움을 줄 것이다.

III. 현대의 윤리문제에 대한 동양윤리적 적용과 해결방안의 모색

동양윤리사상은 실제적인 삶의 다양한 윤리문제에 대한 근본적인 성찰을 바탕으로 한 실천지향적인 사상이다. 즉 윤리문제들을 실질적으로 해명하고 해결하려 한 것이 동양윤리의 본령인 것이다. 윤리문제에 접근하면서 문제 해결의 방안을 모색한 동양윤리의 사유와 지혜는 현대사회의 문제를 해결해나가는 데 매우 의미 있는 윤리관과 실천방향을 제시한다고 볼 수 있다. 그러므로 유교, 불교, 도가 사상을 중심으로 형성된 동양윤리적 지혜와 가치를 적용하여 현대사회의 윤리문제를 해결하기 위한 방안을 탐색하는 것이 필요하다.

유교사상과 현대의 비윤리적인 삶의 문제 해결

유교에서는 사회의 많은 문제들이 발생하는 것은 사람들이 윤리적으로 적절한 입장을 견지하지 못하기 때문이라고 인식하므로 윤리적인 삶에 대한 자각과 실천을 중시해왔다. 그러므로 전통사회에서 유교 윤리관을 삶의 입장으로 삼은 유학자들의 경우에는 도덕적으로 바르고 가치 있는 삶을 영위하기 위해 치열하게 노력해왔다. 그러나 현대사회에서 사람들은 자기의 이익에 집착함으로써 다른 사람들을 존중하는 태도나 경향이 현저히 약화되고 있다. 특히 경제적 이익의 획득을 위해서라면 윤리적으로 올바르지 않은 수단이라도 취할 수 있다는 의식이 팽배하다는 점은 큰 문제라고 하지 않을 수 없다. 자신의 경제적인 이득을 얻기 위해서 다른 사람의 권리를 해치거나 심지어는 살인을 저지르는 경우도 적지 않게 볼 수 있는 것이 현대사회의 실상이다. 이러한 비윤리적인 삶은 인간 자신의 가치를 스스로 폄하하는 인간의 가치 하락 현상이라고 규정될 수 있다. 유교사상에서는 윤리적인 삶이야말로 인간적인 삶이며 행복한 삶이라고 여기면서 비윤리적인 삶을 살지 않도록 경계하면서 노력해왔다. 그러므로 현대사회의 비윤리적인 삶의 문제를 해결하고 행복한 삶을 영위하는 데 유교윤리사상을 통해서 의미 있는 시사점을 얻을 수 있을 것이다.

공자는 삶에 대한 도덕적 신념에 영향을 줄 수 있는 부귀(富貴)의 문제와 관련하여 반드시 유념해야 할 윤리적 자세에 대해서 다음과 같이 언급하고 있다.

> 부유함과 귀함은 사람들이 바라는 바지만, 그것이 정당하게 얻은 것이 아니면 누려서는 안 된다. 가난함과 천함은 사람들이 싫어하는 바이지만, 그것이 정당하게 얻어진 것이 아니라 하더라도 벗어나려 해서는 안 된다(『논어』, 「이인(里仁)」 편).

공자의 주장은 부유함과 귀함을 전적으로 부정하는 것이 아니라, 그것은 인간이 일반적으로 희구하는 것임을 인정하는 데 기반하고 있다. 다만, 공자는 정당한 방법으로 부를 획득해야 한다고 강조한 것이다. 공자의 입장은 부당한 방법으로 부를 취하는 것은 윤리적인 명분을 상실한 것이므로 용납될 수 없다는 것이다. 이는 재화 획득의 윤리적 정당성을 문제 삼은 것으로써 경제정의(經濟正義)와 관련이 되며, "이익을 보면 그것이 도덕적으로 정당한 것인지를 생각하라[見利思義]."라는 명제와 연결된다. 경제적 측면에서 볼 때 현대 한국사회의 화두는 경제정의라고 할 만큼 부의 획득 과정과 이익 추구 과정에서의 부정의(不正義)와 불공정(不公正) 문제가 심각하다. 이와 같이 경제적 이익 추구에 지나치게 몰입하고 있는 사회적 상황에서 유교윤리에 입각하여 경제생활의 윤리적 문제를 성찰하는 것은 좋은 삶을 위한 의미 있는 계기가 될 것이다.

현대에는 경제적 가치가 인간의 가치를 지배한다고 할 정도로 여타의 모든 가치를 압도하는 우월한 양상을 나타내고 있다. 이제는 재화가 수단이 아니라 목적으로 자리함으로써 삶이 왜곡되고, 재화에 의해서 인간이 소외당하는 문제에 봉착하게 된 것은 아닌지 우려가 많은 실정이다. 이러한 현대인의 삶의 양상은 많은 문제를 야기하고 있다. 그러므로 물질적 이익 추구를 지상으로 여기는 현대인의 가치관의 대전환이 절실하다. 이제 인간의 본질적 가치를 존중하는 윤리적인 방향으로 현대문명이 전환되어야 한다. 공자는 사랑의 삶, 윤리적 삶이야말로 인간사회의 문제 발생을 줄일 수 있으며, 나아가서 좋은 삶을 실현할 수 있다고 보기에 삶의 행위 준거를 인(仁)에 두어야 한다고 주장한다.

군자가 인(仁)을 버리고 어디서 명성을 얻겠는가? 군자는 한 끼의 밥을 먹는 시간조차도 인을 어기지 않고, 황망하고 다급할 때도 반드시 인에 근거하고, 넘어질 때에도 반드시 인에 근거한다(『논어』, 「이인」편).

'밥 먹는 동안에도 인을 어기지 않아야 한다'는 것은 일상의 삶에서 가장 기본적인 활동을 하는 동안에도 인을 해야 한다는 것이며, '황망하고 다급할 때에도 인에 근거해야 한다'는 것은 급한 상황에 처하여 이성적으로 사유하고 올바른 행위를 하기 어려운 때에도 반드시 인을 행해야 한다는 것이며, '넘어질 때도 인에 근거해야 한다'는 것은 위험과 위기에 처한 상황에서도 다른 편법을 사용할 것이 아니라 인에 합당한 행위를 해야 한다는 것이다. 즉 어떠한 상황에서든지 인을 하게 되면 헤어날 수 없는 큰 어려움에 빠지지 않을 수 있으며, 사람으로서 도리를 다하는 올바른 처신을 하여 자신의 삶을 가치롭게 할 수 있다는 것이다. 이 점에서 본다면 유교사상은 이익[利]을 추종하는 삶이 아니라, 인(仁)이라는 사랑을 중시하고 실천하는 윤리적인 삶을 살아갈 때 삶의 의미와 행복이 담보될 수 있다는 입장을 취한다. 현대사회에서와 같이 경제적 이익에 집착하고 돈을 주인으로 삼는 삶이 아니라, 유교사상에서 강조하는 바와 같이 인을 실천하는 윤리적인 삶을 영위할 때 개인과 공동체의 행복은 조화롭게 증진될 수 있을 것이다.

불교사상과 현대의 이기주의적인 삶의 문제 해결

불교윤리사상에서는 현대인의 이기주의적인 삶의 문제를 직시하고 해결할 수 있는 윤리적 입장을 함의하고 있다. 불교에서는 모든 것들이 서로 의지하는 방식으로 관계되어 있다고 본다. 즉 이 세상에 있는 어떠한 것도 다른 것과 연결되거나 상관되지 않는 것은 없으며, 이는 사람도 예외가 아니다. 사람들의 삶은 관계적 삶이며, 삶에서 드러나는 모든 문제들 역시 서로 긴밀하게 연관되어 있다는 것이다. 『잡아함경』에서는 이에 대해서 설명한다.

이것이 있기 때문에 저것이 있고, 이것이 생김으로써 저것이 생긴다. 이것이 없기 때문에 저것이 없고, 이것이 사라짐으로써 저것이 사라진다(『잡아함경』).

모든 것이 연기적(緣起的)임을 보여주는 이러한 불교의 관점은 현대인의 자기중심적이고 이기적인 관점을 극복함으로써 이기적인 행위로 인해 야기되는 삶의 문제를 해결하는 데 도움을 줄 수 있다. 불교윤리관의 핵심인 연기는 모든 사람이 서로 공존하고 공생해야 할 존재이며, 서로 조력하고 협력함으로써 갈등과 모순을 해소하고 행복한 삶을 이룰 수 있다는 것을 보여준다. 그러므로 나와 남이 둘이 아니라는 자타불이(自他不二)의 마음으로 사랑하는 자비(慈悲)의 삶을 실천해나가야 한다는 것이 불교윤리사상의 실제적인 의미이다.

연기는 또한 중도적(中道的) 실천과 연결된다. '연기는 곧 중도'라고 규정되듯이 연기에 입각하여 양극단을 넘어서 조화로운 관계를 형성할 수 있어야 한다. 중도는 자기와 다른 사람을 본래 차별적이라고 인식하는 것이 아니라 연기적으로 인식하는 것을 말한다. 불교에서 중도는 정도(正道)를 의미하는데, 중도는 곧 나와 너, 시(是)와 비(非), 이것과 저것, 내 편과 네 편으로 나뉘어 대립하고 갈등하는 고통을 치유하는 바른길이다. 그렇기에 불교의 중도는 현대인들이 서로 반목하고 대립하는 상황에서 서로 사랑하고 조화하는 삶을 위한 바른 행위의 길, 바른 삶의 길을 실천적으로 열어갈 수 있게 한다(대한불교조계종 포교원, 『불교개론』, 조계종출판사, 2012, 110-111쪽 참조).

또한 불교의 연기적인 관점은 현대인들이 자연을 훼손하고, 다른 생명들을 인간의 이익을 위해서 일방적으로 이용하고, 이 과정에서 훼손된 자연과 동식물들이 인간의 삶을 위협하게 되는 순환적인 문제가 초래되는 실상을 직시하도록 한다. 현대사회의 생태위기 문제는 지구의 부분적인 문제나 인간의 삶의 지엽적인 문제가 아니라 전 지구에 연동되고 있는 유기적인 문제이며, 인간의 삶의 근본을 뒤흔드는 문제가 되고 있다. 불교에서 일깨워주는 연기적인 삶의 윤리는 환경과 생명에 대한 각성을 토대로 모든 생명체들과 함께 공존하면서 인간의 삶을 조화롭고 행복하게 영위할 수 있는 길을 제시하는 것이라고 할 수 있다.

도가사상과 현대의 욕망중심적인 삶의 문제 해결

우리는 무위자연(無爲自然)의 삶을 이상으로 삼는 도가사상을 통해서 현대인이 직면한 탐욕적인 삶의 문제를 극복할 수 있는 길을 찾을 수 있다. 노자는 묻는다.

> 명예와 자기 자신 중에 어느 것이 자기에게 가까운 것인가? 자기 자신과 재화 중에 어느 것이 귀중한 것인가?(『도덕경』, 44장)

인간이 가진 재화에 대한 욕망이 인간 자신을 지배해 버리는 문제의 심각성은 동양윤리사상에서 다양하게 경고되고 있다.『도덕경』에서도 인간 자신의 가치를 재화보다 하위에 두면서 자신의 참된 본성을 잃어가는 문제점을 지적하고 있다. 현대사회에서 재화는 인간의 욕망을 충족하기 위한 수단이라고 할 수 있지만 어느 순간 오히려 인간의 삶을 지배하게 되었다. 노자는 인간이 재화에 추종하는 상황을 비판하면서 재화를 가장 우선시하는 왜곡된 욕망의 극복을 지향하고 있다. 또한 노자는 사람들이 자기 삶을 충실하게 하는 것이 아니라, 명예욕에 사로잡혀 다른 사람들의 평판에 종속되는 경향도 문제 삼고 있다. 현대사회에서는 자기의 주체적인 삶의 철학을 정립하는 데 중심을 두기보다는 다른 사람들이 욕망하고 추구하는 삶의 가치에 지나치게 관심을 두는 타자지향적인 태도를 보임으로써 삶이 공허해지고, 자신이 삶의 주체로 자리하지 못하는 자기 소외 현상이 심각하다. 이러한 문제를 해결하는 데 인간이 스스로 주체적인 삶을 살아가야 한다는 노자의 입장은 중요한 의미를 갖는다고 할 수 있다.

현대사회에서는 문명의 발전으로 인해서 인간의 삶이 더욱 편리해지고 개선된 점도 있지만, 한편으로는 욕망의 끊임없는 확장과 강화로 인해 오히려 삶이 각박해지고 인간적인 따스함을 상실해가는 측면이 있다. 이에 따라 삶이 힘들어지고 삶에 대한 회의(懷疑)가 깊어지며 행복이 멀어지는 것을 느낀다. 이러한 현대 문명의 문제점을 해결하는 데 노자의 사상은 실질적인 의미를 가질 수 있다. 노자는 자연스럽고 소박한 삶이 인간에게 필요하다고 주장한다.

> 영민한 재주를 끊고 지혜를 버리면, 사람들의 이익은 훨씬 커지고, 인(仁)을 끊고 의(義)를 버리면, 사람들은 효도와 자애로 돌아가게 되고, 기교를 끊고 이익을 버리면 도적은 없어지게 될 것이다. 이 세 가지는 모두 인위적으로 만들어진 것이니 충분치가 않다. 그러므로 다음과 같은 방침을 지키게 한다. 순진함을 드러내고 질박함[樸]을 지니며, 사사로운 마음을 적게 하고 욕심을 줄여야 한다(『도덕경』, 19장).

도가에서는 사람들이 직면한 문제를 해결하기 위해서는 재능과 지혜, 인(仁)과 의(義), 기교와 이익을 끊어버리라고 주장한다. 인간의 삶을 번잡하게 하고, 욕망을 불필요하게 키워오며, 자기만을 위한 이기심으로 가득 찬 삶을 추구해온 관점을 전면적으로 바꾸어야 한다는 것이다. 자기와 타자를 철저하게 차별적으로 인식하면서 자기이익적 관점에서 협량한 인(仁)과 의(義)를 수행해서는 안 된다는 것이 『도덕경』의 본의이다. 자기와 자기 집단만의 이익을 위한 이기적이고 인위적인 꾸밈을 없애고, 과욕(寡欲), 즉 욕심을 줄이는 순수한 삶, 소박한 삶을 통해서 진정한 삶의 행복을 추구해야 한다는 것이다. 욕심을 적게 하는 소박한 삶을 살아야만 물질문명이 키워온 인위적인 욕망의 폐단을 제거할 수 있다는 것이 현대문명에 던지는 노자의 교훈이다.

노자는 인간의 소박한 삶의 자세로 다음과 같이 '자애' '검약' '천하의 앞에 나서지 않는 것'을 제시하고 있다.

> 나에게는 세 가지 보물이 있는데, 언제나 지키고 보존하고 있다. 첫째는 자애[慈]이며, 둘째는 검약[儉]이며, 셋째는 감히 천하의 앞에 나서지 않는 것이다. 자애로우므로 용감할 수 있고, 검약하므로 넓게 펼 수가 있고, 감히 천하의 앞에 나서지 않으므로 만물의 으뜸이 되어 다스릴 수 있다(『도덕경』, 67장).

자애는 사람들을 편견과 차별 없이 사랑하는 것이다. 검약은 아낀다는 뜻으로서 『도덕경』에서 언급된 '색(嗇)'과 같은 의미를 갖는데, 자연적 삶에 어긋나는 인위적인 꾸밈으로 마음의 순수한 기운을 낭비하지 말고 아끼며, 자연적 덕을 존중하고 이루려 하는 것을 말한다. 그리고 천하의 앞에 나서지 않는 것은, 사람들 앞에서 위세를 부리거나 남과 다투면서 앞에 나서기보다는 겸손하게 자기를 낮추고 남을 존중하는 삶의 태도를 견지해야 한다는 것이다. 노자는 이러한 윤리를 실천한다면 사람들이 탐욕에 사로잡혀서 자신을 스스로 해치는 것을 막을 수 있으며 모두가 행복한 삶을 누릴 수 있다고 주장한다.

:: 참고문헌

『논어』,『맹자』,『대학』,『중용』.

『도덕경』,『장자』.

『법구경』,『잡아함경』,『중아함경』,『불설비유경』,『불유교경』.

이이,『성학집요』,『만언봉사』.

정약용,『맹자요의』,『중용책』.

지눌,『권수정혜결사문』.

대한불교조계종 포교원(2012),『불교개론』, 서울: 조계종출판사.

이강수(1998),『노자와 장자』, 서울: 도서출판 길.

풍우란(馮友蘭), 박성규 역(1999),『중국철학사(中國哲學史)』(상,하), 서울: 까치글방.

최진석(2001),『노자의 목소리로 듣는 노덕경』, 경기: 소나무.

이영경(2014),『한국사상과 마음의 윤리학』, 대구: 경북대출판부.

2

동양사상에 나타난
생사관의 윤리적 의미

장승희 (제주대학교 교육대학 교수)

2
동양사상에 나타난 생사관의 윤리적 의미

I. 머리말

'모멘토 모리(Momento Mori)'는 '죽음을 기억하라'는 의미의 라틴어로, 고대 로마에서 전래된 말이다. 전쟁에서 승리하고 귀환하는 장군에게 하인이 '당신도 죽는다는 것을 잊지 말라'는 말을 반복하였는데, 지금은 비록 영웅으로 추앙받더라고 결국 죽음을 피할 수 없는 인간이기에 자만하지 말라는 뜻으로 경계하였다고 한다. '카르페 디엠(Carpe-diem)'은 '오늘을 즐겨라'라는 뜻으로, 내일 어떻게 될지 모르기 때문에 현재를 즐기라는 뜻이다. 둘 다 후회하지 않는 삶을 강조한 말이다. 인간은 현실에서 이 두 가지 ─경계와 즐김─ 의 갈등 속에서 살아가는데, 특히 죽음과 관련해서는 생각이 많아진다.

생사관이란 삶과 죽음에 대한 관점으로, 문제가 되는 것은 태어남[生]보다는 죽음에 대해서다. 인간은 태어난 이상 죽지 않을 수 없다.

사람들은 보편적으로 영생(永生)을 꿈꾸었지만 그것은 결코 가능하지 않았으며, 이에 유한한 존재로서 인간은 주어진 수명 안에서 의미를 찾고자 노력하였다. 그 결과로 이룩한 것이 문화요, 문명이다. 모든 인간에게 죽음은 두려움이자 회피하고 싶은 사건이지만, 시대와 문화에 따라 이에 대한 관점은 동일하지 않았으며, 심지어 같은 문화권에서도 사상과 종교에 따라 죽음관이 다양하다.

얼마 전에 환자의 연명의료 시행을 결정할 수 있는 '연명의료결정법'[1]이 시작되었다.[2] 공론화 20년 만에 실시된 것으로, 연명치료를 받기보단 자연스럽게 죽음을 맞이하겠다는 사람이 70%나 되는 것을 볼 때[3] 죽음에 대한 관점이 변하고 있음을 알 수 있다. 사회의 변화에 따라 생사관도 변하고 있는 것이다.

도덕과 교육과정에서 삶과 죽음 문제[4]를 파악해야 하는 이유는 첫째, 죽음은 생명의 종말이라는 생물학적 의미를 넘어 철학적·종교적·윤리적 의미를 내포하고 있다. 따라서 사람의 태어남과 죽음에 대한 성찰을 통해 나의 삶을 바르게 사는 법을 찾을 수 있기 때문이다. 둘째, 이러한 삶과 죽음에 대한 이해를 바탕으로, 오늘날의 생명윤리문제들에 대한 이해를 확대시키기 위함이다. 다양한 관점에서 문제되는 생명윤리적 상황에서 바람직한 윤리적 판단을 제시할 수 있을 것이다.

삶과 죽음은 인간에게 처해진 자연적 사건이지만 그것은 단순히 생물학적 이해를 넘어서는 철학적·종교적·윤리적 문제로, 우리 모든 삶의 영역을 지배하는 사건이다. 그것은 삶의 문제보다 죽음의 문제를 인식할 때 더 절실하게 다가오는데, 본 영역은 동양의 생사관 중 죽음에 더 초점을 두고자 한다.

II. 죽음의 철학적·심리학적 의미

삶과 죽음에서 죽음 논의에 초점을 두는 이유는 첫째, 그것이 인간에게 두려움과 공포의 대상이기 때문이며, 둘째로 그것을 어떻게 인식하느냐에 따라 삶에 대한 이해가 달라지기 때문이다. 죽음에 대한 다양한 접근과 관점들은 기본적으로 종교와의 관계에서 이루어지고 있다. 대부분의 종교는 유한한 인간의 두려움과 회피의 대상으로서의 죽음을, 어떻게 수용할지 혹은 극복할지에 대한 희구의 결과이다(존 바우커, 박규태·유기쁨 역, 2005: 15). 다양한 죽음 연구를 보면, 죽음에 대한 기초 연구(임철규, 2012), 죽음의 심리학적 이해(김인자 편역, 1984), 죽음 사용설명서(톰 히크먼, 이문희 역, 2005), 문학에 나타난 죽음(황훈성, 2013), 죽음의 기술(피터 펜윅·엘리자베스 펜윅, 정명진 역, 2008), 사후 세계를 다룬 죽음의 미래(최준식, 2011), 심지어 죽음학(케네스 J. 도카·존 D. 모건, 김재영 역, 2006)이란 학문 분야도 존재할 정도로 다양하며, 한국도 죽음에 대한 연구가 심화되고 있다(최준식, 2011: 8).[5] 이처럼 죽음을 연구, 이해하고자 하는 이유는 그만큼 죽음이 파악하기 어려운 실존적 대상이기 때문이다. 또한 삶과 죽음이 분리된 것이 아니라 삶의 연속으로서 죽음을 생각하고 또 죽음을 어떻게 이해하느냐에 따라 삶을 대하는 태도가 달라지기 때문이기도 하다.

최근의 죽음 논의를 살펴보자. 예일대 명강의로 유명한 셸리 케이건은 인간이라면 누구도 피할 수 없는 죽음의 무거움을 네 가지로 제시한다. 반드시 죽는다는 '죽음의 필연성(inevitability)', 얼마나 살지 모른다는 '죽음의 가변성(variability)', 언제 죽을지 모른다는 '죽음의 예측불가능성(unpredictability)', 어디서 어떻게 죽을지 모른다는 '죽음의 편재성(ubiquity)'이다(셸리 케이건, 박세연 역, 2012: 375-392). 그에 따르면, 죽음에 대한 태도는 부정, 인정, 무시의 세 가지인데, 그는 죽음을 '부정'하거나 '무시'하는 태도는 이성적인 차원에서 받아들일 수 있는 합리적인 태도가 아니며 죽음을 '인정'할 것을 강조한다. 죽음은 행동의 변화를 일으키는 '동기'를 제공하며 행동을 바꾸도록 하는 '근거'를 제공한다고 보기 때문이다(같은 책: 403).

사람들은 일상에서 죽음을 목격하지만 대부분 사람들은 그것을 우리의 일상적 삶과는 분리시키려고 노력한다. 죽음을 멀리하고자 하며, 굳이 죽음을 기억하거나 나와 관련된 것으로 생각하려고 하지는 않는다. 사람들이 죽음을 자신의 것으로 인식하거나 현실로 직면하는, 즉 죽음 현저성 상태에 놓이게 되면 삶을 대하는 태도가 변한다고 한다. '죽음 현저성(Mortality Salience)'이란 심리학적 용어로, 사람들이 죽음을 인지하게 되면 평소와는 다른 판단과 행동을 하게 되는 현상을 말한다(EBS <데스> 제작팀, 2014: 32). 어니스트 베커는 이를 활용하여 '공포관리이론(Terror Management Theory)'을 정립했는데, 그는 대부분의 인간 행위들이 피할 수 없는 죽음을 무시하거나 회피하려는 의도로 행해진다고 주장한다. 공포관리이론은 우리의 행동과 믿음의 대부분이 죽음에 대한 공포에 의해 유발된다는 전제 아래, 우리가 피할 수 없는 죽음에 대한 공포에 직면했을 때 표출되는 정서적 반응을 이론적으로 설명해준다(같은 책: 33-35). 예를 들면, 죽음에 대한 공포에 직면하게 되면 나타나는 정서적 반응을 보면, 성적 충동이 낮아지고 자존감을 높여주는 소비를 하는 경향이 있으며, 내집단 편향성이 높아진다고 한다(같은 책: 36-58). 내집단이란 자기와 가치관, 행동양식 등이 비슷하여 구성원 간의 애착과 일체감이 느껴지는 집단을 의미하는데, 죽음이 현저해지면 가장 먼저 나타나는 현상이 내집단이 무조건 옳고 바르다고 생각하는 '내집단 편향성'이라고 한다. 이와 같은 심리는 '만약 내가 죽더라도 나와 같은 생각을 하는 사람들로 인해 마치 나의 존재가 영원할 수 있을 것'이라는 심리적 안정감을 내집단이 주기 때문이라는 것이다(같은 책: 63). 이러한 내집단 편향성이 가장 강화되었던 사례가 미국의 9·11 테러였는데, 내집단 편향성은 기본적으로 재앙이나 테러를 근거로 하기 때문이다. 그러나 세월호 참사는 인재라는 점에서 외집단과 내집단이 우리 사회 내에서 구분이 되고 부패한 정부, 무능한 공무원들이 외집단이 되는 결과가 되었다. 즉 우리 내부에서 내집단과 외집단이 구분되고 내집단 결속력이 강화되었던 것이다.

이처럼 죽음을 인식하면 기존에 가졌던 사유와는 달라지고 새로운 관점에서 세상을 보게 된다. 어쩌면 현재를 제대로 살기 위해서는 죽음을 잘 파악하는 것이 무엇보다 중요하다.

III. 동서양의 생사관의 특성

동양이든 서양이든 생사관이 하나의 일관된 이해나 설명으로 관통하지는 않는다. 시대적, 역사적으로 종교적, 사상적으로 여러 영향을 받아 변화되며 그러한 관점들이 섞이며 종합되었기 때문이다. 동양과 서양의 사유구조를 비교하는 연구들이 많고, 대표적으로는 '함께와 홀로', '직관과 논리', '상황론과 본성론' 등의 관점으로 비교한 『생각의 지도』(리처드 니스벳, 최인철 역, 2004: 목차)를 염두에 둔다면, 삶과 죽음에 대한 동양과 서양의 관점도 동일하지 않을 것을 예상할 수 있다. 예를 들면 미학의 관점에서 서양 사상은 진, 선, 미를 분류하여 각각을 절대 가치로 보지만 동양은 생명을 기르는 덕을 절대가치로 보며 그 덕 안에서 진선미를 종합시킨다(임병식·김유양, 2007: 56). 생명을 무엇으로 보는지에 대한 동서양의 개념도 동일하진 않다. 자연과 모든 존재를 우주적·총체적으로 보는 동양, 인간 중심으로 분석하는 서양의 사유구조에서는 죽음에 대한 인식도 동일하지 않다.

소크라테스는 철학을 가리켜서 '죽는 연습'이라고 하였고 죽음은 철학에 진정한 영감을 주는 하늘의 선물로 생각했다. 반면 중세의 아우구스티누스는 죽음의 공포는 하나님의 은총을 통하지 않고는 극복될 수 없다고 보았다. 스피노자는 사람이 태양을 똑바로 쳐다볼 수 없듯이 죽음도 직시할 수 없다고 하여 현재의 삶에 충실할 것을 주문한다. 레오나르도 다빈치는 하루를 잘 보낸 뒤에 행복한 잠을 잘 수 있듯이, 삶을 잘 살고 나면 행복한 죽음을 맞이할 수 있다고 하였다. 실존철학에서는 죽음은 인생의 거울이고, 죽음이 배제된 삶의 철학은 반쪽짜리 가치와 의미일 뿐이므로 죽음을 '나'의 경험의 일부로 받아들여야 하며, 죽음을 구체적 삶 속으로 받아들이고 이를 철학의 소재로 삼아야 한다는 '죽음의 인간화'를 주장하기도 한다. 이처럼 서양에서도 죽음관이 너무도 다양하다.

그러나 보편적인 서양의 죽음 이해는 공포(fear)로 받아들이는 관점이라고 할 수 있다. 죽음과 관련된 불안은 사후(死後)에 대한 불안, 임종이라는 사상(事象)에 대한 두려움, 즉 죽어감의 두려움, 존재의 정지에 대한 공포 등이다(김인자 편역, 1984: 17-37). 여러 관점에서 죽음을 긍정적으로 보고자 하지만 기본적인 정서는 피할 수 없는 죽음에 대한 두려움과 공포, 불안이다. 이러한 두려운 죽음을 직면했을 때 어떤 태도를 취해야 하는지가 문제였다. 타고르의 '기탄잘리(Gitanjali)'에 나타난 죽음에 대한 준비와 수용의 태도는 다음과 같다(김인자 편역, 1984: 43).

죽음이 당신의 문을 두드리는 날
그대 그에게 무엇을 주려는가?
오 나는 그 손님 앞에 내 삶 모두를 놓으리
그를 빈손으로 보내진 않으리 …
소환자가 왔고 나는 이미 여행 준비를 했네.

이처럼 동서양을 막론하고 죽음을 어떻게 수용할지가 관건이었고 그러한 죽음에 대한 수용은 인간의 '불멸(immortality)'에 대한 추구와 연관된다. 인간의 불멸성에 대한 인식은 첫째, 생물학적인 것으로 아들, 딸, 손자, 손녀들을 통해 그 속에서 생존해간다는 인식, 둘째로 사후의 생명에 대한 신학적인 개념이다. 셋째는 '일(work)'을 통해 얻어지는 것으로 창조의 양식, 인간의 지속적인 영향력의 획득이다. 즉 사람이 작품을 쓰거나 가르치는 등의 위대한 인간들의 영향력은 계속 남아 있으므로 그 공헌은 죽지 않는다는 것이다. 넷째, 영원한 자연의 테마에 의해서 생존함으로써 획득되는 불멸성으로 일본인들의 신도(神道) 신앙과 같은 것이다. 다섯째는 심리상태에 의존하는 것, 즉 초월경험으로, 시간과 죽음이 사라지는 무아경에서는 죽음의 인식조차 존재하지 않는다는 것, 망아(忘我)의 경지라는 것이다(김인자 편역, 1984: 50-52). 동서양을 막론하고 죽음을 어떻게 극복하여 불멸을 획득하는가가 중요한 문제였다.

죽음의 극복, 즉 불멸에 대한 인식의 확장을 보자. 서양의 이원론에 의하면 영혼불멸의 관점에서 육신과 영혼을 분리시켜 사후의 생명의 가능성을 열어 놓는다. 반면 뇌과학 관점에서는 유기체의 생물학적 기능측면에서 육체의 복귀가 불가능하다고 보는 단멸론이다. 만약 과학적으로 냉동시켜 미래에 다시 살아난다 하더라도 그 사람의 동일성을 확신하기 어렵다고 본다(구인회, 2012: 59-60). 인간의 종교적 요구도 불멸에 대한 추구이며, 심지어는 불교의 열반마저도 불멸의 추구라고 볼 수 있다는 데서 인간의 불멸 욕구가 얼마나 강한지 알 수 있겠다.

죽음에 대한 비교문화권적 조사연구에서 특이한 항목이 바로 내세관이었는데, "사후세계를 믿는가?"라는 질문에 대해 미국학생들은 믿는다(75.7%), 모르겠다(19.1%), 믿지 않는다(4%)인 반면, 한국학생들은 믿는다(34.7%), 모르겠다(43.2%), 믿지 않는다(21.9%)로 나타났다(김인자 편역, 1984: 154). 죽음에 대한 태도에는 종교적 원인이 영향이 미친다는 결론(같은 책, 166)[6]은 종교가 영생을 추구하는 것과 관련된다는 점에서 이해할 수 있는 내용이다. 종교에 대한 의존도가 낮아지는 오늘날 죽음에 인식도 변화할 것이라는 것을 예측할 수 있다.

IV. 동양사상의 생사관

동양의 생사관이라 하더라도 사상에 따라 죽음에 대한 존재론적·가치론적 의미가 다르게 나타난다. 그럼에도 유불도에서 죽음을 어떻게 이해하는가의 차이는 있지만 모두 불멸(不滅)에의 희구라는 인간의 욕망을 바탕으로, 죽음을 수용 혹은 극복하고자 하는 방법을 제시한다는 점에서 흥미롭다.

유교의 생사관

유교의 생사관의 특징은 삶을 통해 죽음을 보고 죽음을 통하여 삶을 되돌아보는, 연속적 생사관이라고 할 수 있다. 서양의 '지식' 중심의 철학 혹은 '신' 중심의 종교와 구별되어, 동양의 유교는 '생명의 학문'으로 보는 관점이 있는데, 매우 타당한 듯하다. 유교는 초월적 신에 의지하지 않고 인간 내면에서 주체적으로 우러나오는 힘을 중시하기 때문에 '죽음학(Thanatology)'의 관점에서 보면 삶에의 집착과 죽음의 회피라는 부정적 태도라고(전병술, 2011: 191-192) 평가할 수도 있다. 이 말은 생명 중심, 인간 중심인 유교는 현세주의 세계관에 근거하여 죽음보다 삶을 더 중시한다는 말이다.

『논어』에서 공자는 괴력난신(怪力亂神)에 대해서는 언급하지 않았다(『논어』, 「술이(述而)」 편)고 하였다. 괴(怪)는 괴기한 일, 력(力)은 초인적인 힘, 난(亂)은 난세에 일어날 만한 막장다운 현상들, 신(神)은 초자연적이고 신비스러운 일들이다. 즉 이와 반대되는 것은 상(常)으로 기괴하지 않고 평상적인 것, 힘에 대비되는 덕(德)은 꾸준하게 내면적으로 쌓아가는 덕성, 난에 대비되는 치(治)는 질서정연한 다스림,

신(神)에 대비되는 인(人)은 초자연적인 신과 반대되는 인간적인 일이다. 여기서 유교의 현실주의, 합리주의, 질서 추구, 도덕주의의 특성을 엿볼 수 있다.

『논어』에서 공자는 계로가 귀신 섬기는 것에 대해 묻자, "사람을 섬기지도 못하는데 어찌 귀신을 섬길 수 있겠는가?"라고 하였고, 죽음에 대해 묻자 "삶을 알지도 못하는데 어찌 죽음을 알겠는가?(『논어』, 「선진(先進) 편」)"라고 하였다. 여기서 유교의 생사관이 추구하는 바를 볼 수 있다. 즉 현실적 삶에 충실하고 죽음은 그 이후의 문제라는 것이다. 공자는 죽음에 대해 명(命)이라는 표현을 사용하여 제자의 죽음에 대해 "이런 병에 걸릴 리가 없는데, 명(命)인가 보다. 이런 사람이 이런 병에 걸리다니, 이런 사람이 이런 병에 걸리다니(『논어』, 「옹야(雍也)」 편)."라고 한탄한다. 명이란 생사(生死)와 같은 뜻으로 인간의 의지로 어찌할 수 없는 것임을 파악하여 한탄한 듯하다.

유교에서는 태어남과 죽음은 천명(天命)이자 자연스러운 것으로 받아들여야 한다고 보았다. 살아 있는 사람에게 중요한 것은 주어진 생명을 충실하게 영위하는 것이고, 삶에 대한 충실함이 궁극적으로 죽음의 편안함으로 귀결된다고 본 것이다. 유교는 인생을 하나의 사업으로 이해하고 그것을 성취하는 것을 삶의 당위 혹은 이상으로 생각하였던 것이다.

> 증자가 말했다. "선비의 뜻은 크고 굳세지 않으면 안 된다. 책임은 무겁고 갈 길은 멀기 때문이다. 인(仁)의 실현을 자기의 임무로 삼으니 무겁지 아니한가? 죽은 뒤에나 그만둘 것이니 멀지 아니한가?"(『논어』, 「태백(太伯)」 편)

46

이처럼 유교는 죽음이라는 자연적 필연성의 실존 문제를 도덕적 필연성의 문제로 전환시켜 놓고 있다(전병석, 2013: 66). 유가에서 가치 있는 삶과 죽음이란, 살아서 도덕적 가치를 실현함으로써 죽음을 잘 맞이하는 것을 의미한다. 이에 따라 질서를 강조하는 유교적 사고에서는 임금의 죽음을 붕(崩), 군자의 죽음을 종(終), 소인이 죽음을 사(死)라고 하여, 지위와 도덕의 유무에 따라 죽음의 표현도 다르게 하였다. 유교의 죽음에 대한 태도에서 특징적인 것은 죽음의 자연성보다 그것의 도덕성에 초점을 둔다는 것이다. 유교는 우주 자연과 인간의 질서를 통하여 조화와 순화의 과정을 강조하며, 부모로부터 태어나 죽을 때까지 질서에 따라 어떻게 살아야 하는가를 강조한다. 수기치인(修己治人), 즉 자신의 도덕적 수양을 통해 다른 사람들을 질서에 따라 잘 살게 하는 것이 유교의 현실주의이다.

유교에서는 죽음을 기(氣)의 흩어짐으로 본다.『주역』,「계사전」에는 "정(精)과 기(氣)가 응취(凝聚)하여 물(物)의 형체가 되고, 혼(魂)이 떠돌면서 변화가 생겨난다."라고 하였다. 인간의 삶과 죽음은 기(氣)로 설명할 수 있는데, 그 기의 결합체는 혼백(魂魄)으로 설명된다.『예기』에서는 죽음의 현상에 대해 "혼기(魂氣)는 하늘로 올라가고 형백(形魄)은 땅으로 돌아간다."라고 하였다. 죽음은 인간의 혼과 백이 분리되는 것이며, 정신의 주재자인 혼과 육체의 주재자인 백이 일치되어 있을 때가 살아 있는 것이고, 혼과 백이 나뉘면 죽음의 상태인 것이다(전병석, 2013: 77).

음양이 합쳐져 혼백이 생긴 것이 삶이라면, 음양이 분리되어 혼백이 분리된 것이 죽음이다. 유교에서는 분리된 혼과 백을 각각 편안하게 모시다가 백은 땅에 묻고 혼은 제사를 지내서 돌아간 조상과 함께 봉안하는 의식을 거행한다. 이처럼 죽은 이의 혼(魂)을 제사하는 것은 구복(求福)이 목적이 아니라 효도의 방법이다. 제사는 인륜 도의의 실천을 목적으로 하며 혼이 별도의 세계가 아니라 사당에 신주(神主)로 모심으로써 살아 있을 때처럼 함께 생활하고 존재한다고 간주한다 (유권종, 2004: 20).

유교는 우주 자연과 인간의 질서를 통하여 조화와 순환의 과정을 중시한다. 천명(天命)에 의해 부여받은 인간의 삶은 부모로부터 태어나서 죽을 때까지 단순히 주어진 데로만 사는 것이 아니라, 어떻게 살아야 하는가를 성찰하고 수기치인의 삶을 살아야 한다. 즉 자신의 도덕적 수양을 통해 다른 사람들을 잘 살게 하는 현실적 세계관이 바로 유교의 기본이다. 유교에서는 특히 효(孝)를 강조하여 효를 중심에 놓고 인간은 조상을 뿌리로 해서 태어나는 것이며, 나를 출발점으로 무수한 자손이 뻗어나간다고 보았다. 즉 인간의 삶은 죽음으로 끝나는 것이 아니라 자손의 모습으로 이어져 나간다는 것이 바로 효에 담긴 정서이다. 유교에서 이른바 신종추원(愼終追遠)은 죽음(신종)과 제사(추원)를 말한다. 유한한 인간이 조상들을 기리기 위해 30년 한 세대를 잇는 신(神)을 상정하고, 4세대, 즉 120년간 종묘를 만들어 제사를 모시고 섬겼던 것이다. 유교에서 사람이 죽으면 제사를 4대까지만 지낸다. 그러면 혼백이 분리되어 자연으로 돌아간다는 의미로 보고 있는 것이다. 유가는 초월이나 영혼불멸을 언급하지 않는데, 다음의 내용은 생사에 대한 유교의 관점을 잘 정리한 것이다.

사후세계에 대한 깊은 사색이나 죽을 수밖에 없는 운명에 대한 비관과 걱정, 죽음에 대한 공포와 긴장, 죽음 자체에 대하여 스스로를 속이거나 낭만적으로 미화하는 등의 현상은 공자나 유가의 눈으로 볼 때 모두 비이성적이고 비현실적이다. 그러므로 살아 있다면 삶의 가치를 귀중히 아끼고 최대한 실현하며, 하늘의 뜻에 순응하고 자신의 처지에 만족하며 현실 세계의 감성적 생활이 주는 행복을 충분히 향유해야 한다. 이처럼 죽음의 존재를 승인하면서도 이것을 절대로 논하지 않는 태도는 이성적이며 현실적인 정신을 가진 삶의 태도이다(何顯明, 현채련·리길산 역, 1999: 38).

유교의 생사관도 불후(不朽)를 추구하지만, 그것은 생물학적 의미보다는 문화적·도덕적 의미에서 가치를 찾는다. 유교의 연속적 생사관을 통해 죽음을 초월하는 생사연속의 지평을 세 가지로 나누어볼 수 있다. 첫째 효(孝)로 개인의 자연 생명은 끝이지만 혈맥을 통해 끊어지지 않고 이어진다는 것이며 조상을 모시고 후손을 이어가는 효의 실천이 그것이다. 둘째는 개체 생명을 사회국가라는 대생명 속에 넣어 역사 속에 기록하는 사회적 불후이다. 셋째는 소아의 생명을 우주의 대생명 속에 집어넣어 영원함을 얻는 것이다(전병석, 2013: 88). 이 모든 것을 위해 필요한 것이 바로 도덕적 가치의 실현이며, 그래서 유교는 삶보다 더 큰 가치가 의(義)라고 본 것이리라.

불교의 생사관

하나의 사상은 시대와 역사에 따라 변화를 거듭하지만 불교처럼 긴 시대, 다양한 문화, 다양한 모습을 지닌 사상도 드물 것이다. 인도에서 태어나 중국에서 꽃을 피우고 동아시아는 물론 오늘날 서구에까지 파급되기 때문이다. 붓다가 처음 인간의 실존에 대한 자각을 통해 사성제(四聖諦)와 팔정도(八正道)를 중심으로 이루어진 초기불교, 이후 붓다 사후 부파불교와 아비달마 불교, 중관학파와 유식학파, 이후 발전된 대승불교, 중국에서 새롭게 꽃핀 선종과 종파별 불교, 한국 불교 등 불교의 모습은 시대와 역사에 따라 지역별, 시대별, 학파별, 종파별로 그 성격이 매우 다양하게 발전되었고 이것이라고 하나만으로 설명하기 쉽지 않다.

생사관에 대한 관점도 초기불교와 중국의 선종, 이후 한국에서 다양한 사상이 융합되면서 다양하게 드러나고 있다. 그러나 불교의 본질적 성격을 이해하기 위해서는 초기불교 붓다가 설명한 데서 찾는 것이 맞을 것 같기도 하다. 특히 불교는 인간의 고통을 해탈해주기 위한 종교 혹은 사상으로 인간의 실존을 고통이라고 보고 출발하는데, 특히 생사(生死)를 모두 고통이라고 생각하는 데서 출발하였다. 유교가 탄생을 축하하는 것과는 또 다른 면이다.

불교에서 죽음은 붓다가 어린 시절 사문유관(四門遊觀)의 경험에서 병자, 늙은이, 시체, 수행자를 보고 인간의 실존에 대한 인식을 하게 된 것에서 출발한다. 마지막 수행자들은 현세에서의 모든 세속적 문제들에 초월하기를 힘쓰며 죽음을 기다리는 자들이었다. 불교 가르침의 궁극적인 지향점은 생사를 벗어나 열반에 이르는 것이다. 불교는 죽음에 대한 질문에서 출발하였고 그 궁극적 지향점도 생사의 윤회로부터 벗어나는 데 있다는 점에서 불교에서 죽음의 문제는 핵심이며, 인간의 궁극적인 목적은 태어나서 죽고 다시 태어나는 윤회를 벗어나는 것이다.

불교는 삶과 죽음을 분리된 것으로 이해하지 않는다. 태어남이 시작인 것도 죽음이 끝인 것도 아니다. 삶과 죽음은 윤회라는 동일한 하나의 과정에 나타난 서로 다른 양상일 뿐이기 때문이다. 삶과 죽음이 불이(不二)이므로 죽음뿐만이 아니라 삶도 극복 대상이 되며, 생사윤회로부터 벗어나는 것이 화두가 되는 것이다(안옥선, 2004: 23-24). 불교에서는 인간으로 태어나는 것이 흔히 눈먼 거북이가 망망대해를 표류하다가 판자, 그것도 구멍이 뚫린 판자를 만나 목을 그 구멍에 넣는 것과 같다고 비유된다. 인간으로 태어남이 그만큼 어렵고 가치가 있는 것은 생사윤회를 끊는 열반이 가능한 관문이 오직 인간계이기 때문이라는 것이다.

불교에 나타난 죽음의 문제는 업인과보와 삼세윤회설로 설명할 수 있다. 불교에서는 죽은 뒤 사후세계인 내세를 인정하고 있음을 알 수 있다. 삼세윤회설에서 그것을 볼 수 있다(곽만연, 2004: 240). 우선 불교에서는 인간이란 색(色)과 수상행식(受想行識)의 오온(五蘊)으로 이루어진 존재라고 본다. 색은 지수화풍(地水火風)의 네 가지 요소로 이루어진 물질이고, 수상행식은 정신적인 영역이다. 불교에서는 이 세상 모든 것은 영원한 것이 없다고 본다. 즉 모든 존재는 연기(緣起)에 의하여 생겨났다 사라지는 것으로 결코 변하지 않는 실체는 없다는 것이다. 이에 따르면 인간도 나라고 할 만한 고정된 실체는 없다. 인간을 가합(假合)이라고 하는데, 이유는 잠깐 지금 여기서 합하여 인간으로 존재하는 것이며 시간이 지남에 따라 변화하여 흩어진다는 것이다. 불교에서는 반복되는 과정 속에서 불변의 자아나 영혼은 인정하지 않지만 그럼에도 불구하고 연기적 성격에 의해 이어지는 어떤 연속성은 존재한다고 본다.

불교에서 죽음은 오온(五蘊)의 흩어짐이다. 죽음은 수명, 온기, 의식이 사라져서 감각기능이 멈추고 인간의 몸이 지수화풍으로 흩어지는 것인데, 이러한 죽음은 늙음과 함께 진행되며 태어남과 동시에 시작되는 것이며, 이것은 모두 윤회의 한 과정일 뿐인 것이다. 불교에서는 이러한 삶과 죽음 모두 고통으로 인식된다. 이 세상 모든 것이 무상하여 영원한 것이 없다. 즉 무상(無常), 고(苦), 무아(無我)인데 인간은 그것을 모르는 무명(無明) 때문에 나에 집착하여 갈애하며 영원을 갈구한다. 그러한 집착과 갈애에 의해서도 변화하고 무상한 것을 어찌할 수 없기에 괴로운 것이다. 이렇게 집착과 갈애가 남아 있는 한 윤회는 계속될 수밖에 없으며 윤회를 끊어 삶과 죽음을 벗어나는 것이 중요하다.

붓다는 영속론자들(eternalists, 죽지도 않고 변하지도 않는 영혼이 존재한다고 주장하는 자들), 멸절론자들(annihilationists, 현재적 삶에서 연속적으로 이어지는 것은 아무것도 없다고 주장하는 자들) 모두를 부정하면서 양자 사이의 중도를 제시했다(존 바우커, 박규태·유기쁨 역, 2005: 300). 여기서 문제는 불변적 자아를 부정하는데, 전생과 이생, 후생을 언급하는 불교에서 무엇이 계속 이어진다고 할 수 있는가가 문제 된다. 불교에서는 업(業)의 인과(因果)라고 파악한다.

불교에서는 인간을 비롯한 모든 생명체는 자신이 지은 업에 따라 육도(六道)를 윤회하며 해탈에 이를 때까지 계속해서 생사를 반복하는 것으로 본다. 업(業)을 뜻하는 카르마는 '행위의 뒤에 남는 잠재력'

의 의미(라다크리슈난, 이거룡 역, 1999: 334, 역주 25)로 어원 자체만 보면 '가치(value)'가 포함되지 않고 '행위' 그 자체만을 의미했다. 점차로 선악의 가치판단이 포함된 행위가 되었고, 그 후 선악의 모든 행위는 반드시 즐거운 혹은 괴로운 과보를 초래한다는 의미로 발전된 것이다.

초기불교에서 업의 발생과 소멸은 인(因)과 연(緣)에 의하며, 그것은 조건에 의해 발생되고 원인을 가지지만 조건에 따라 그것이 결과로 과보하게 된다는 것이다. 붓다는 『쌍윳따 니까야』 「분석경」에서 연기에 의한 괴로움의 발생을 말하면서, 그 괴로움을 없애는 연기의 원리를 소멸함에서 찾고 있다. 괴로움의 원인을 제거함으로써 결과를 변화시키거나 없앨 수 있는데, 그 방법이 바로 수행[도 닦음]이라는 것이다. 붓다에게 업은 긍정적이라기보다는 부정적인 것이었으며, 그것은 괴로움의 원인이었다. 이러한 논리에서는 업 자체가 나쁜 것으로, 그것을 소멸하고자 하면 수행을 통하여 업을 없애는 것이 중요하다. 그러나 만약 그것이 불가능하다면 선(善)을 쌓아 업을 변화시키는 것이 중요한 관건이 된다(장승희, 2017: 13-14).

불교의 기본 계율인 오계의 첫째가 바로 불살생계로, 불교는 다른 무엇보다 생명의 소중함을 중시한다. 또한 불교는 인간의 육체적 죽음은 피할 수 없는 것이며 생사의 문제는 본질적으로 생물학적 문제라기보다는 심리학적 문제라고 본다.

> 의도적으로 살아 있는 것으로부터 생명 -비록 그것이 개미 한 마리에 불과하더라도- 을 빼앗아서는 안 된다. 의도적으로 인간 존재에게서 생명을 빼앗는 승려는 -낙태를 야기하는 정도라고 하더라도- 더

이상 붓다의 제자가 아니다. 부서져 가루가 된 둥근 바위가 다시 하나
가 될 수 없듯이 의도적으로 인간 존재에서 생명을 빼앗는 승려는 더
이상 붓다의 제자가 아니다. 이것은 살아 있는 동안 너희들이 해서는
안 될 일이다(데미언 키온, 허남결 역, 2000: 167).

불교에서 중생들이 윤회 전생하는 일기(一期)를 넷으로 나누어 설
명하는 사유설(四有說)에 의하면, 생유(生有)는 금생에 최초로 의식표
현이 나타나는 시점으로 어머니 자궁에서 수태되는 순간이다. 중유
(中有)는 전생과 금생 또는 금생과 내생의 중간의 시기이며, 본유(本
有)는 태어나서 죽을 때까지의 몸을 지니고 사는 생명을 유지하는 일
생, 사유(死有)는 금생의 목숨이 끊어지는 찰나를 말한다(김승동 편저,
2011: 472). 불교에서는 인간의 생명의 시작은 어머니의 자궁 안에 수
태되는 순간부터 인간의 지위를 갖게 되는 것으로 본다. 죽음은 중유
(中有)의 오온이 소멸되는 순간이다.

불교에서 죽음이란 인간개체를 유지하는 근간적인 결합력과 주
위존재의 반대작용이 서로 대치되는 상황이 필연적으로 조성되고, 인
간의 결합력이 견딜 수 있는 데까지 지탱하다 끝내 한계에 이르러 붕
괴하는 것, 기본요소들이 본래의 자리로 흩어지는 것이 죽음의 구조
인 것이다. 흩어진 기본존재들은 다시 여섯 계층(六界)의 모습을 띠게
되고, 여섯 계층의 한 '형체' 위에서 아집이 더해진다. 이러한 형체를
지속하려는 느낌, 생각, 결합, 식별 작용이 진행되고 마침내 또 하나의
인간개체가 형성된다. 인간존재는 주위 존재와의 대치를 견디지 못해
언젠가 또다시 붕괴되고 만다. 이렇게 생각하여 생사는 바퀴가 구르듯
돌고 도는데, 이것을 생사(生死)의 윤회(輪廻)라고 한다(곽만연, 2004:

249). 부파불교에서는 명근(命根)을 인간의 생명을 유지·보존시키는 힘이라고 본다. 즉 명근이 육도윤회를 거듭하는 인간 생명의 본질이고 생명을 유지하고 명근이 끊어지면 인간이 죽음을 의미한다고 본다. 유식에서는 아뢰야식(제8식)을 통하여 인간의 종자가 머무는 곳으로 일체종자식이고 과거 업이 쌓여 있는 곳이자 윤회의 주체라고 본다. 인간은 아뢰야식이 신체를 대상으로 삼아 집수(執受)할 때에만 생명을 유지하는, 아뢰야식이 신체를 대상으로 삼지 않을 경우에 인간은 죽음을 맞이하게 되는 것이다(곽만연, 2004: 251-258).

불교의 생사관도 초기불교, 부파불교, 대승불교, 티벳불교 등에서 동일하지는 않다. 예를 들면 티벳불교에서는 죽음 후 다음 생을 결정하기까지의 기간(7일 내지 49일)의 바르도(bardo)에 일어나는 의식자체의 변화과정에 대해 상세히 설명하고 있다. 불교의 기본이 되는 초기불교에 의하면 윤회를 벗어나는 방법은 업(業)으로부터 자유로워지는 것이며 그것은 팔정도를 통한 도덕적 실천이며 최종적으로 업의 청정을 통해 탐진치의 지멸을 통한 수행으로 윤회를 벗어나는 것이다.

도가의 생사관

노장사상의 죽음관은 후에 도교의 불로장생을 추구하는 신선술과 양생술로 발전하는 근거가 되기도 한다. 그것은 『도덕경』의 '곡신불사(谷神不死)'나 『장자』의 '불사불생(不死不生)'의 개념에서 영원히 죽지 않을 수 있다는 내용에 영향을 받은 것이다. 그러나 노장의 장생불사(長生不死)는 결고 육체적 불멸을 추구하는 불로장생의 의미는 아니며, 오히려 "인간으로서의 자리를 잃지 않으면 장구할 수 있고, 죽어서도 도를 잃지 않으면 장수하는 것이다(제33장)."에서 드러나듯 도, 즉 무위의 실천을 통해 추구하는 경지를 의미한다.

　노장사상에서는 삶과 죽음을 기의 모임과 흩어짐으로 정의한다. 그리고 이러한 삶과 죽음은 큰 자연적 원리에 의한 것이다. 장자에서 죽음은 기의 흩어짐이라고 본다. 죽음이란 기가 흩어지는 자연현상이기 때문에 괴로움은 금물이라는 것이다. "사람이 사는 것은 기가 모이기 때문이며, 기가 모이면 삶이 되고 기가 흩어지면 죽음이 된다. 이처럼 죽음과 삶은 뒤쫓는 것이니, 내가 어찌 근심하겠는가? 그러므로 만물은 하나인 것이네(장기근·이석호 역, 1988: 412)." 인위를 거부하고 자연의 변화 양상에 순응하고 이것을 인간의 삶과 죽음에도 적용하여 받아들이라는 것이다.

　특히 장자의 죽음에 대한 인식은 죽음에 대한 인식의 변화를 통해 죽음을 초월하여 극복하는 매우 신선한 관점이다. 죽음은 자연이 우리에게 삶과 함께 준 것으로 좋고 나쁠 것이 없다고 본다. 삶과 죽음은 천명이며 이는 자연의 물정이라고 보고 있다. 인간은 자연에 따라 삶과 죽음을 따르는 자세를 가져야 한다고 보았다.

　　　죽음과 삶은 천명이며 밤과 아침이 변함없이 있는 것은 하늘의 도리이다. 이는 사람이 따라갈 수 없는 바로서 모두 자연의 물정(物情)인 것이다(장기근·이석호 역, 1988: 258).

　　　자연은 우리에게 형상을 주어 나를 나게 하고, 삶을 주어 나를 수고롭게 하며, 늙음을 주어 편안하게 하고, 죽음을 주어 쉬게 하였다. 그러므로 스스로의 삶을 좋다고 하면 곧 죽음도 좋다고 하는 셈이 된다(안동림 역주, 1993: 188).

자연은 우리에게 형태, 삶, 늙음, 죽음을 주었는데, 장자는 늙음이
나 죽음을 부정적인 것으로 묘사하지 않고 긍정적으로 받아들이고 있
다. 즉 삶과 죽음에 대해서 기존의 상식과는 다른 새로운 관점에서 보
아야 한다는 것이다(최유진, 2004: 5). 장자는 아내가 죽었을 때 술동
이를 엎어놓고 두드리며 노래하고, 그것이 심하다고 하는 혜자에게
다음과 같이 말한다.

> 태어나기 이전의 처음에는 생명이 없었네, 생명이 없었을 뿐만 아
> 니라 형체도 없었네. 형체가 없었을 뿐만 아니라 본래 기도 없었네. 흐
> 릿하고 아득한 사이에 섞여 있다가 변해서 기가 생기고 기가 변하여
> 형체가 생기고 형체가 변하여 생명이 갖추어졌네, 그것이 지금 또 바
> 뀌어 죽음으로 간 것이네. 이것은 천하추동 네 계절이 번갈아 운행하
> 는 것과 같네(장기근·이석호 역, 1988: 366).

태어나고 죽는 것도 자연의 흐름이므로 슬퍼할 필요가 없고 천지
사이의 큰 방에서 편안히 자고 있는 것이며, 큰 소리로 우는 것이 천명
에 통하지 못하는 것이라고 오히려 큰소리치고 있다. 만물의 변화의
관점에서 보면 삶과 죽음이라는 것도 그 변화의 하나일 뿐으로 그것
은 인간의 가치관이나 감정, 지혜, 작위 등과 무관계한 존재자 일반에
서 발생하는 어떤 변화라는 것이다(최유진, 2004: 9).

장자는 개체로서 인간의 수명은 한계가 있음을 인정하고 짧은 수
명을 천지의 무궁함에 비유하면서 덧없음을 표현하고 있으나 결국 자

연에 합일함으로써 죽음의 공포를 벗어나라고 주장한다. "장수와 요절은 차이가 없고 어려서 죽은 아이보다 장수한 자는 없고 장수한 팽조는 일찍 죽은 자이다. 상대를 초월하면 천지의 유구함이 나와 함께 살아 있다(제물론)."라고 한다. 죽음의 극복을 위해 희로애락의 감정을 벗어나 자연과 합일하여 생사를 초탈하라고 조언한다.

장자는 무시무종(無始無終)의 도를 통한다면 만물의 삶과 죽음은 한계가 아니라 다양한 변화의 한 양태일 뿐이다. 죽음에 대한 극복의 태도는 자연스럽게 변화하는 양태로 삶과 죽음을 이해한다면 죽음 앞에서도 의연하고 초연할 수 있다는 것이다. 이러한 경지의 사람이 바로 진인(眞人)이다.

옛날의 진인은 삶을 기뻐할 줄 모르고 죽음을 미워할 줄도 모른다. 무심히 자연을 따라가고 무심히 자연을 따라올 뿐이다. 그 시초를 모르고, 그 끝을 알려 하지 않는다. 삶을 받으면 그것을 기뻐하고, 죽으면 그것을 돌려보낸다. 이런 경지를 '분별심으로 도를 버리지 않고 인위로 자연을 돕지 않음'이라고 하고 이런 사람을 진인이라 한다(안동림 역주, 1993: 178-179).

장자는 사물의 변화를 표현하는 '물화(物化)' 개념은 만물의 변화라는 뜻으로, 인간의 죽음도 인간의 가치관이나 감정, 지혜, 작위 등과는 무관계한 결국은 존재자 일반에서 발생하는 어떤 변화라고 한다. 제물론의 호접(胡蝶)의 꿈과 관련하여 설명할 수 있다. 모든 것은 변화하고 인간의 삶과 죽음도 나비 꿈처럼 삶의 입장에서 보면 죽음이지만 죽음의 입장에서는 삶을 죽음이라고 생각할 수도 있다(최유진,

2004: 9). 장자의 입장에서는 생사의 변화에 무심하게 따를 것을 주장한다. 장자는 생사(生死)는 대립적인 것으로 보이지만 결국은 하나일 뿐이라고 본다. 이렇게 생사를 달리 여기는 것을 질곡(桎梏)이라고 하여 죽음과 삶을 하나임을 아는 것이 질곡을 푸는 방법이라고 하고 있다. 질곡을 푸는 방법이 바로 죽음에 대해 철저히 인식하고 알아야, 인간의 힘으로 어찌할 수 없는 것임을 알아서 무위자연의 변화에 편안히 임하는 것이다. 죽음을 자연스럽게 받아들이고 변화를 따르고 도를 체득하는 것이 바로 죽음을 극복하는 방법이다. 좌망(坐忘)과 심재(心齋)가 그 방법이다.

V. 생사관의 윤리적 의미

인간에게 죽음은 긍정적이라기보다 부정적이고, 원하기보다 회피하고 싶고, 즐거운 것이라기보다 고통스러운 것이다. 그러나 죽음은 인간이라면 누구에게나 찾아오는 필연적인 것이며 삶과 동떨어진 것이 아니라 삶의 연속이며 그 끝에 오는 것이다. 따라서 죽음을 제대로 파악하여 우리 삶을 의미 있게 살도록 하는 것이 생사관 이해의 목적이다. 또한 오늘날 생명과 관련된 다양한 논의들 속에서 윤리적 가치판단이 필요한 상황들이 많아지면서 삶과 죽음에 대한 이해가 더욱 필요하다.

　동양의 생사관으로 유교, 불교, 도가의 관점을 살펴보았다. 유교에서는 삶을 긍정하고 죽음에 대해서는 명으로 받아들이면서도 내세를 인정하거나 영혼불멸을 주장하지 않는다. 대신 효를 중심으로 죽음에서 그치는 것이 아니라 삶이 이어지는 것으로 보았고, 살아 있는 동안을 하나의 사업으로 보고 도덕적 가치를 실현하는 것을 중시하였다. 그래서 구차히 삶을 사는 것보다 의롭게 죽는 것을 강조하였으며, 부모가 죽은 이후에는 신주에 모셔 살아있을 때처럼 모시는 것을 당연시하였으며 죽음에 대한 예를 극진히 하였던 것이다.

불교에서는 생로병사의 인간 실존을 고통이라고 보았으며, 삶과 죽음이 다른 것이 아니라 윤회를 거듭하는 괴로운 것이며 그것은 업(業)에 의한 것으로 업을 끊는 것이 생사를 극복하는 길이라고 보았다. 오온(五蘊)으로 인간을 이해한 불교에서 죽음이란 오온의 흩어짐이고 유식에서는 전생과 이생, 후생을 이어주는 의식을 아뢰야식이라는 개념으로 이해하여 윤회의 주체를 제8식으로 이해하기도 하였다. 그러나 삶도 죽음도 모두 윤회의 고통에 시달리는 중생은 이것을 끊어야 하며 그것을 열반이라고 한다. 열반은 도덕적 수행, 즉 팔정도의 수행으로 가능하며 열반에 이르러 윤회를 끊는 것이 죽음을 극복하는 방법이었던 것이다.

도가에서는 삶과 죽음을 자연의 한 부분으로 파악하는 인식의 전환을 요구한다. 즉 삶도 죽음도 상대적인 것이며 결코 인간이 어쩌지 못하는 것이므로 대자연의 이치를 받아들임으로써 극복하자는 것이다. 죽음을 기화(氣化)라고 하는 것도 기의 모임과 흩어짐으로 삶과 죽음을 이해하기 때문인데, 도가도 마찬가지로 죽음을 극복하기 위한 방법으로 죽음을 수용하는 인식적 변화와 함께 좌망과 심재와 같은 수행 태도를 강조한다.

이처럼 삶과 죽음에 대한 동양적 사유는 그것을 어떻게 극복할 것인지의 문제에서 회피보다는 적극적으로 수용하여 극복하는 방법을 택하고 있다. 즉 현실에 최선을 다하고 조상을 섬김으로써 이어진다고 생각하고, 도덕적 수행을 통해 업을 끊음으로써 생사윤회를 극복하고자 하며, 인식의 전환을 통하여 죽음에 대한 생각을 바꾸고자 한다. 이러한 점에서 거시적 우주조화와 명(命)의 관점에서 삶과 죽음을 수용하면서 극복하는 원리를 드러내고 있다. 결국 누구도 죽음을 경험할 수는 없지만 죽음을 앎으로써 삶을 제대로 살게 되고 현재의 중요성을 인식하게 될 것이다. 동양사상의 삶과 죽음의 의미에서 빠지지 않는 것은 도덕적 가치와 그 실천을 통한 죽음의 극복이다. 단순히 사는 것을 넘어 어떻게 사는가에 초점을 두고 죽음의 극복도 그와 연계된다는 점이 특징이다.

1 '호스피스·완화의료 및 임종과정에 있는 환자의 연명의료중단 등 결정에 관한 법'.

2 『데일리 한국』(2017.10.23.), "오늘부터 '연명의료결정법' 시범사업…존엄사 선택 가능", 연명의료결정법에 따르면 내년 2월부터 담당의사와 해당 분야 전문의 1명으로부터 임종과정에 있다는 의학적 판단을 받은 환자는 심폐소생술, 혈액 투석, 항암제, 인공호흡기 착용 등 4가지의 연명의료를 시행하지 않거나 중단할 결정을 내릴 수 있다. 이때 환자 본인은 직접 사전연명의료의향서 또는 연명의료계획서를 통해 연명의료를 원치 않는다는 의사를 분명히 밝혀야 한다. 환자의 의식이 없는 상태에서는 환자 가족 2인이 마찬가지로 연명의료에 관한 환자의 의사를 진술하거나, 환자 가족 전원이 합의해 환자의 연명의료 중단을 결정할 수 있다.

3 『코메디 닷컴 뉴스』(2017.10.30.), "국민 10명 중 7명 존엄사 선택".

4 '생활과 윤리' 제2영역에서는 "삶과 죽음에 대한 다양한 윤리적 문제를 인식하고, 이에 대한 여러 윤리적 입장을 비교·분석하여, 인공임신중절·자살·안락사·뇌사의 문제를 자신이 채택한 윤리적 관점으로 설명할 수 있다."라고 제시되어 있다.

5 한국에 2005년부터 '한국죽음학회'가 창설되었고 『한국인의 웰다잉 가이드라인』(2010)을 만들었다.

6 1980년대 당시 종교가 생활화된 미국의 경우가 한국에 비해 죽음에 대해 보다 긍정적이고 호의적인 태도를 갖는다고 보았다.

:: 참고문헌

곽만연(2004), 「생명윤리의 입장에서 본 불교 죽음관의 전개와 한국문화에 끼친 영향」, 『대각사상』 제7집, 대각사상연구원.

구미래(2009), 『한국인의 죽음과 사십구재』, 서울: 민속원.

구인회(2012), 「죽음에 대한 철학적 이해」, 『생명윤리정책연구』 제6권 제1호, 생명의료법연구소.

김인자 편역(1984), 『죽음에 대한 심리학적 이해』, 서울: 서강대학교 출판부.

김승동 편저(2011), 『불교사전』, 서울: 민족사.

데미언 키온, 허남결 역(2000), 『불교와 생명윤리학』, 불교시대사.

라다크리슈난, 이거룡 역(1999), 『인도철학사I』, 서울: 한길사.

리처드 니스벳, 최인철 역(2004), 『생각의 지도』, 서울: 김영사.

셸리 케이건, 박세연 역(2016), 『죽음이란 무엇인가』, 파주: 엘도라도.

안동림 역주(1993), 『장자』, 서울: 현암사.

안옥선(2004), 「불교에서 보는 삶과 죽음: 생사윤회를 벗어난 삶의 추구」, 『철학연구』 제75집, 철학연구회.

유권종(2004), 「유교의 상례와 죽음의 의미」, 『철학탐구』 제16집, 중앙대학교 중앙철학연구소.

임병식·김유양(2007), 「동양미학사상에서 본 건강, 생명, 양생, 치유의 의미-중화와 무위자연을 중심으로」, 『임상미술치료학연구』 제2권 제2호, 임상미술치료학연구회.

임철규(2012), 『죽음』, 파주: 한길사.

장기근·이석호 역(1988), 『노자·장자』, 서울: 삼성출판사.

장승희(2017), 「초기불교에서 업(業)의 윤리성과 도덕교육적 함의」, 『윤리교육연구』 제36집, 한국윤리교육학회.

전병석(2013), 「유가의 죽음 담론을 통해 본 삶과 죽음의 연속」, 『유교사상문화연구』 제51집, 한국유교학회.

전병술(2011), 「유가의 삶과 죽음에 대한 태도」, 『생명연구』 제22집, 서강대학교 생명문화연구소.

조지 베일런트, 이덕남 역(2011),『행복의 조건』, 서울: 프런티어.

존 바우커, 박규태·유기쁨 역(2005),『세계종교로 보는 죽음의 의미』, 파주: 청년사.

최유진(2004),「장자의 죽음에 대한 견해-『장자』내편을 중심으로」,『대동철학』제25집, 대동철학회.

최준식(2011),『죽음의 미래』, 서울: 소나무.

케네스 J. 도카·존 D. 모건, 김재영 역(2006),『죽음학의 이해: 죽음과 영성』, 고양: 인간사랑.

톰 히크먼, 이문희 역(2005),『사용설명서: 죽음』, 서울: 뿌리와 이파리.

피터 펜윅·엘리자베스 펜윅, 정명진 역(2008),『죽음의 기술』, 서울: 부글북스.

何顯明, 현채련·리길산 역(1999),『죽음 앞에서 곡한 공자와 노래한 장자』, 서울: 예문서원.

황훈성(2013),『서양문학에 나타난 죽음』, 서울: 서울대학교출판문화원.

EBS <데스> 제작팀(2014),『죽음』, 서울: 책담.

『데일리 한국』(2017.10.23.), "오늘부터 '연명의료결정법' 시범사업…존엄사 선택 가능".

『코메디 닷컴 뉴스』(2017.10.30.), "국민 10명 중 7명 존엄사 선택".

3

유교적 부부관계에 대한 재조명

김민재 (충북대학교 윤리교육과 부교수)

3
유교적 부부관계에 대한 재조명[1]

I. 올바른 부부관계에 대한 교육의 필요성

이 장에서는 유교적 부부관계에서 나타나는 여성관을 살펴볼 것이다. 그리고 이를 통해 유교로 대표되는 우리 전통이 현대의 양성평등 사상과 부부윤리의 발전에 어떠한 방식으로 기여할 수 있으며, 도덕교육적으로는 어떻게 활용될 수 있는지, 그 방향을 제시하고자 한다.

이 장은 필자의 두 가지 문제의식에서 집필되었는데, 첫 번째는 유교적 부부관계에 대한 균형 잡힌 시각의 필요성이다. 점차 달라지고 있는 것은 분명하지만, 유교적 부부관계를 논의하고 있는 기존의 연구들을 살펴보면 편향성이 발견되는 경우가 적지 않다. 한편에서는 가부장제(家父長制)의 폐해를 두드러지게 강조하고 있는데, 이 같은 성격의 연구들에 따르면 유교에서 규정하는 아내[婦]란 가족 안에서야 비로소 제 의미를 찾을 수 있는 존재이다. 다른 한편에서는 유교적 부부관계가 지향하는 이상적인 측면을 내세우고 있는데, 이 같은 성격의 연구들에 따르면 부부유별(夫婦有別)이나 상경여빈(相敬如賓) 등은 고금(古今)의 부부관계에서 등장하는 다양한 문제들을 해결할 수 있는 만병통치약이다. 하지만 두 극단의 사이에는 유교적 부부관계에서 엿볼 수 있는 여러 가지 양상들이 자리하고 있다. 그러므로 유교적 부부관계의 부정적 또는 긍정적인 모습들을 두루 논의하고, 이로부터 도출할 수 있는 유교적 여성관에 대해 폭넓게 살펴보고자 한다.

다음으로 두 번째는 올바른 부부관계 및 이로부터 파생되는 여성관의 교육적 활용의 필요성이다. 여기서 교육적 활용이란 특히 '도덕과(道德科)'를 염두에 두고 있는 것이다. 왜냐하면 도덕과는 학교에서 행해지는 가치·덕목·인성교육의 중심에 있기 때문이다. 따라서 도덕과에서는 주요한 인간관계 중 하나인 남편과 아내 사이의 윤리에 대해서도 비중 있게 다루고 있을 것으로 예상되지만, 실상은 내용 그 자체가 소략하거나 서양윤리에 치우쳐 있다. 가령 현행『2015 도덕과 교육과정』을 살펴보면, 부부윤리를 직접적으로 명시하고 있는 경우는 없으며, 관련 내용을 수록할 수 있는 부분에서도 대체로 가족 간에 지켜야 할 규범이나 성윤리를 앞세우고 있다(교육부, 2015: 11, 19, 40). 교과서 개발과 교실 수업의 뼈대가 되는 교육과정이 이 같은 형편이니, 초등학교와 중학교『도덕』및 고등학교『생활과 윤리』교과서 등에 올바른 부부관계에 대한 내용을 풍부하게 수록하기는 어려울 것이다. 하지만 우리사회에서 발생하는 다양한 여성문제나 성문제의 해결은 학생들로 하여금 자신이 지향하는 부부관계가 어떤 것인지 고민해보게끔 하는 데서 출발하는 것이 효과적일 수 있다. 그 이유는, 이런 고민 속에 내린 올바른 부부관계에 대한 상(像, image)이 학생들의 마음속에 자리 잡아 일상의 도덕적 규제로 작동할 것이기 때문이다. 그리고 이러한 내용의 교육을 시도하기 위해 선결되어야 할 조건이 곧 유교로 대표되는 전통적 부부관계에 대한 균형 잡힌 시각의 확립과 이것을 도덕교육적으로 활용하려는 노력이다.

이상에서 밝힌 두 가지 문제의식 아래 이 장은 다음과 같은 과정으로 전개된다. 먼저 제II절에서는, 조선시대를 중심으로 유교적 부부관계에 대한 부정적인 인식을 뒷받침하는 텍스트들 및 여기에서 아내의 위상과 역할은 어떻게 규정되었는지 살펴볼 것이다. 이어서 제III절에서는, 선진(先秦) 유교를 중심으로 유교적 부부관계를 재조명하는 데 주요 텍스트들 및 주체적인 삶을 살았던 아내들의 모습에 대해 논의할 것이다. 그리고 제IV절에서는 앞서 살펴본 내용들이 도덕교육적으로 어떻게 활용될 수 있는지, 고등학교 『생활과 윤리』 과목을 중심으로 고찰할 것이다. 이 과정에서 부부관계에 대한 교과서 기술의 방향 및 관련 교수학습 방법에 대해 언급할 것이다.

II. 유교적 부부관계에 대한 부정적 인식

현대에서 바라보는 유교적 부부관계의 시간적·공간적 배경은 '조선'인 경우가 많은데, 대부분 부정적이다. 이것은 유교적 여성 윤리를 바라보는 특정한 프레임(frame)에서 비롯하는데, 이 프레임에 따르면 유교적 여성 윤리는 남성과의 관계 윤리이고, 특히 결혼한 여성의 윤리이다. 여기에 독립된 여성 개인에 대한 배려는 없으며, 그런 존재가 인정될 필요도 없다. 왜냐하면 여성이 성취할 수 있는 최고의 덕목은 '부덕(婦德)'일 뿐이기 때문이다(이숙인, 2003: 252). 부덕이 무엇인지에 대해서는 유교에서 권장하는 대표적인 초학용 교재인 『소학(小學)』에 잘 나타나는데, 이 책의 「명륜(明倫)」 편에서는 부덕에 관해 다음과 같이 설명하고 있다.

> 공자(孔子)가 말하기를, "부인은 사람에게 복종한다. 따라서 혼자서 일을 결정하는 의리[義]는 없고 세 가지 따라야만 하는 도리[道]가 있으니, 집에 있을 때는 아버지를 따르고, 시집을 가서는 남편을 따르며, 남편이 죽으면 아들을 따라서, 감히 제멋대로 하는 바가 없어야 한다. 가르침과 명령은 규문(閨門)을 나가지 않으며, 일하는 것은 음식을 차리는 것일 뿐이다. 따라서 여자는 종일 규문 안에 있어야 하고, 백리 길의 초상에 달려 나가지 않는다. 또한 일을 마음대로 하지 않고, 행동은 혼자하지 않고 참여하여 알게 한 다음에야 행동하며, 증명할 수 있는 다음에야 말한다. 낮에는 뜰에서 거닐지 않고, 밤에는 안에서 다닐 때에도 횃불을 사용해야 한다. 이것이 부덕을 바르게 하는 것이다. (중략) 부인에게는 일곱 가지의 내쫓길 수 있는 조건이 있다. 시부모에게 순종하지 않고, 자식이 없으며, 음란하면 내쫓길 수 있다. 질투하고, 나쁜 질병이 있으며, 말이 많고, 도둑질하면 내쫓길 수 있다."라고 하였다(『소학(小學)』, 「명륜(明倫)」 편).

조선에서 『소학』이라는 텍스트가 지녔던 교육적 위상을 고려할 때, 학생들은 어릴 적부터 이런 내용의 부부관계에 대한 강요에 가까운 가르침을 받았을 것으로 예상된다. 사실 유교 경전 여기저기에 산재해 있는 여성 담론은 강력한 당위적 실천성을 동반하고 있지는 않앉던 것으로 보인다. 그러나 이와 달리『소학』은 성리학을 이론적 배경으로 삼아 일상의 세세한 규율의 실천을 강조하는 매뉴얼로 기능하였고, 이 매뉴얼의 내용이 곧 '삼종지도(三從之道)'로 요약되는 여성주체의 박탈, 남성에게 종속된 여성, 일상적인 노동의 강요와 활동 영역의 제한 등이었던 것이다(강명관, 2016: 105). 이 같은 인식이 조선의 유학자들에게 깊이 내면화되어 있었다는 것을 증명할 수 있는 사례들은 어렵지 않게 발견할 수 있는데, 일례로 조선 후기의 실학자인 성호(星湖) 이익(李瀷)의 경우에도 그러했던 것으로 보인다. 이익은 다음과 같이 언급하면서 부인(여성)들에게는 공부를 가르쳐서는 안 된다고 주장했다.

> 글을 읽고 뜻을 풀이하는 것은 남자의 일이다. 부인은 아침과 저녁, 여름과 겨울, 때에 맞추어 준비해야 할 물건을 준비하고, 제사를 지내고 손님을 맞아야 한다. 어느 겨를에 책을 읽을 수 있겠는가. 나는 고금의 역사에 통달하고 예의에 대해 말하는 부인을 많이 보았으나, 그들이 그것을 꼭 실천하는 것도 아니었고 도리어 폐해만 한없이 많았다. (중략)『소학』과『내훈(內訓)』등의 책도 모두 남자의 임무에 속한다. 부인은 조용히 궁리하여 그 책에 실린 말을 알아듣고 일에 따라 실천하거나 가르침을 받을 뿐이다. 규방의 부인이 만약 누에치고 길쌈하는 일을 소홀히 하고 먼저 책을 집어 든다면 이 어찌 옳은 일이랴?(강명관, 2011: 71)

그렇다면 유교적 부부관계를 이처럼 부정적으로 형성하게 만든 근본적인 원인은 어디에 있을까? 그것은 바로 종법제(宗法制)의 확립을 통한 가부장(家父長)의 권한 확대 때문이다. 주지하는 바와 같이, 고려와 조선 전기까지만 하더라도 부부관계는 수직적이거나 주종적인 관계가 아니었다. 남성이 여성의 집으로 장가를 드는 '남귀여가혼(男歸女家婚)'의 모습을 보여주었던 고려의 경우, 여성들은 상당한 개방성·주체성·적극성을 가지고 있었다. 고려의 여성들은 자신의 의사를 적극 개진하였고, 당면한 문제를 주체적으로 해결하였으며, 사회적인 문제에 대해 집단적인 의견까지 표출하였다(박은경, 2015: 198). 고려의 풍속이 남아 있던 조선 전기에도 여성의 목소리는 낮지 않았는데, 가령 족보에는 아들딸의 구별 없이 연령순으로 기록하였고, 재산에 대한 균분상속이 이루어졌으며, 제사를 아들과 딸이 번갈아가면서 지내는 윤회봉사(輪回奉祀)와 외손(外孫)이 지내는 외손봉사도 가능했다(이남희, 2011: 162-164).

그런데 이 같은 조선 전기까지의 양상은 『주자가례(朱子家禮)』의 정착과 조선 중기 이후 국가가 나서서 종법 관련 제도들을 정비하면서 변화하기 시작하였다. 종법이 추구하는 이상적 가족 형태인 부계(父系) 중심의 적장자 계승 구조가 구체적으로 현실화되었던 것이다. 그 결과, 부계와 모계(母系)를 모두 존중했던 양계(兩系) 사회는 부계 중심의 사회로 변모하였고, 기존의 처가살이혼은 주자가례식 시집살이혼과 끊임없이 충돌하였으며, 부계 친족의 결속을 위한 4대 봉사가 강조되었다(김미영, 2017: 91-117). 이처럼 결혼 이후에 처가나 외가 주변에 정착하여 살던 풍속이 사라지고 아내가 낯선 남편의 가문에 혼자 들어가 적응하면서 살아가는 방식이 고착화됨으로써, 조선 중기, 보다 구체적으로는 18세기 이후 '남존여비(男尊女卑)'와 '여필종부

(女必從夫)'라는 불평등한 관념이 확고히 자리 잡게 되었다(김선희, 2015: 193).

이제 아내의 행동 범위는 집[閨門]으로 제한되었고, 자신이 태어나고 자란 친정과는 거리를 유지한 채 낯선 시집을 중심으로 사는 삶이 시작되었다. 하지만 시집살이라는 삶의 조건은 아내로 하여금 자신의 정체성을 '남편 가문에 속한 며느리'에서만 찾게끔 만들었으며, 이것은 종국에는 부정적인 여성 의식으로 귀결되었다. 결국 당시의 아내들은 친정과 시집 어디에도 제대로 속하지 못한 이방인의 위치에 머물게 됨으로써 존재 기반이 취약해졌고, 열등한 자아 정체성까지 가지게 된 것이다(김언순, 2008: 5, 7-8). 그 과정에서 국가와 사대부 계급이 나서서 발간을 주도했던 서적들(『삼강행실도(三綱行實圖)』, 『오륜행실도(五倫行實圖)』, 『우암션생계녀서』, 『한씨부훈(韓氏婦訓)』, 『사소절(士小節)』 등)도 한몫을 하였는데, 이 내훈서(內訓書)들은 부부관계에서 아내를 유교적 질서 내부로 편입시키고 모범적인 아내의 전형으로 '종사(從死)'와 '열녀(烈女)'가 생명력을 가지게끔 만드는 역할을 했던 것이다(김선희, 2015: 194). 하나의 예로 『사소절』의 「부의(婦儀)」 편에서 형암(炯庵) 이덕무(李德懋)는 아내가 갖추어야만 하는 성품과 행실[性行], 언어(言語), 복식(服食), 행동거지[動止], 교육(教育), 인륜(人倫), 제사(祭祀) 및 생업[事物] 등을 상세히 기술하고 있는데, 이 「부의」 편의 저술 배경에 대해 다음과 같이 밝히고 있다.

『주역(周易)』의 건괘(乾卦)와 곤괘(坤卦)는 음양[二儀]이 고르고, 『시경(詩經)』의 「관저(關雎)」 편은 이륜(彝倫)을 만들었다. '정숙[淑貞]'이 아니라면 어떻게 몸을 지키고, '완순[順婉]'이 아니라면 어떻게 다른 사람을 섬기며, '성결[潔誠]'이 아니라면 어떻게 신(神)을 흠향하겠는가? 근면하고 검소하면 길함이 두루 집중된다. 「부의(婦儀)」 편을 짓는다(『사소절(士小節)』, 「부의(婦儀)」 편).

위 인용문에도 잘 나타나는 것처럼, 아내에게 요구되는 부덕의 구체적인 덕목들은 정숙과 완순, 성결이었다. 실제 조선의 주요 내훈서들의 내용을 요약하자면, (시)부모를 봉양하고 남편을 모시며, 형제·친척과 화목하고 자녀를 잘 가르치며, 제사를 치르고 손님을 접대하며, 노비를 부리고 음식과 의복을 관리하며, 근면하고 성실하게 생활하며, 남편을 투기하지 않고 몸가짐과 언어를 바르게 하는 등으로 구성되어 있다(김언순, 2006: 40). 이러한 내용 구성에서 여성 본연의 모습을 발견하기는 어렵다.

이상에서 살펴본 것처럼, 유교적 부부관계를 부정적으로 인식하는 경우에서 바라보는 여성, 아내의 위상은 대단히 한정적이다. 뿐만 아니라 이 한정적인 위상조차 시집으로 대변되는 가족 안에서야 비로소 인정받을 수 있었다. 사실 유교적 부부관계를 바라보는 이 같은 관점은 우리 사회의 일반적인 시각이라고 할 수 있을 것이다. 그렇다면 유교적 부부관계가 이처럼 부정적이기만 한 것일까? 달리 표현하면, 유교적 부부관계의 본질이 본래부터 이렇게 수직적이고 주종적인 것일까? 이런 물음들과 관련해 이어지는 절에서는 선진(先秦) 유교를 중심으로 유교적 부부관계를 재조명한다면 어떤 측면들을 부각시킬 수 있는지 그리고 주체적인 삶을 살았던 아내의 모습으로는 어떤 부분을 제시할 수 있는지 등을 살펴볼 것이다.

III. 유교적 부부관계에 대한 재조명 노력

유교에서 규정하는 부부관계에 대해 특정한 시간이나 공간만을 기준으로 하여 모두 부정적으로 평가하는 것은 재고의 여지가 있다. 왜냐하면 유교 사상은 선진 시대로부터 현대까지 이르는 전체적인 기간 속에서 파악하는 것이 바람직하다고 할 수 있을 만큼, 그 역사가 오래되었기 때문이다. 실제로 유교 사상의 출발점이자 근간인 선진 유교에서는 유교적 부부관계를 재조명할 수 있는 여러 단초들이 발견된다. 그러나 이런 측면들은 한대(漢代)의 동중서(董仲舒) 사상에 의해 상당 부분 왜곡되었다. 가령 선진 유교에서는 상대적인 윤리 관념으로 보았던 음양론(陰陽論)이 그의 사상의 영향으로 양은 귀하고 높으며 선하고, 음은 천하고 낮으며 악하다는 형태로 변질되었던 것이다(장공자, 2012: 194, 214-215). 이 같은 점을 전제로 본 장에서는 우선 유교적 부부관계를 재조명하는 데 선진 유교에서 찾을 수 있는 유의미한 내용들에는 어떠한 것들이 있는지 논의할 것이다.

유교에서 경전(經典)으로 분류되는 서적들을 살펴보면, 부부관계는 매우 중요하며 남편과 아내 사이는 서로 대등하고 상호적인 관계라고 규정한 경우를 어렵지 않게 발견할 수 있다. 몇 가지 예를 들어보자. ① 먼저 『주역』의 「서괘전(序卦傳)」에서는 "천지가 있은 연후에 만물이 있고, 만물이 있은 연후에 남녀가 있으며, 남녀가 있은 연후에 부부가 있고, 부부가 있은 연후에 부자(父子)가 있으며, 부자가 있은 연후에 군신(君臣)이 있고, 군신이 있은 연후에 상하(上下)가 있으며, 상하가 있은 연후에 예의를 둘 곳이 있다."라고 언급함으로써, 인간 사회의 시작이 부부란 점을 명확히 하고 있다. ② 또한 『맹자(孟子)』의 「등문공(滕文公)」편에서는 "부자 사이에는 친함이 있고, 군신 사이에는 의리가 있으며, 부부 사이에는 분별이 있고, 장유(長幼) 사이에는 순서가 있으며, 친구[朋友] 사이에는 믿음이 있다."라고 밝힘으로써, 남편과 아내 사이에 지켜야만 하는 지침이 무엇인지 제시하고 있다. ③ 이러한 유교적 부부관계의 중요성을 집약적으로 표현한 서적은 『중용(中庸)』이라고 할 수 있는데, 여기에서는 "군자의 도(道)는 단서가 부부관계로부터 시작되니, 그 지극한 곳에 이르면 효과가 천지에 나타날 것이다."라고 기술함으로써, 유교에서 내세우는 이상적 인간상인 군자의 완성에서도 부부관계가 대단히 중요하다는 점을 강조하고 있다. ④ 더하여 '항려(伉儷)'라는 표현도 주목할 만하다. 항려란 『춘추좌전(春秋左傳)』의 「소공(昭公) 2년」에 등장하는 단어로, '서로 대적하는 짝으로서의 부부'라는 뜻이다. 여기서 대적한다는 말은 다툰다는 것이 아니라, 남편과 아내가 서로 필적한 만한 힘이나 능력을 갖추고 이를 통해 상대방이 원하는 바를 이루어준다는 긍정적인 의미이다. 그러므로 항려는 남편 혹은 아내 어느 한쪽이 다른 한쪽을 흡수하거나 포섭하는 것이 아니라, 차이를 전제로 한 화합이요 대립과 통일을 동시에 내포한 개념이다(이숙인, 2015: 131-132).

　이상에서 언급한 경우 이외에도 다양한 예들을 꼽을 수 있지만 이 글에서는 특히 선진 유교에서 부부관계를 규정하는 두 가지 표현에 집중할 것인데, 첫 번째는 '음양대대(陰陽對待)'이다. 음과 양은 존재의 생성 및 변화를 설명하는 유가적 상징으로서, 동양 사상의 체계 형성에 큰 영향을 미쳤음은 널리 알려진 사실이다. 천지 사이에 가득한 사사물물의 생멸과 변화는 이 음과 양의 조화와 변전(變轉)을 통해 이루어진다. 그런데 성질이 다른 음과 양은 서로 밀어내고 배척하기만 하는 것이 아니라, 상호 간에 영향을 미쳐서 변화를 일으킨다. 다시 말해, 음과 양은 다른 존재이지만 오히려 이러한 이질성을 기반으로 서로 침투함으로써 만물이 생성하고 소멸되는 뿌리가 된다는 것이다(최정묵, 2012: 262). 그리고 이 같은 음과 양의 관계를 '대대(對待)'라고 표현한다. 대대란 결코 '대립(對立)'이 아니다. 대립은 서로 다른 성질[異質性]을 긍정적으로 수용하지 못하고 부정적으로만 받아들이는 경우에 나타나는 양상이다. 반면에 대대는 자신이 존재하는 그 필요조건으로 상대방을 인정하는 것이다. 정리하자면, 대대는 서로 다른 성질을 긍정적이고 적극적으로 수용하고자 할 때 생기는 것으로, 내가 존재하려면 상대방도 필수적으로 요청되는 까닭에 상대방이 자신에게 도달하기를 간절한 마음으로 기다리는 것이다(이상호, 2012: 157-158).

이런 음양대대의 관점에서 유교적 부부관계를 바라보자면, 남편과 아내는 자신이 진정한 자신으로 존재하기 위해 반드시 필요한 사람이다. 이것이 곧 서로 북돋아주고 서로 이루어준다는 '상생상성(相生相成)'의 관계인 것이다(홍원식, 2009: 73). 그런데 이러했던 음과 양의 관계가 귀천, 상하, 선악 등의 존비(尊卑) 관계로 변질된 사회적 배경이 한대의 유교 국교화 및 동중서 사상의 영향이었다는 점은 앞서 언급했던 부분이다.

다음으로 선진 유교에서 부부관계를 규정하는 여러 표현 중 이 글에서 두 번째로 주목한 것은 '부부유별(夫婦有別)'이다.『맹자』에서 부부유별이 등장하는 부분은 맹자가 '인륜(人倫)'의 필요성을 강조하는 맥락에서이다. 여기에서 그는 "사람에게는 도리가 있는데, 배부르게 먹고 따뜻하게 옷을 입으며 편안하게 거처하기만 하고 가르침이 없으면, 짐승[禽獸]과 가까워진다. 그래서 성인(聖人)이 이것을 걱정하여 설(契)이라는 인물에게 사도(司徒)의 직책을 맡겨 인륜을 가르치게 하셨다."라고 하면서, 이 인륜의 구체적인 내용으로 오륜(五倫)을 제시하였다. 그리고 오륜의 한 축이 바로 부부유별이다. 그런데 오륜의 다른 항목들과는 달리 부부유별은 해석이 분분한 편이다. 부부유별은 직역하면 남편과 아내가 '유별'하다는 것인데, 이때 유별을 풀이하는데 구별, 차이, 차별 등이 다양하게 사용되기 때문이다(우준호, 2015: 133). 일례로 국립국어원에서 발행하는 『표준국어대사전』에서는 부부유별에 대해 "남편과 아내 사이의 도리는 서로 침범하지 않음에 있음을 이른다."라고 기술하고 있다. 하지만 이렇게 규정해놓고 보면, 부부유별은 오륜에 속하는 다른 네 개의 항목들과는 특별한 차이점을 가지지 못한다. 그 이유는 부자 사이, 군신 사이, 장유 사이, 친구 사이 등에도 서로 침범하지 말아야 할 지점이 있는 까닭이다.

이 같은 부부유별에 대한 이해를 크게 세 가지 입장으로 분류하면, ① 부부간의 내외(內外)를 강조하는 '불상압(不相狎)'의 입장, ② 다른 부부 혹은 남녀와 부적절한 관계에 빠지지 않아야 함을 강조하는 '불상란(不相亂)'의 입장, ③ 이 두 가지 관점의 균형을 강조하는 입장 등을 꼽을 수 있다(정정기·옥선화, 2011: 190). 그동안 부부유별을 해석할 때의 주된 시각은 불상압의 입장이었다. 그러나 남편과 아내 사이의 내외 및 여기에 기초한 상호공경이 부자 사이의 '친(親)', 군신 사이의 '의(義)', 장유 사이의 '서(序)', 친구 사이의 '신(信)'과 나란히 할 수 있을 정도로 부부 사이를 규정하는 특색 있는 가치·덕목이 되기 어렵다는 점을 고려한다면, 부부유별을 해석하는 데 불상란의 입장을 적극적으로 수용할 필요가 있다. 그리고 이처럼 부부유별이 지닌 의미의 비중을 남편과 아내가 다른 부부 혹은 남녀와 부적절한 관계에 빠지지 않아야 한다는 쪽에 두어야만 아버지와 아들 사이의 친애함[父子有親]도 가능해진다(곽신환, 2004: 337-339). 이런 부부유별의 관점에서 볼 때 남편과 아내는 다른 이성(異性)과 성적으로 문란하지 않아야 한다.

지금까지 유교적 부부관계를 재조명하는 데 선진 유교에서 찾을 수 있는 유의미한 내용들에는 어떠한 것들이 있는지 고찰하였다. 이를 통해 유교가 본질적으로 남편과 아내 사이를 수직적이거나 주종적인 관계로 규정하고 있지 않다는 사실을 확인할 수 있었다. 이제 유교적 부부관계에서 발견할 수 있는 아내의 주체적인 모습에 대해 살펴볼 것이다. 다만 이 부분에서는 제II절과 내용상의 균형을 맞추기 위하여 다시 조선시대에 주목할 것이다.

흔히 조선시대의 유교적 부부관계에 대해 '남존여비'로 일축시키는 경향이 짙은데, 이것은 온전한 사실이라고 보기 어렵다. 물론 남편이 아내보다, 나아가 남성이 여성보다 우월하다는 인식을 만연하게 함으로써 정치적·경제적 지위와 권력을 남성이 독점하도록 하는 데 조선시대의 유교적 부부관계가 큰 영향을 끼친 것은 부정할 수 없다(이화영, 2017: 66, 99). 그러나 아내로 대변되는 여성들의 주체적인 모습도 적지 않게 발견된다. 또한 당시에 아내의 행동에 대한 규제 조항들이 점차 늘어갔다는 것도 실제는 그러한 규제가 제대로 이루어지지 않았다는 점을 드러낸다. 『조선왕조실록(朝鮮王朝實錄)』에는 규방 여성들에 대한 조항 및 관련 처벌을 조정에서 논의하는 장면들이 숱하게 수록되어 있지만, 강력하게 시행되지는 못하였다는 사실도 함께 기술되어 있다. 이런 까닭에 "금하고자 하나 금할 수가 없다."라는 탄식이 왕의 입에서 끊임없이 흘러나왔다고 한다. 이것은 그러한 규제를 그대로 따르는 아내도 있었던 반면, 규제에도 불구하고 주체적으로 살았던 아내도 분명히 존재했었다는 것이다(정지영, 2013: 182-185). 만약 이 같은 부분들을 무시한다면, 유교적 부부관계를 곡해하는 일이 발생한다. 아내들의 주체적인 모습들은 다각적인 측면에서 엿볼 수 있으나, 이 장에서는 문학과 학문 분야만을 중심으로 개략적으로 살펴본다.

조선시대의 여성 지성사 연구에 따르면, 당시의 아내들도 자신이 처한 삶의 조건을 최대한 활용하거나 극복하면서, 끊임없이 사유하고 성찰하며 기록했다. 예를 들어 김호연재(金浩然齋)는 시를 통해 뜻을 표현했고, 이빙허각(李憑虛閣)은 『규합총서(閨閤叢書)』를 저술해 여성 실학의 선두가 되었다. 또한 김금원(金錦園)은 주로 남성들이 향유했던 산수 유람을 하였고, 『호동서락기(湖東西洛記)』를 지어 자신의 삶을 기록으로 남겼다(이혜순, 2013: 80-83). 실제 유교적 부부관계 하에서 아내들이 가장 활발하게 자신의 생각과 심정을 표출했던 분야는 문학이었는데, 언급했던 김호연재는 "이 여동생은 규중의 물건이라, 빈 골짜기 사이에서 문 닫고 사네. 몸에 두 깃 날개 없으니 어찌 신선산에 이를까? (중략) 문묵(文墨)은 내 일이 아니지만, 심중에 서림을 견디지 못하겠네(김순천, 2009: 25에서 재인용)."라고 하여, 시댁에서 겪는 삶의 고통과 가부장적 질서의 틀을 벗어나고 싶은 욕망을 간접적으로 드러내었다(박은선, 2017: 12-13).

보다 직접적으로 남편을 질타하는 장면은 규방가사(閨房歌辭)나 부요(婦謠) 등의 영역에서 발견된다. "몃푸는치 안된남자 가소롭고 갓 잔터라 (중략) 얼금벌금 키큰남자 키만잔득 커먹엇지 알분시런 성민 노장 납작납작 말만ㅎ듸 어리슝슝 문셔씨난 거질불도 일술너라 (중략) 졔이름도 모르거른 죠상세계 어이알며 흔짐닷못 모르거른 문셔 치부 어이ㅎ리"(권영철, 1979: 110)라는 내용이 포함된 <여자탄식가>에서는, 허우대만 크고 말이 많으며 거짓말을 일삼는 남편, 학문을 전폐하고 조상을 향한 제사의 도리도 다하지 않으며 집안 경제까지 축내는 남편을 통렬히 비난하고 있다(손앵화, 2015: 181-182). 부부관계는 각자 자신이 맡은 바 소임을 다할 때에야 비로소 완성될 수 있다는 생각은 조선 후기의 시인 김삼의당(金三宜堂)이 남편과 대화하는 장면에서 극대화되어 나타나는데, 김삼의당은 남편의 잘못된 요구를 아내가 따를 필요는 없고, 아내도 효(孝)보다 충(忠)을 중시할 수 있으며, 올바른 부부관계란 남편은 주장하고 아내는 따르는 '부창부수(夫唱婦隨)'가 아니라 남편과 아내가 각자 도리를 잘 지키는 것이라고 주장했다(박현숙, 2005: 54-60).

남편과 아내가 행해야 할 도리의 무거움이 양방향으로 중요하다는 인식은 학문 분야에서 더욱 심화되었는데, 대표적으로 주변의 남성들에게 '여성 군자', '여성 성리학자'로 칭송을 받으며 자신의 이름으로 저술까지 남긴 임윤지당(任允摯堂)의 예를 꼽을 수 있다. 임윤지당은 남녀 간에 본성적인 차이란 없으며, 따라서 남녀 구분 상관없이 성인(聖人)에 도달할 있다는 주장을 성리학에 입각해서 주장했다(문지영, 2016: 27-28). 그는 이러한 자신의 생각을 표현하면서 「극기복례위인설(克己復禮爲仁說)」의 말미에 "아! 내가 비록 여인이지만 품부받은 본성에는 처음부터 남자와 여자의 구분이 있는 것이 아니다. 안연(顏淵)이 배운 것을 능히 따라갈 수는 없을지라도, 성인을 사모하는 그 뜻만큼은 매우 간절하다."라고 밝혔다.

또한 이사주당(李師朱堂)은 『태교신기(胎教新記)』에서 태교 역시 남편과 아내가 함께 해야 할 일이라고 주장하였다. 이사주당은 '아버지의 낳음', '어머니의 기름', '스승의 가르침'은 모두 한 가지라고 말하면서도, 태어나서 받는 스승의 십 년 가르침은 뱃속에서 받는 어머니의 열 달 기름만 못하며, 어머니의 열 달 기름은 아버지의 하루 낳음만 못하다고 지적하였다. 여기서 아버지의 하루 낳음이 중요하다는 것은 아내와 사랑하여 아이를 가지는 데 부적절한 기운[氣]이 몸에 붙지 않도록 매우 조심해야 한다는 것이다. 그래서 이사주당은 『태교신기』의 곳곳에서 이 부분을 강조한다.

> 부부가 되면 항상 공경으로써 서로 대접하고 어떤 일이 있더라도 지나친 외설로써 대하지 않는다. 집 안이나 집 밖에서나 입에 담지 못할 말은 하지 말아야 한다. 부부가 함께 거처하는 내실이 아니면 들어가 잠자지 않는다(이연재 역, 2014: 28).

> 기운이 막히고 피가 엉기어 지각이 맑지 못하면 그것은 곧 아비의 허물이요, 얼굴 생김생김이 모자라고 재주마저 넉넉하지 못하면 그것은 곧 어미의 허물이다(같은 책, 33).

태아는 오직 임신부 혼자서만 기르는 것이 아니다. 온 집안사람들 모두가 항상 행동을 조심해서 기르는 것이다(같은 책, 41).

이 같은 이사주당의 주장은 태교할 때 남편이 해야 하는 역할과 행동의 중요성을 강조함으로써, 유교적 부부관계가 수직적이거나 주종적인 것만이 아니라는 점을 보여주고 있다.

이상에서 살펴본 것처럼, 유교적 부부관계를 재조명하는 경우에서 바라보는 아내의 위상은 결코 남편보다 낮지 않았다. 이는 반대로 아내가 우위에 있었다는 것이 아니라, 남편과 아내가 해야 할 도리가 있으며, 이런 도리는 쌍방 간에 요청된다는 것이다. 이렇게 유교적 부부관계에서 발견할 수 있는 긍정적인 측면까지 고려해야만, 이 내용을 도덕교육적으로 활용할 수 있는 여지가 발생한다. 이제 이어지는 절에서는 고등학교 『생활과 윤리』 과목을 중심으로 부부관계에 대한 교과서 기술의 방향 및 관련 교수학습 방법에 대해 고찰할 것이다.

IV. 유교적 부부관계의 도덕교육적 활용 방안

최근에 조사·발표된『2017년 청소년 종합 실태조사』(여성가족부, 2017: 80-81)에 따르면, 13세에서 24세에 이르는 우리나라 청소년들 중 절반(49%)은 결혼을 해야 할 필요성을 느끼지 못하고 있고, 이 같은 현상은 남자 청소년들(43.3%)보다 여자 청소년들(55.3%)에게서 더 높게 나타났다. 또한 결혼 이후에 자녀를 갖는 문제에서도 절반에 가까운 청소년들(46.1%)이 자녀를 가질 필요성을 느끼지 못하고 있으며, 이

부분에서도 남자 청소년들(42.4%)보다 여자 청소년들(50.2%)이 더 높게 나타났다. 여자 청소년들이 결혼이나 자녀 출산의 필요성을 더 낮게 느끼는 이유에 대해, 「2017년 청소년 종합 실태조사」에서는 육아 부담을 여성이 더욱 많이 지고 있는 우리 사회의 특성이 반영된 것이라고 제시하였다. 이런 연구 결과는 남편과 아내의 역할 및 상호 간에 지켜야 할 윤리에 관한 교육이 필요하다는 점을 시사한다.

사실 부부 사이에 지켜야 할 윤리에 대해 직접적으로 배우고 생각할 수 있는 기회가 주어지는 마지막 시기는 '고등학교'이다. 이 점을 고려할 때, 일상의 당위와 규범을 기본적인 내용 요소로 설정하고 있는 고등학교 도덕과 교육에서는 올바른 부부관계에 대한 교수·학습에 많은 관심을 가져야 할 것이다. 하지만 이런 기대와는 달리, 교육과정과 교과서에 수록된 부부관계 관련 내용은 매우 소략하다. 우선 고등학교 『생활과 윤리』 과목의 교육과정을 살펴보면, 해당 '내용 요소'와 '성취기준'은 다음과 같다(교육부, 2015: 36, 40).

내용 요소: 3. 사랑과 성윤리: 성의 가치는 무엇이고 사랑과의 바람직한 관계는 무엇인가? ① 사랑과 성의 관계 ② 결혼과 가족의 윤리

성취기준: [생윤02-03] 사랑과 성의 의미를 양성 평등의 관점에서 분석하고, 성과 관련된 문제를 여러 윤리 이론을 통해 설명할 수 있으며 가족윤리의 관점에서 오늘날의 가족 해체 현상을 탐구하고 이에 대한 극복 방안을 제시할 수 있다.

성윤리와 가족윤리라는 측면에서 부부관계의 윤리를 다룰 수 있

는 여지는 있으나, 이마저도 교육과정상에 정확하게 명시되어 있지는 않은 것이다. 따라서 『2015 도덕과 교육과정』에 맞추어 제작되어 최근에 발행된 『생활과 윤리』교과서들에도 부부관계의 윤리가 담겨 있기는 하지만, 분량이 소략하고 내용도 특색 없는 경우가 대부분이어서 학생들이 관심을 가지기는 어려워 보인다.

필자는 2018년에 발행된 『생활과 윤리』교과서 총 5종을 입수하여 내용을 분석하였는데, ① 먼저 A종에서는 결혼으로 이어진 부부관계를 통해 다양한 인간관계를 맺을 수 있다는 점을 지적하면서, 부부 상호 간의 동등성, 존중과 협력, 신의 등을 강조하고 있다. 이 과정에서 서양의 예로는 헤겔(G. W. F. Hegel)의 사상과 길리건(C. Gilligan)의 배려윤리를, 동양의 예로는 『예기(禮記)』에 수록된 혼인에 대한 강조 및 부부상경과 음양론 등을 꼽고 있다(정창우 외, 2018: 71-72). A종은 분석 대상인 5종의 『생활과 윤리』교과서들 중 동양의 사례를 가장 많이 수록하고 있으나, 부부유별 등은 다루고 있지 않다. ② 다음으로 B종에서는 결혼이란 남녀 간에 사랑을 지키겠다는 윤리적 약속이자 서로의 차이를 존중하겠다는 의지의 표현이라고 제시하면서, 부부는 사랑과 존중을 바탕으로 서로의 자아실현을 위해 힘이 되어주어야 한다고 밝히고 있다. 또한 서양의 부부관계는 개인의 자유와 주체성을 전제로 부부 간에 균형과 조화의 태도를 지향한다면, 동양의 부부관계는 구별과 존중[夫婦有別, 공경[相敬如賓] 등을 강조한다고 기술하고 있다(김국현 외, 2018: 71-72). B종은 동·서양 부부관계의 핵심이 무엇인지 압축적으로 기술하고 있으나, 내용이나 학생 활동의 분량이라는 측면에서는 상당히 소략하다. ③ 이어서 C종에서는 남녀는 결혼을 통해 이후에 부딪히는 고난이나 역경을 딛고 일어설 수 있는 내적 동기를 얻게 되며, 불완전한 개인은 결혼으로써 더욱 완전해질 수 있다고 보았다. 그러면서 부부 간의 윤리는 양성평등의 관점에서 바라볼 필요성이 있는데, 관련된 예로 서양에서는 여성주의 윤리학자 보부아르(S. Beauvoir)와 배려윤리의 주창자 길리건, 사랑의 삼각형 이론을 제시한 스턴버그(R. Sternberg)의 언명을, 동양에서는 음양론과 부부유별, 부부상경 등을 언급할 수 있다고 보았다(변순용 외, 2018: 74-78). C종은 5종 가운데 부부관계에 대해 가장 풍부하게 설명하고 있으며, 특히 중단원을 정리하는 활동에서도 부부관계를 다루고 있다는 점에서 주목할 만하다. 그럼에도 동양의 부부관계에 대한 부분이 상대적으로 적거나 피상적인 설명에 그치고 있다는 측면에서는 다른 『생활과 윤리』 교과서들과 동일하다. ④ 그리고 D종에서는 부부란 인간으로 하여금 영원히 존재할 수 있게 하는 가장 기본적인 인간관계라고 지적하면서, 남편과 아내야말로 남성과 여성의 동등한 대우를 중시하는 양성평등 정신의 실천 당사자라고 강조하고 있다. 이러한 관계이기에 부부는 서로 간에 지켜야 할 윤리가 있는데, 서양에서는 나딩스(N. Noddings) 같은 학자들이 중심이 되는 배려윤리를, 동양에서는 음양론에 근거한 부부유별로부터 도출할 수 있는 상대방을 향한 존중을 꼽을 수 있다고 보았다(정탁준 외, 2018: 70-71). D종은 부부관계를 규정하는 데 양성평등의 관점을 두드러지게 강조하고 있다는 점이 특색이지만, 여타 『생활과 윤리』 교과서들과 마찬가지로 동양의 부부관계에 대한 내용은 상식적인 수준에서 그치고 있다. ⑤ 마지막으로 E종에서는 결혼은 사랑하는 남녀가 부부의 인연을 맺는 공식적인 결합이

자 평생토록 생사고락을 함께하겠다는 약속이라고 밝히면서, 결혼 생활에서 예상하지 못한 갈등이 벌어질 수도 있으나 이를 극복하려면 존중과 배려에 기초한 관용의 정신이 필요하다고 제시하고 있다. 그러면서 부부 간에 지켜야 할 윤리와 관련해 부부유별을 강조하고 있는데, 농업 중심의 전통 사회와는 달리 현대는 남녀의 성 역할이 고정적이지 않으므로, 부부유별을 해석할 때에도 각자의 능력과 역할에 따른 역할 분담으로 이해해야 한다는 것이다(차우규 외, 2018: 71). E종은 부부윤리와 관련해서 부부유별만 다루고 있다는 점이 특징적인데, 아쉽게도 그 해석은 상투적이다.

이상 5종의 『생활과 윤리』 교과서를 분석한 결과를 요약하자면, 다음과 같다. 첫째, 결혼을 통한 가족의 형성이 모든 인간관계의 출발점이 된다는 점을 강조하면서, 결혼의 윤리적 의미를 강조하고 있다. 둘째, 따라서 남편과 아내 사이는 동등하며, 이런 동등함을 기반으로 상호 간에 존중하고 협력해야 할 뿐만 아니라, 서로의 자아실현을 위해 노력해야 한다고 보고 있다. 셋째, 이 같은 내용을 설명하는 과정에서 꼽고 있는 서양의 예에서는 다양성(헤겔, 보부아르, 스턴버그, 길리건, 나딩스 등)이 나타나지만, 동양의 예에서는 그런 다양성을 거의 발견할 수 없다. 대부분 음양론, 부부유별, 부부상경 등에 한정되어 있으며, 그 설명도 획일적이어서 학생들에게 흥미를 불러일으키기 매우 어렵다.

바로 이 지점에서 제Ⅲ절에서 살펴본 내용들을 『생활과 윤리』 교과서의 본문에 수록하거나 보조단에 넣어둔다면, 부부관계를 가르칠 때 상당히 용이할 것으로 판단된다. 몇 가지 예를 들어보자면, 첫 번째로 '음양론'의 경우 필자가 살펴본『생활과 윤리』교과서 5종 중 3종에서 언급할 만큼 빈번하게 등장하고 있는데, 음양론의 본래 의미가 차별을 뜻하는 것이 아니라 서로를 보완해주는 것이라는 상투적인 설명보다는, 음과 양이 참된 자신으로 존재하기 위해 서로를 절실하게 필요로 하는 관계[對待]라는 점이 잘 드러나도록 기술하는 것이 효과적이다. 이렇게 할 경우, 남편[陽]과 아내[陰]가 서로 북돋아주고 서로 이루어준다는 상생상성의 관계가 부각되는 것은 물론이거니와, 서양의 '배려윤리(Care Ethics)'에 버금가는 배려의 전통이 우리에게 일찍부터 존재하였다는 사실을 학생들에게 알려줌으로써 유교적 부부관계를 바라보는 또 다른 시각이 있다는 점을 가르칠 수 있을 것으로 기대된다.

두 번째로 '부부유별'의 경우에도 남편과 아내 사이에 구별이 있다는 일반적이고 다소 진부한 해석만 수록하기보다는, 남편과 아내가 다른 부부 혹은 남녀와 성적인 측면에서 문란하지 않아야 한다[不相亂]는 해석도 함께 제시할 필요가 있다. 이렇게 할 경우, 전통윤리에 대한 새로운 독법(讀法)을 학생들에게 소개하여 신선한 자극도 제공할 수 있을 뿐만 아니라,『생활과 윤리』과목의 편제상 부부관계가 포함되어 있는 '결혼과 가족의 윤리'의 바로 앞부분에 자리하고 있는 '사랑과 성의 관계'와도 유기적으로 내용을 연결시켜 가르칠 수 있을 것으로 예상된다.

세 번째로 유교에서 내세우는 군자의 완성에서 부부관계가 대단히 중요하다는 점을 강조하고 있는『중용』의 '조단(造端)' 같은 용어나, '서로 대적하는 짝으로서 부부'라는 뜻인 '항려' 같은 표현도 향후『생활과 윤리』교과서에 수록한다면, 양성평등의 관점에서 부부관계를 설명할 때 한층 용이할 것으로 판단된다. 진정한 의미의 양성평등을 구현하려면, 남성과 여성이 인간성의 본질적인 속성을 지닌 양 측면이므로 이런 남녀가 서로서로 이해해야만 온전한 전체이자 제대로 된 개체가 될 수 있다는 사실을 깨달아야 한다. 여기에 비추어볼 때, 부부관계에서도 남편과 아내의 역할을 양분하고 그 역할만 고집하는 것은 어리석은 일이다(박찬구, 2016: 89-90). 그런데 이처럼 남편과 아내가 서로 존중하면서 함께 해야만 비로소 온전한 전체이자 제대로 된 개체가 될 수 있다는 점을 학생들에게 안내할 때, 전체이자 완성이라는 측면에서는 '조단' 개념을, 제대로 된 개체라는 측면에서는 '항려' 개념을 활용하여 설명할 수 있을 것이다.

네 번째로 유교적 부부관계에 대한 '학습지'를 제작하여 수업 시간에 활용함으로써, 학생들에게 미래의 자신은 배우자에게 어떤 남편 혹은 아내가 될 것인지 생각해보도록 유도할 수 있다. 학습지의 내용은 크게 두 단계로 나누어 구성할 수 있는데, 1단계는 유교적 부부관계와 관련된 주요 언명이나 실제 사례들을 읽고 올바른 부부관계란 무엇인지 생각해보게끔 하는 것이며, 2단계는 그 생각을 특정 용어를 사용해 압축·공언(公言)하게 하여 올바른 부부관계에 대한 상(像, image)을 학생의 마음에 보다 확실하게 자리매김하게끔 하는 것이다.

이상으로 유교적 부부관계의 도덕교육적 활용 방안에 대해 살펴보았다. 먼저 『2015 도덕과 교육과정』에 따라 제작·발행된 『생활과 윤리』 교과서 총 5종에 수록된 부부관계 관련 내용들을 분석하고, 이어서 유교적 부부관계를 활용한다면 교과서 기술의 방향을 어떻게 정할 수 있는지 그리고 관련 교수학습 방법에는 어떤 것이 있는지 포괄적인 수준에서 제시하였다. 이제 이어지는 절에서는 여기에서 미처 다루지 못한 후속 과제들에 대해 한두 가지 제언을 시도하면서 글을 마칠 것이다.

V. 남은 과제들

지금까지 이 글에서는 유교적 부부관계에서 나타나는 여성관[婦]을 살펴보고, 나아가 유교적 부부관계를 도덕교육적으로 어떻게 활용할 수 있는지 고찰하였다. 이를 위해 먼저 유교적 부부관계에 대한 '부정적인 인식'과 '재조명을 위한 노력'에 대해 논의하였다. 전자에 따르면, 아내의 위상은 대단히 한정적이며, 이런 한정적인 위상도 시집으로 대변되는 가족 안에서야 인정받을 수 있었다. 하지만 후자에 따르면, 유교의 본질이라는 측면에서 아내의 위상은 결코 남편보다 낮지 않았다. 이것은 남편과 아내가 각자 해야 할 도리가 있으며, 이 도리는 쌍방 간에 요청된다는 것이다. 이상과 같은 전제 아래, 이 글에서는 유교적 부부관계의 도덕교육적 활용 방안에 대해 고찰하였다. 특히 고등학교『생활과 윤리』교과서 총 5종에 수록된 부부관계 관련 내용들을 분석하고, '유교적 부부관계'를 활용한다면 교과서 기술 방향을 어떻게 정할 수 있는지, 교수학습 방법에는 어떤 것이 있는지 포괄적으로 제시하였다.

　도덕교육의 관점에서 유교적 부부관계를 조명한 선행 연구가 거의 없고,『2015 도덕과 교육과정』에 따라 2018년에 발행된『생활과 윤리』교과서를 분석한 사례도 발견하기 어렵다는 점에서, 이 글이 어느 정도는 학문적 의의가 있을 것으로 기대하지만, 다음과 같은 후속 과제들이 뒤따를 때 더욱 의미를 지닐 수 있다고 판단된다.

첫 번째는 유교적 부부관계의 부정적 혹은 긍정적인 사례들을 모아 자료집의 형태로 구성하는 것이다. 현재에도 이런 성격의 자료집이 없는 것은 아니지만, 대체로 부정적인 사례 모음 내지는 긍정적인 사례 모음으로 치우쳐 있다. 따라서 교사와 학생들로 하여금 유교적 부부관계에 대한 보다 공정한 시각을 견지하도록 하기 위해서는 양자가 골고루 갖추어져 있는 자료집이 제작되어 교육 현장에 배포될 필요가 있다. 이렇게 해야만 유교적 부부관계로부터 발견할 수 있는 부정적인 측면은 배제하고, 긍정적인 측면은 우리 실정에 부합하게 되살려 가르칠 수 있을 것이다.

두 번째는 유교적 부부관계가 가지는 긍정적인 측면의 도입과 활용을 도덕과뿐만 아니라 기타 교과로 확산시키는 것이다. 이는 유교적 부부관계를 반드시 도입해서 활용해야 한다거나, 유교적 부부관계가 여타 부부관계에 대한 이론들보다 우월하다는 뜻이 아니다. 다만 유교적 부부관계가 그동안 오해의 소지가 많았다는 점을 안내하고, 국어과/사회과/기술·가정과 등 부부관계와 관련된 지문을 다루거나 수업할 수 있는 교과의 경우에 한해 그 교과의 상황을 고려하여 알맞은 형태로 변형시켜 수록하자는 것이다. 이렇게 한다면 학생들이 전통을 바라보는 시각도 넓어질 수 있고, 나아가 새로운 결혼 문화, 부부 문화의 창출도 가능하리라 예상된다.

1   이 글은 성신여자대학교 교육문제연구소에서 발간하는『교육연구』제71집
    (2018: 67-84)에 수록된 필자의 글을 수정한 것임을 밝혀둔다.

:: 참고문헌

『맹자』,『중용』,『주역』.

劉子澄,『소학』.

李德懋,『청장관전서』.

任允摯堂,『윤지당유고』.

강명관(2002),「『삼강행실도』-약자에게 가해진 도덕의 폭력」,『한국고전여
　　성문학연구』5, 한국고전여성문학회.

강명관(2011),『성호, 세상을 논하다』, 서울: 자음과 모음.

강명관(2016),「조선 사족체제의 성립과 여성의 통제」,『여성학연구』26(3),
　　부산대학교 여성연구소.

교육부(2015),『2015 도덕과 교육과정』, 세종: 교육부.

곽신환(2004),「‘유별(有別)’·예(禮)-‘부부유별’의 해석을 중심으로」,『중국학
　　보』50, 한국중국학회.

권영철(1979),『가사문학대계 규방가사 I』, 성남: 한국정신문화연구원.

김국현 외(2018),『생활과 윤리』, 서울: 비상교육.

김경미(2007),「『열녀전』의 보급과 전개-유교적 여성 주체의 형성과 내면
　　화 과정」,『한국문화연구』13, 이화여자대학교 한국문화연구원.

김미영(2017),「조선시대『주자가례』의 수용, 그 쟁점과 타협」, 한국국학진
　　흥원 연구부 편,『유교윤리의 과거와 현재』, 안동: 국학진흥원.

김선희(2015),「가(家)의 확장과 내부의 타자들-성호학파의 여성 인식」, 박종
　　천 편,『조선 후기 사족과 예교질서』, 서울: 소명출판.

김순천(2009),「조선 후기 여성 지식인의 주체 인식 양상-여성성의 시각을 중
　　심으로」, 단국대학교 박사학위논문.

김언순(2006),「조선 후기 사대부 여훈서에 나타난 여성상 형성에 대한 연구」,
　　『한국교육사학』28(1), 한국교육사학회.

김언순(2008),「조선 여성의 유교적 여성성 내면화 연구-여훈서와 규방가사
　　를 중심으로」,『페미니즘연구』8(1), 한국여성연구소.

김은아(2007),「조선 전기 재산상속법제에서 여성의 지위」,『법학연구』28,

한국법학회.

문지영(2016), 「'여성 차별'에 대한 동·서양의 인식과 도전-임윤지당과 울스턴크래프트(Mary Wollstonecraft)를 중심으로」, 『한국정치학회보』 50(1), 한국정치학회.

박은경(2015), 「고려 서류부가혼 사회의 여성상과 부덕」, 『여성과 역사』 23, 한국여성사학회.

박은선(2017), 「김호연재 시의 주체의식 연구-소외, 욕망, 환상을 중심으로」, 『한국문예비평연구』 53, 한국현대문예비평학회.

박찬구(2016), 『생활 속의 응용윤리』, 서울: 세창출판사.

박현숙(2005), 「김삼의당의 문학을 통해본 유교적 부부관계의 균열의 징후」, 『한중인문학연구』 14, 한중인문학회.

변순용 외(2018), 『생활과 윤리』, 서울: 천재교과서.

손앵화(2015), 「규방가사와 부요에 나타난 조선조 여성의 현실대응양상 고찰-부부관계와 가사노동을 중심으로」, 『한국시가문화연구』 36, 한국시가문화학회.

여성가족부(2017), 『2017년 청소년 종합 실태조사』, 서울: 여성가족부.

오청식(2015), 「동중서의 천인감응설과 음양오행에 관한 연구-위정지도를 중심으로」, 『원불교사상과 종교문화』 66, 원광대학교 원불교사상연구원.

우준호(2015), 「부부유별의 의미에 대한 연구」, 『중국학연구』 73, 중국학연구회.

이경하(2009), 「『삼강행실도』의 폭력성 재고-열녀편을 중심으로」, 『고전문학연구』 35, 한국고전문학회.

이남희(2011), 「조선 사회의 유교화와 여성의 위상-15·16세기 족보를 중심으로」, 『원불교사상과 종교문화』 48, 원광대학교 원불교사상연구원.

李師朱堂, 이연재 역(2014), 『태교신기』, 서울: 안티쿠스.

이상호(2012), 「유교의 부부 소통에 관한 연구」, 『유교사상연구』 47, 한국유교학회.

이숙인(2003), 「페미니즘과 유교」, 한국철학사상연구회 편, 『우리들의 동양철학』, 서울: 동녘.

이숙인(2015),「화이부동의 부부윤리학과 항려·조단·유별」, 황금중 외,『한국 문화전통과 배려의 윤리』, 성남:한국학중앙연구원 출판부.

이화영(2017),『주체적 삶, 전통여성』, 파주: 푸른사상.

이혜순(2013),「고통을 발판 삼아 피어난 지성」, 규장각한국학연구원 편,『조선 여성의 일생』, 파주: 글항아리.

장공자(2012),「유가의 전통 여성관에 대한 재조명」,『민족사상』6(4), 한국민족사상학회.

정정기·옥선화(2011),「조선시대 가족생활교육에서 '부부유별의 의미-간재이덕홍의「부부유별도」를 중심으로」,『한국가정관리학회지』29(6), 한국가정관리학회.

정지영(2013),「금하고자 하나 금할 수 없었다」, 규장각한국학연구원 편,『조선 여성의 일생』, 파주: 글항아리.

정창우 외(2018),『생활과 윤리』, 서울: 미래엔.

정탁준 외(2018),『생활과 윤리』, 서울: 지학사.

정해은(2014),「정절과 성 담론으로 해부한 조선 사회」,『여성과 역사』21, 한국여성사학회.

차우규 외(2018),『생활과 윤리』, 서울: 금성출판사.

최정묵(2012),「『주역』의 기본 논리에 대한 고찰」,『유학연구』27, 충남대학교 유학연구소.

秋適, 백선혜 역(2016),『명심보감』, 서울: 홍익출판사.

홍원식(2009),「음양오행-둘과 다섯으로 해석한 동양의 세계」, 한국사상사연구회 편,『조선유학의 개념들』, 서울: 예문서원.

홍원식(2017),「동중서 철학의 중국 유학사적 위치」,『동아인문학』39, 동아인문학회.

국립국어원,『표준국어대사전』(http://stdweb2.korean.go.kr/main.jsp)

4
사회정의의 기초,
유학에서 규정한 의(義)의 의미

고재석 (성균관대학교 유학대학 부교수)

4
사회정의의 기초, 유학에서 규정한 의(義)의 의미

I. 생명보다 귀한 가치, 의

정의가 구현되는 세상이 그립다. 부패와 불법이 난무하고 상식과 신의가 무너지는 사회가 지속되면 정의에 대한 열망은 더욱 커진다.

2560여 년 전, 사회질서가 붕괴되고 오직 부국강병의 논리로 세상이 혼탁해지는 격변의 시기를 경험한 공자(孔子)는 정치 참여를 자신의 사명으로 여기고 13년 동안 천하를 주유하며 정의가 실현되는 사회를 이루기 위해 노력하였다. 성학(聖學)에 뜻을 두고 공부하는 군자라면 무엇보다 의(義)를 우선해야 하고, 의에 밝아야 한다.

맹자(孟子) 역시 의가 상식으로 여겨지는 사회를 완성하기 위해 힘을 기울였다. 의는 사람이 다니는 바른길[人之正路]이다. 주변에 종종 가야 할 길을 비려두고, 차도로 무단 횡단하는 경우가 있다. 큰 사고로 이어지면 인명 피해는 물론 도로는 순식간에 아수라장이 된다. 마땅히 가야 할 안전한 길을 버려두고 함부로 행동한 결과이다. 제자 공도자(公都子)는 똑같은 사람인데 어떤 이는 대인이 되고 어떤 이는 소인이 되는 이유를 물었다. 맹자는 의를 추구하는 대인(大人)은 매 순간 의를 생각하고 따르기 때문이라고 답하고는, "사는 것도 내가 바라는 것이고, 의도 내가 원하는 것이지만 두 가지를 함께 얻지 못한다면 차라리 생명을 버리고 의를 취할 것이다(『맹자(孟子)』, 「고자상(告子上)」편)."라고 말하였다. 생명[生]과 의로움[義] 가운데 하나를 선택해야 한다면 가치로운 의를 선택하라고 가르친 것이다. 죽음이라는 극단적 선택을 하더라도 의로움을 이루겠다는 실천 의지는 삶의 궁극적 목표가 의임을 말해준다.

사실 유학의 핵심 고전인 사서(四書)에 '정(正)'과 '의(義)'가 함께 사용된 경우는 없다. 서양의 'Justice'와 완전히 일치하는 개념을 찾기는 쉽지 않다. 굳이 인간이 마땅히 행해야 할 '행위의 정당성[rightfulness]'을 뜻하는 의미를 찾고자 한다면 '의'라고 할 수 있다. 갑골문과 금문에서 '의'는 희생물로 바친 양[羊]을 신의 뜻에 맞도록 삼지창[戈]으로 알맞게 자르는 모양을 형상하였다. 발음이 같은 '의(宜)'자 역시 도마[俎] 위에 고기를 올려놓고 적절하게 자르는 모양을 본떴다. 의는 다른 글자와 함께 병칭되어 의리(義理)·도의(道義)·절의(節義) 등으로 쓰였고, 올바른 행동 기준을 의미하는 '올바르다·적절하다·마땅하다'의 뜻으로 통용되었다.

유학을 세계인식으로 여긴 성현들은 의를 우선으로 삼고 실천하기 위해 노력하였다. 조선 중기 남명(南冥) 조식(曺植)은 경(敬)과 의(義)를 칼에 새긴 '경의검(敬義劍)'을 차고 다니며, 경으로 마음을 밝히고 의로 행동을 결단하기 위해 스스로를 엄격하게 다스렸다. 작은 티끌도 용납하지 않는 엄격함과 올곧음을 향한 신념의 크기를 짐작할 수 있다. 구한 말 면암(勉菴) 최익현(崔益鉉)도 1905년 을사보호조약이 강제 체결되자 74세의 고령에도 불구하고 의병을 일으켜 옳음을 지키기 위해 노력하였다. 심산 김창숙은 일제강점기와 대한민국 초기를 살며, 불의와 타협하지 않는 선비의 의리정신(義理精神)을 실천하여, 민족의 독립과 세상의 평화를 위해 헌신하였다.

　　동아시아에서 수천 년간 선현들의 종교적 신념에 가까운 행동의 기준이자, 극한 상황 속에서도 삶을 지탱하게 한 '의'는 과연 어떤 의미를 지니고 있을까? 유학에서 말하는 의의 의미를 사서(四書)의 고전에 기초하여 분석해보고자 한다.

II. 마음에 선험적으로 내재하는 도덕 준칙

시간과 공간의 유한한 삶 속에서 인간이 도덕적 사고와 행위를 향유할 수 있는 것은 사유의 능력을 지닌 마음[心] 때문이기도 하지만, 내면의 직관을 통해서도 객관적인 앎이 확보될 수 있는 도덕근원 하늘[天]이 있기 때문이다.

　　공자는 인간의 도덕 주체의 가능성을 긍정하고, 하늘의 명령에 따라 자신의 행위를 결정하는 것이 아닌 인간 스스로 도덕을 책임지는 방향을 선택하였다. 하늘의 인격적 측면에서 기대를 걸고 모든 일을 의지하였다면 은대(殷代)의 제(帝)에 대한 언급이나 주초(周初)의 천(天)에 대한 찬미의 말이 『논어(論語)』 전편에 실렸어야 맞다. 『논어』

에는 이런 제와 천과 같은 초월적 존재에 대한 숭배의 흔적은 찾아볼 수 없다. 초월적 존재에 대해 '경이원지(敬而遠之)'의 합리적 태도를 취한 공자는 천 관념의 내재화(內在化)를 시도하였다. 그는 이상사회를 완성한 요(堯)임금에 대해 말하였다.

> 위대하도다, 요의 임금노릇 함이여! 오직 저 하늘만이 큰데, 요만이 그것을 법칙으로 삼았으니, 넓고 넓어 백성들이 무어라 형용할 수 없다(『논어』, 「태백(泰伯)」편).

요임금의 덕이 성대하여 언어로 형용할 수 없는 이유는 그가 하늘의 법칙에 따라 자신의 마음을 넓혀 마치 태양이 만물을 차별 없이 비추듯 백성들에게 인(仁)을 베풀었기 때문이다. 공자는 인간사의 모든 원리를 담고 있는 것을 하늘로 간주하고, 보편과 절대의 상징인 하늘을 도덕의 근원으로 삼고 그것을 따르며 실천해야 요임금과 같이 완성된 인격을 형성한 성인이 될 수 있다고 보았다.

공자 일행이 송나라를 지날 때 환퇴라는 인물이 해치려 하자, 공자는 위험한 상황에서도 의연하게 대처하였다.

> 하늘이 나에게 덕을 주셨으니 환퇴가 나에게 어찌 하겠는가?(『논어』, 「술이(述而)」편)

큰 병에 걸리거나 생명이 위급한 상황을 만나더라도, 무당을 불러 굿을 하거나 제물을 드려 하늘에 빌고 복을 구할 필요가 없다. 하늘과 귀신 등의 초월적 존재는 더 이상 공포와 경이의 대상이 아니라, 마음에 내재된 의를 통해 확인되는 도덕의 본원이다. '덕(德)'자는 10개의 눈[十目]과 하나의 마음[一心]으로 행동[行]하는 것을 형상한다. 수많은 눈들이 지켜보고 있듯이 경건한 마음으로 내재된 의를 망각하지 말고 실천해야 한다. 하늘의 모습이 인간에게 완성된 덕을 통해 구현되기에, 꾸준한 자기 성찰과 노력으로 내면의 덕을 확충한 공자의 입장에서, 소인배처럼 행동하는 환퇴의 위협 따위는 두려움의 대상이 아니다. 오직 마음속의 행위 준칙을 주체적으로 자각하고 그러한 삶을 살지 못하는 것이 걱정일 따름이다. 인간은 인성(人性) 속에 내재한 도덕률을 통해 도덕적 사고와 행위를 향유할 수 있는 도덕적 주체이자 자율적 존재이기 때문이다.

그는 또 위(衛)나라에서 진(陳)나라로 가는 도중 광(匡) 땅을 지나가는데, 그 지역 사람들이 공자를 자신들에게 약탈을 일삼았던 양호(陽虎)로 착각하고 죽이려 하자, "문왕이 이미 돌아가셨으니, 도가 드러난 문화가 여기에 있지 아니한가? 하늘이 장차 이 문화를 없애려 하신다면 뒤에 죽을 사람이 이 문화에 참여하지 못할 것이다. 하늘이 이 문화를 없애려 하지 않으신다면, 광 땅 사람들이 나를 어떻게 하겠는가?(『논어』,「자한(子罕)」 편)"라고 하였다. 하늘의 뜻은 인간의 덕을 통해 드러나고 이것의 구현 또한 인간에게 달려 있으므로, 하늘의 뜻을 알고 그대로 실천한 공자는 당연히 자신이 죽게 되면 하늘의 도가 드러난 문화가 전해지지 않을 것이라 확신하였다. 그의 관심은 하늘의 법칙대로 살아가지 못하는 것에 있지 무력 따위의 위협에 있지 않았다.

맹자는 수오지심(羞惡之心)을 의와 관련된 감정으로 풀이하였다. '수(羞)'는 자신의 부정한 마음과 행위에 대해 부끄러워하는 것이고,

'오(惡)'는 타인의 부당한 마음과 행위에 대해 날카롭게 비판하는 것이다. 부끄러움과 미워함은 크게 하나 되는 인을 해치고 오직 사사로운 욕구를 추구하는 마음과 행위를 반사적으로 제어하는 자연스러운 감정이다. 옳고 그름의 행위 기준인 의는 선험적으로 내재된 행위의 준칙으로, 학습과 경험을 거치지 않고도 마땅히 가야 할 길을 분별하여, 옳음을 실천하도록 유도한다.

반면 맹자와 논쟁을 벌인 고자(告子)는 의가 마음 밖에 외재한다고 보았다. "상대방이 나이 많아 내가 어른으로 공경하는 것이지, 내게 어른으로 공경하는 기준이 있는 것이 아니다. 마치 저것이 흰색이라 내가 희다고 하는 것과 같다. 희다고 하는 기준은 밖에서 찾아야 한다. 그러므로 밖에 있다고 하는 것이다(『맹자』, 「고자상」 편)." 상황에 맞는 행동기준은 외부 상황에 따라 결정되는 것이지, 내면의 마음에서 찾을 수 있는 것이 아니라는 것이다. 그는 식색의 욕구가 본성이므로 그대로 두어서는 안 되고 의에 따라 적절하게 절제해야 하지만, 옳은 행위준칙인 의는 외부 상황에 따라 비로소 결정되는 객관적인 기준이라고 보았다. 의는 마음 밖에 존재하는 것이며, 특수한 상황에 맞는 상대적인 기준이 아니라 객관적이고 보편적인 행위준칙이다.

묵자(墨子) 역시 주관적인 옳음을 배제하고 최상위자인 하늘이 원하는 절대적인 의에 복종하는 '상동(尙同)'의 실현을 통해 보편적인 정의구현을 강조하였다. 지혜로운 자는 현상을 초월하여 존재하는 절대적 존재인 하늘을 존중하고 귀신을 섬기며, 사람을 사랑하고 재용을 절약해야 한다(『묵자(墨子)』, 「공맹(公孟)」 편). 위로 초월적 존재의 율령(律令)과 아래로 사회적 백성의 요구를 파악하여 천하를 이롭게 하는 데 힘을 다해야 한다. 사회에서 갈등과 분열이 지속되는 이유는 사람마다 각기 다른 가치를 지니기 때문이다(『묵자』, 「상동중(尙同中)」 편).

맹자는 마음과 구분되는 의(義)의 실재를 인정하지 않았다. 그에게 '상동(尙同)'의 실현은 있을 수 없다. 의(義)는 마음 밖에 외재하는 준칙이 아니라, 선험적인 본심에 의거하여 드러나는 행위준칙이다.

III. 상황에 맞게 드러나는 중용 준칙

올바른 행위의 근거이자 사회적 정의를 의미하는 '의'가 마음에 내재한다는 규정은, 의가 각자 처한 시간과 공간의 상황에 자유롭지 못하고, 각기 다른 모습으로 드러나는 특성을 지닌다는 것을 의미한다. 사회적 관습 등과 같은 외재적 기준이나 미리 설정해놓은 잣대는 변화에 능동적으로 대처하지 못하고, 사람들에게 잘못된 가치를 복종하게 하여 융통성 없는 사람으로 이끌 수 있다. 공자는 말하였다.

> 군자는 세상에 대처할 때, 반드시 그래야만 한다는 것도 없고 절대로 해서는 안 된다는 것도 없다. 오직 의만을 가까이 하고 따른다(『논어』, 「이인(里仁)」 편).

때와 상황에 맞게 내재적 도덕률인 의에 따라 행동해야 한다. 때에 맞게 적합한 것을 따르는 '수시처중(隨時處中)'의 태도가 중요하다. 의는 시간과 공간에 따라 자유롭게 변할 수 있는 중용의 준칙이다. 이에 현인과 성인은 고정불변의 법칙을 따르지 않는다. 요순임금의 도를 계승한 성인 공자의 처세에 대해 맹자는 다음과 같이 기록하고 있다.

> 공자는 노나라를 떠날 때에 "더디고, 더디다. 떠나는 것이!"라고 하였는데, 부모의 나라를 떠나는 도이기 때문이다. 제나라를 떠날 때에는 밥 짓기 위해 불려 놓은 쌀을 씻지도 않고 그대로 건져 급히 떠났는데, 다른 나라를 떠나는 도이기 때문이다(『맹자』, 「진심하(盡心下)」 편).

> 빨리 떠날 만하면 빨리 떠나고, 오래할 만하면 오래하며, 은거할 만하면 은거하고, 벼슬할 만하면 벼슬한 분이 공자이다(『맹자』, 「만장하(萬章下)」 편).

공자는 처한 상황에 따라 매 순간 알맞게 대처하여 중용의 도를 지켰다. 물론 그것은 행위준칙을 미리 정해놓고 기계적으로 실천한 것이 아니라, 본심이 원하는 대로 행동한 것이다. 마음이 하고자 하는 대로 했다는 것은 마음 밖의 객관적인 준칙을 따르는 것이 아니라, 마음이 매 순간 새롭게 드러낸 준칙에 따라 상황에 맞게 행동하였다는 것을 의미한다.

맹자는 공자를 조화로운 음악을 상징하는 '금성옥진(金聲玉振)'으로 비유하고, '성인 가운데 때에 맞게 행한 사람[聖之時者]'이라고 평가하였다(『맹자』, 「만장하」 편). 음악을 연주할 때 쇳소리를 울려 시작하고[金聲] 옥소리로 거두어 끝내는데[玉振], 음악을 연주하는 동안 각기 다른 악기가 조화를 이루듯, 공자가 매 순간 적절하게 생각하고 행동하여 조화를 이루었다는 평가이다.

공자가 존경했던 문왕도 자신이 처한 위치에 따라 맞는 삶을 살았다. 임금이었을 때는 인(仁)을 다하였고, 신하였을 때는 경(敬)을 다하였다. 자식이었을 때는 효(孝)를 다하였고, 부모가 되어서는 자(慈)를 다하였다. 그리고 백성과 함께 할 때는 신(信)을 다하였다(『대학장구(大學章句)』). 또한 맹자는 성인인 순임금이 부모님께 알리지 않고 결혼한 것을 두고, 특수한 상황에서 도출된 상황에 따라 변하는 시중(時中)의 도(道)를 선택한 옳은 행동으로 평가하였다. 불효 가운데 후손이 없는 것이 가장 큰 것인데, 결혼 사실을 알렸으면 부모가 반대하여 후손을 낳지 못했을 것이므로, 알리는 것이 일반적인 상식임에도 특수한 상황을 고려하여 알리지 않았다는 것이다(『맹자』, 「이루상(離婁上)」 편).

본성에 따라 양심대로 삶을 살거나 노력하는 자를 성인(聖人)이나 현인(賢人)으로 칭하는데, 한글에서 성인과 현인은 '어진 사람'으로 번역된다. 흥미롭게도 '어질다'는 말에는 중용의 의미가 내포되어 있다. 유민호는 '어질다'의 어원을 분석하며, "움푹 들어간 곳을 '어서리'라 하고, 뾰족하게 튀어나온 곳을 '모서리'라 한다. '어'의 '서리'는 '어'의 사이이고, '모'의 '서리'는 '모'의 사이이므로, '어질다'의 '어딜-'은 '어'를 내지르는 것이고, '모질다'의 '모질-'은 '모'를 내지르는 의미이다. '어질다'는 활짝 벌려 있는 모습의 '어'가 나아가는 것이며, '모질다'는 뾰족하게 닫혀 있는 '모'가 나아가는 것이다. 따라서 품을 활짝 열고 나아가는 것이 '어질다'의 의미이고, 뾰족한 모를 앞세워 나아가는 것이 '모질다'의 뜻이다."라고 고증하였다(유민호, 2013: 97-98). '어진 사람'이란 규정이 품을 활짝 열고 새롭게 규정되는 행위준칙을 추구하며 매 순간 바르게 생각하고 행동하는 성인을 의미한다. 하늘[天]이 시간과 공간을 초월하여 존재하는 것이 아니라, 인간의 순선한 마음과 합일되어, 매 순간 때에 맞는 중용의 도와 천지만물을 일체로 여기는 도덕 감정으로 현현되기 때문이다.

물론 때에 맞는 도는 단순히 양 끝단의 중앙을 일률적으로 잡는 중(中)과 다르다. 맹자는 말한다.

> 자막은 중(中)을 잡았다. 중을 잡는 것은 도에 가깝지만, 중을 잡고 저울질[權]하지 않으면 오히려 하나를 고집하는 것과 같다. 하나를 고집하는 것을 미워하는 것은 그 도를 해치기 때문이다(『맹자』, 「진심상(盡心上)」 편).

자막은 노나라 현인으로, 양주(楊朱)와 묵적(墨翟)이 한쪽으로 치우쳐 중도를 잃었음을 알고, 둘 사이를 헤아려 중간을 잡은 자이다(『맹자집주(孟子集注)』, 「진심상」 편). 맹자는 자막의 행동이 양주와 묵적과 달리 중을 잡아 도에 가까운 것 같지만, 중간만 알고 새롭게 변하는 준칙을 몰라 결국 도를 해치는 결과를 가져왔다고 보았다.

'권(權)'은 인간의 행위준칙인 도를 시간과 공간에 따라 새롭게 규정할 수 있도록 저울질 하는 것을 말한다. 미리 설정해놓은 잣대는 변화에 능동적으로 대처하지 못하거나 자칫 고리타분한 가치를 강요할 수 있다. 의는 마음 밖에 외재하는 것이 아니라, 내면의 본심에 기초하여 규정되며, 반드시 상황에 맞게 드러나는 중용의 특성을 지닌다.

IV. 어진 마음에 기초하는 보편 준칙

의는 구체적 시간과 공간을 초월하여 관념으로 존재하는 고정된 정의가 아니라, 본심에 내재되어 상황에 맞게 드러나는 도덕 준칙이다. 그렇다보니 특수와 상대의 의미를 지닌 의에는 보편과 절대의 객관성이 결여되어 있다고 성급한 판단을 할 수 있다. 하지만 의가 극단에 빠지거나 고정되어 치우치지 않고 상황에 따라 늘 새롭게 드러난다 할지라도, 보편성을 상실하지 않는다.

일찍이 공자는 우임금이 치수의 중책을 맡고 세 번이나 자기 집을 지나치면서 들어가지 않고 백성구제에 힘을 쏟았는데, 어질다고 하였다. 또 안연이 난세를 만나 함부로 나아가지 않고 물러나 수신에 힘을 쏟았는데, 어질다고 하였다. 맹자가 보기에 나아감과 물러남의 각기 다른 행위를 두고 모두 어질다고 평가한 것은, 천하를 한 몸으로 여기는 선한 마음을 실천하였기 때문이다. 맹자는 우임금과 안연이 입장을 바꾸어보면 모두 동일한 선택을 했을 것[易地皆然]이라고 추론하였다(『맹자』, 「이루하(離婁下)」 편).

우임금의 치수에 대한 행적을 두고 맹자는 물의 성질에 따라 물길을 내어 바다를 저수지로 삼았다고 기록하였다. 때로는 자기 나라의 중앙으로 물길이 지나가더라도 성인은 그것을 피해라고 생각하지 않았다는 것이다. 반면 백규는 물의 성질을 어겨 이웃 나라를 물구덩이로 삼았다고 한다. 그 나라사람들은 피해를 입지 않아 잘했다고 평가할지 모르나, 오직 자기 나라의 평안만을 생각하고 이웃 나라의 고통은 고려하지 않았기에 잘못이다(『맹자』, 「고자하(告子下)」 편). 옳은 행위 기준인 의는 천지만물을 일체로 여기는 '남의 아픔을 측은히 여

기는 마음[惻隱之心]'이나 '남에게 차마 하지 못하는 선한 마음[不忍人
之心]'을 기초해야 성립 가능하다.

『논어』에 기록된 섭공(葉公)과 공자가 주고받은 '직궁(直躬)' 고사
는 행위 기준의 의(義)와 어진 마음의 인(仁)의 상관관계를 잘 드러내
준다. 섭공은 아버지가 양을 훔치자 아들이 고발했다는 사례를 들어
정직의 개념을 설파하였다(『논어』,「자로(子路)」편). 법을 위반한 아
버지를 친정(親情)에 이끌려 숨겨주는 것은 범법행위를 돕는 행위라
고 본 것이다. 그런데 공자의 대답은 달랐다.

> 우리 고을의 정직한 자는 이와 다르다. 아버지는 자식을 위해 숨겨
> 주고 자식은 아버지를 위해 숨겨 주니, 정직함은 그 가운데 있다(『논
> 어』,「자로」편).

몇몇 학자는 아버지와 자식이 도둑질과 같은 비도덕적 잘못을 서
로 숨겨주는 행위가 못마땅했는지, '양(攘)'을 직접 훔치고 도적질하는
'도(盜)'와 다르다고 풀이하였다. 남의 닭이나 개가 스스로 들어온 것
을 취하듯 '어떤 계기가 있어 가로채는 것[有因而盜]'이 '양(攘)'의 의미
라는 것이다(『논어정의(論語正義)』,「자로」편). 하지만 『맹자』에는 도
둑질 차원이 아니라 살인까지 저지른 아버지를 등에 업고 도망친다는
예화가 있다. 맹자 제자 도응(桃應)은 순임금이 천자이고 고요(皋陶)가
법관인데, 순임금의 아버지 고수(瞽瞍)가 살인을 한다면 순임금은 어
떻게 처신하겠냐고 질문한다. 맹자는 순임금은 고요에게 법대로 집행
하라고 명하고, 그날 밤 나라를 헌신짝처럼 버리고 아버지를 업고 도
망가 바닷가를 따라 살았을 것이라고 대답한다(『맹자』,「진심상」편).

범죄행위를 목격하면 아무리 부모자식 관계라도 '고발해야 한다 [證]'는 섭공의 관점은 사람과 사람 사이를 어떠한 관련성도 없는 독립적 개체로 간주한 데서 비롯된 사유이다. 범죄행위를 한 자가 나와 아무런 관련이 없는 '남'이라고 생각하면, 관용과 이해의 여유는 비집고 들어올 틈이 없다. 책임과 처벌을 먼저 생각하는 것이 사람들의 일반적인 성향이다. 사회는 독립된 개체의 집합[collection]으로 보는 현대사회의 개인주의적 사유와 합헌주의에 기초한 민주주의의 관점에서 보면 섭공의 언급은 매우 타당하다. 법을 가정에까지 예외 없이 실천하여 삶의 구석구석까지 사회정의를 실현하는 것은 법치사회의 모범 사례이기 때문이다.

범법행위는 사회질서를 무너뜨리는 정의롭지 못한 행위라는 것을 모를 리 없었을 텐데, 공자는 아버지가 도둑질을 했을 경우 자식은 숨겨주어야 한다고 하였다. 정상참작의 한계를 넘어 자의적 판단의 위험성을 지니고 있음에도, 인정과 도리에 따라 아버지의 잘못을 덮어주는 행위를 권장한 것이다. 평소 부당한 방식으로 세금을 거두어들여 부를 축적하는 자가 있다면 제자라도 문하에서 내쳤고(『논어』, 「선진(先進)」편), 정직한 사람을 천거하는 일이 위정자가 해야 할 급선무(『논어』, 「안연(顏淵)」편)임을 강조하였던 그가 부모자식 사이에서는 '서로 숨겨주라[相隱]'는 난해한 선택을 하였다.

'숨겨주라[隱]'는 권고는 상대방에 대한 '안타까운 마음[惻隱之心]'이나 '남에게 차마하지 못하는 마음[不忍人之心]'이 드러난 것이다. 남이 위험한 상황에 처하거나 고통을 받게 되면 저절로 내가 그러한 것처럼 공감(sympathy)의 감정이 싹튼다.

『논어』에서는 남에 대한 연민이나 남을 나처럼 아끼는 것을 '인(仁)'으로 규정하였다. 중궁(仲弓)이 인에 대해 묻자, 공자는 "내가 하고 싶지 않은 것을 남에게 베풀지 말라(『논어』,「안연」편)."라고 답하였다. 개인주의에 기초한 현대사회에서는 내가 상대방을 배려하는 행위는 진정으로 타인의 입장을 고려해서가 아니라, 나의 심리적 평안함을 위해서거나, 내가 피해를 받지 않기 위해 남에게 피해를 주지 않는, '나'를 위해 미리 계산된 행위에 지나지 않는다고 인식한다. 또는 내면의 이타심이 저절로 드러난 것이 아니라, 이해타산적인 마음을 가진 둘 이상의 개인들이 서로 공정하게 이익을 분배하고 서로의 권익을 침해하지 않도록 보장해주는 '호혜(互惠)성의 원칙[reciprocity]'에 따른 배려라고 풀이하기도 한다.

하지만 '바라지 않는다[不欲]'는 것은 인간이면 누구나 지니고 있는 잘못된 것을 싫어하는 진정성 있는 참된 마음이며, 조건 없이 남이 겪는 고통을 나의 일처럼 여기는 측은지심이다. '불욕(不欲)'과 '물시(勿施)'의 부정형 문장은 남의 행동에 관심을 두기보다, 자신의 마음과 행동을 규제하는 소극적[negative]인 최소윤리에 해당하는 것이 아니라, 사랑과 배려의 마음을 조건 없이 남에게 적극적으로 실천하는 '서(恕)'의 행위이다. 자신에게 선을 해치는 불선(不善)을 바라지 않는 마음이 있으므로, 남에게도 불선의 행위를 차마 요구할 수 없다. 선(善)을 좋아하는 '욕'과 불선을 싫어하는 '불욕'은 자연스럽게 남이 선을 행하고 불선을 행하지 않도록 요구하게 된다. 『논어』에는 "무릇 어진 자는 자기가 서고자 하면 남을 세워주고, 자기가 통달하고자 하면 남을 통달하게 하라(『논어』,「옹야(雍也)」편)."와 같은 서의 적극적[positive]

언급이 보인다. 『설문장전(說文長箋)』에서는 '서'를 회의자로 보고, '같은 마음[如心]'으로 풀이하였다. 자기의 사욕을 제거하는 '충(忠)'의 공부를 통해 확립한 본심은 너와 나의 구분이 없다. 상대방이 겪는 고통이 나와 상관없는 일이 아니라, 나의 고통처럼 아프게 다가온다. 그렇다보니 평생토록 힘써 실천할 것이 무엇인지 묻는 제자의 물음에, 공자는 자기가 하기 싫은 것을 남에게 요구하지 않는 적극적 실천행위의 '서'라고 답한다.

공자는 또 제자가 인에 대해 묻자 "사람을 사랑하는 것이다(『논어』, 「안연」편)."라고 하였다. 충분히 자시의 이익을 위해 남을 아끼는 필요에 의한 조건적 사랑이라 해석할 수 있지만, '남을 아낀다'는 것은 부모가 자식을 사랑하듯 '마땅히 그렇게 해야 한다'는 의식적인 자각의 힘을 빌리지 않고도 본심에 의해 저절로 그렇게 되는 사랑의 행위이다.

물론 사랑의 실천 범위는 무한이다. 맹자는 제선왕을 만나 어진 정치[仁政]에 대해 역설하면서, 제선왕이 비록 지금은 백성들의 고통에 무관심하지만, 질질 끌려가는 소를 보고 안타까워했다는 소식을 듣고, 짐승을 아끼는 마음을 백성들에게 미루어 베풀면 왕도정치를 펼 수 있다고 보았다(『맹자』, 「양혜왕상(梁惠王上)」편). 인간에 대한 사랑과 더불어 만물을 사랑하는 것이 인자의 모습이다. 공자 역시 "낚시는 하였지만 그물질은 하지 않았고, 주살로 새를 잡았지만 둥지에서 자는 새는 쏘지 않았다(『논어』, 「술이」편)."라고 하여, 시야가 인간의 관계에만 머물러 있지 않고, 관계망을 확장시켜 천지 만물도 소중하게 여기고 하나로 인식하는 방향으로 나아갔다.

조건 없는 사랑은 나와 남은 비록 육체적으로 독립된 개체이지만,

'나'라는 주체에 이미 '남'이라는 객체가 포함되어 있어야 가능하다. '나'는 개인적 '자아(自我)'임과 동시에 사회와 연결된 공동체적 '대아(大我)'이며, 나아가 천지만물과 한 몸인 '소우주(小宇宙)'이다. 따라서 남의 잘못을 보고 일깨워주거나 본인이 좋다고 여기는 것을 강요하는 것은 전혀 문제되지 않는다. 공자는 "사랑한다면 수고스럽게 하지 않겠는가(『논어』, 「헌문(憲問)」편)?"라고 하여 남을 적극적으로 이끌고자 하였다. 상대방도 동일한 마음을 갖고 있으므로, 결국 당연하게 받아들일 것이라는 전제 때문이다.

'불욕(不欲)'과 '욕(欲)'은 수신의 공부를 통해 사욕이 제거된, 남을 나처럼 아끼는 진정성 있고 순수한 감정이다. 또한 '물시(勿施)'와 '시(施)'는 이 마음을 기초로 남을 조건 없이 배려하는 윤리적 의무의 '서'이다. "내가 하기 싫은 것을 다른 사람에게 베풀지 말라."는 언급은 세계종교포럼에서 선포한 '세계윤리를 향한 선언(Declaration Toward a Global Ethic)' 가운데 각기 다른 종교의 교리를 뛰어넘는 '황금률(Golden Rule)'로 채택되었다. 동서양을 막론하고 수천 년 동안 모든 종교와 윤리적 전통에서 지속되어온 당위적인 원칙이기 때문에 가능했을 것이다.

서로의 진심을 느끼고, 그 진심을 통해 조건 없이 베푸는 것이 인간의 본심이다. 맹자가 순임금이 살인을 저지를 아버지 고수를 숨겨주었을 것이라 판단한 것도, 피해자나 천하 사람들이 순임금의 안중에도 없었던 것이 아니라, 조건 없는 사랑이 인간의 본질이며, 도덕적 경지와 무관하게 누구나 쉽게 느끼고 실현 가능한 자연스러운 감정에서 옳은 행위를 추구하고자 한 현실적인 노력이었다. 부모가 자식을 사랑하는 자애(慈愛)나 어려서 부모를 섬기는 효심(孝心)은 강제하지 않아도 실천한다. 부모이고 자식이기 때문에 마음에서 우러나와 진심으로 섬기고 친히 여기는 것이다. 자연스러운 감정을 억압하고 타율적인 법적 제재를 통해서만 사회를 재건하려 하면, 의라는 명목하에 부모 자식 간에 감시와 밀고가 난무하고, 남의 일에 전혀 관심 두지 않아, 온정(溫情)이 사라진 사회 분위기를 초래할 수 있다.

물론 측은한 마음은 가족이나 소수에게 제한되지 않는다. 진정성 있는 감정을 지속해서 드러나게 하면, 아버지에 대해 안타깝게 여기는 마음은 상해(傷害)를 입은 피해자에 까지 자연스럽게 미친다. 피해자에 대한 공감의 마음은 '기간(幾諫)'이라는 방식으로도 표현된다. 은미하게 간언하라는 권고는 숨겨주는 행위가 옳음[義]이 아니라, 숨겨주는 행위 가운데 옳음이 도출된다는 것을 의미한다. 숨겨주면서도 피해자의 상황을 안타까워하고, 부모의 잘못을 지속적으로 간언하며 자각하게 유도해야 한다. 맹자는 부모님의 허물이 큼에도 적극적으로 말리면서 잘못을 원망하지 않으면, 결국 관계가 더욱 소원해져 부모님을 친히 여기는 '친친(親親)'을 해치는 것이므로, 불효(不孝)를 하게 된다고 말하기도 하였다(『맹자』, 「고자하」 편).

유학의 의는 아버지가 양을 훔쳤을 때 자식이 안타깝게 여겨 숨겨주는 마음과 같이 부모와 자식 사이에 자연스럽게 드러나는 어진 마음[仁心]에 기초하여 규정된다. 마음에서 자연스럽게 발현되는 무조건적인 사랑이 전제되지 않은 정의는 오히려 타율적이고 위선적인 태도를 불러올 수 있다. 내면의 선험적인 도덕에 기초하여 상황에 맞게 드러나 정의라야 보편성과 특수성이 충돌되지 않는 시중적 행위 기준이 될 수 있다.

V. 옳음을 위한 유일한 길, 수양과 덕치

유학의 의는 어진 마음이 상황에 맞게 발현되는 것이다. 부모와 자식의 천륜 관계에서 드러나는 자연스러운 본심을 억제하지 않고, 인간이 본래 가지고 있는 어진 마음을 토대로, 그것을 적절하게 표현하는 과정 속에서 의는 드러난다. 동일한 시간과 공간은 현실적으로 존재할 수 없다. 그저 인간의 관념으로 존재할 뿐이다. 그러나 비록 특수한 상황에 맞는 상대적인 선택을 했을지라도, 그것은 절대와 보편의 상징인 하늘이 시간과 공간의 현실에 드러난 행위준칙을 선택한 것이므로, 상대와 특수의 행위준칙이 절대성과 보편성을 확보하게 된다. 보편과 절대의 하늘은 천지만물을 조건 없이 아끼고 사랑하는 어진 마음이 본질이기 때문이다.

물론 시중(時中)적 가치는 남을 나처럼 여기는 어진 마음에 기초하므로, 가치기준상실의 허무주의를 야기하지 않는다. 성인의 경지에 이르면, 자연스럽게 어진 마음은 고정할 수 없고 매 순간 다르게 드러남을 실천할 수 있다. 물론 남과 나를 구별하지 않는 조건 없는 공감의 감정을 꼭 성인과 같은 경지에 이르러야만 맛볼 수 있는 고원한 것은 아니다. 부모·자식 사이에서는 도덕적 경지와 관계없이 누구나 그 마음을 매 순간 느끼고 실천할 수 있다.

제자 공도자가 모두 사람인데 어떤 이는 대인이 되고 어떤 이는 소인이 되는 이유를 묻자, 맹자는 의를 추구하는 대인(大人)은 매 순간 가치로운 의를 생각하고 따르기 때문이라고 하였다. 의를 실현하는 과정에서 외부로 나아가 경전을 탐독하고 현자에게 자문하며 상황에 맞는 옳음을 구할 수도 있지만, 이 역시 마음에 드러난 준칙이 옳지 않을 수 있음을 자각하고 내면에서 비롯된 옳음을 성찰하고 확립하기 위한 수단일 뿐이다. 자신이 처한 상황에 적합한 시중의 도를 벗어나 객관적인 준칙만을 찾는 경우는 없다. 물론 내면의 마음을 직관하며 본성대로 살면서 매 순간 때에 맞게 행동할 것을 요구하면, 자칫 사욕을 천도의 현현으로 착각하게 하거나, 자기 수준을 모르고 단계를 뛰어넘어 행동하게 할 수 있다. 마주한 상황에 따라 자유롭게 행동기준을 다시 정하다 보니, 때로는 부정당한 행위를 합리화하는 수단이 되기도 하고 사심에 의한 권모술수의 토대가 되기도 한다.

성인처럼 인위적인 꾸밈없이 본성대로 살기 위해서는 수양을 게을리하지 않아야 한다. 수양의 관건은 돌아봄의 노력을 통해 내면을 성찰하여, 사욕을 제거하고 선한 마음을 회복하여 옳음을 실천하는 것이다. 내면의 감정이 틀릴 수 있다는 전제를 수용하고, 성찰의 노력을 기울이다 보면 선한 마음이 끊임없이 드러나 궁극적으로 인위적인 노력 없이도 마음먹은 것이 상황에 모두 들어맞는 의를 실현하는 성인의 경지에 도달할 수 있다.

이에 공자는 이상 사회를 이루기 위해 "정치는 덕으로 이끌어야 한다(『논어』, 「위정(爲政)」 편)."라고 강조하였다. 덕은 내면의 어진 마음과 의로움을 행하여 형성된 덕성이다. 임금이 덕으로 다스리면, 마치 북극성이 자기 자리에 있으면서 수많은 별들이 한 치의 오차도 없이 운행되는 것과 같이, 백성들은 마음으로 복종하고 임금을 모범으로 삼아 나라는 저절로 다스려지게 된다. 위정자뿐만 아니라 백성들 역시 덕으로 교화시켜 내면의 도덕에 의해 자율적으로 행동하는 신뢰 사회를 구축하는 것은 정치의 이상이다. 공자는 말하였다.

정령으로 인도하고 형벌로 가지런히 하면 백성이 면하려고만 하고 부끄러워하지 않는다. 덕으로 인도하고 예로 가지런히 하면 부끄러워하고 또한 선에 이를 것이다(『논어』, 「위정」편).

객관적인 행위 규범인 법령을 제정하여 사람들을 이끌고, 형벌을 제시하여 사람들의 수준을 고르게 하는 것은 법치사회의 기초이다. 공자는 법령과 형벌 같은 타율적인 기준과 제도에 의해 다스려지는 나라는, 사람들이 제도의 허점을 피해 부정한 행위를 저질러도 부끄러움이 생기기 어렵다고 지적한다. 법치사회는 인간의 본성을 불신하여 개인의 주관성을 불안하게 규정하므로, 사람들의 자발적인 양심의 현현은 기대하기 어렵다. 내재하는 덕성을 자각하게 하여 선을 유도하고, 예와 같은 외적인 행동방식을 통해 사람들의 수준을 고르게 하면 사람들은 스스로 양심에 의해 자율적인 도덕실천을 할 수 있다. 덕치사회는 인간의 본성을 순선하게 규정하여, 내면에서 비롯된 주관적인 관점일지라도 사회질서를 유지하는 객관법칙의 토대가 될 수 있다고 본다.

유학은 꾸준한 자기 성찰과 노력으로 어진 마음[仁心]을 확립하고, 인에 기반 한 옳음의 기준인 의(義)를 실천하여, 모든 인간이 도덕 주체이자 정치 주체로 거듭나, 선한 본성을 사회에 온전하게 구현하는 것이 인간다움을 완성하는 유일한 길임을 일러주고 있다.

:: 참고문헌

『논어』, 『맹자』, 『대학』.
『묵자』, 『논어정의』, 『설문장전』.
Richard E. Nisbett, 최인철 역(2013), 『생각의 지도』, 서울: 김영사.
高在錫(2015), 「探析『論語』 '直躬'故事所體現的東亞正義觀念」, 『中國哲學史』 2015年
    3期.

5

직업과 청렴의 윤리

이상호 (경상대학교 윤리교육과 교수)

5
직업과 청렴의 윤리

I. 장인 정신과 직업윤리

직업윤리는 직업 생활을 하면서 지켜야 할 윤리 규범이다. 직업윤리의 올바른 확립과 실천은 개인의 자아실현뿐만 아니라 공동체의 발전기여에도 영향을 준다. 직업을 가진 사람으로서 윤리 의식이 제대로 정립되어 있지 않고 직업 생활을 단지 생계유지 및 경제적 이익 추구의 수단으로만 여기면 사회는 각종 부정부패와 비리의 온상이 되기 쉽다. 2014년 불량 만두를 30년 전통의 손만두라고 속여 4년간 6억 원어치나 판매한 일당이 경찰에 적발되어 사회적으로 큰 문제가 된 적이 있다. 이 사건이 더 심각했던 점은 불량 만두를 구입한 대부분의 고객이 아이를 키우는 어머니들이었다는 점이다. 경찰의 확인 결과 유기농 원료가 아니라 저렴한 중국산 원료를 사용한 것으로도 밝혀졌다. 유기농 원료만 사용했다는 허위 광고에 넘어간 어머니들은 자녀들에게 좋은 만두를 먹이고 싶은 마음에 불량 만두를 계속하여 구입했다. 최소한의 비용을 투자하여 최대의 이윤을 추구하는 것이 장사이지만 물건을 사는 사람에게 지켜야 할 정직과 믿음은 상업 활동에서 지켜야 할 가장 기본적인 도덕[商道]이다. 가장 기본적인 상도(商道)를 어기면서 자신의 이익만 추구했던 이들 때문에 양심적인 만두 판매를 하고 있던 같은 직종의 사람들까지 피해를 보아야만 했다. 그런 측면에서 직업은 개인의 생계유지나 경제적 이익 추구의 수단일 뿐만 아니라 자아실현을 통한 사회봉사 측면도 고려해야 한다. 음식업을 하는 사람이 '자신이 만든 음식을 섭취하는 사람이 즐거움을 얻고 건강한 삶을 유지하는 것'에서 보람과 기쁨을 느낀다고 하자. 그 사람은 음식을 만들 때 사랑하는 사람을 위해 준비하는 마음으로 신선한 재료와 정성을 들이게 될 것이다.

자신의 직업에 대해 기쁨을 느끼며 자부심을 갖고 자기가 하는 일에 전념하거나 그 일에 정통하면서 사회적 책임을 다하려는 직업의식을 장인 정신(匠人 精神)이라고 한다. 또한 일정한 직업을 가진 사람이 자신이 하는 일에만 온 마음을 쓰거나 한 가지 일에 정통한 사람을 '장이'라고 한다. 철, 구리, 주석 등 금속을 달구고 두드려 연장과 기구를 만드는 장인을 '대장장이'라 부르고, 집을 짓거나 고칠 때 흙이나 시멘트 따위를 바르는 일을 업으로 하는 장인을 '미장이'라고 부르는 데서 엿볼 수 있듯이 순수한 우리말로 전문가를 뜻한다. 다시 말해 '장인(匠人)은 사람이 전력을 다하여 연구할 만한 가치가 있다고 생각하는 것에 자기의 최선을 다하는 철저한 장인 정신의 소유자를 말한다. 통일신라시대 만들었던 불국사와 석굴암, 석가탑과 다보탑, 고려의 청자

상감운학문매병(靑瓷象嵌雲鶴文梅甁)과 수월관음도(水月觀音圖), 세종대왕의 한글 창제, 조선의 백자, 거북선, 김정호의 대동여지도 등 국보를 비롯한 무수한 우리의 소중한 문화유산이 장인 정신의 결정체가 빚어낸 것이다.

II. 공자의 직업윤리

공자(孔子)의 이름은 구(丘)요, 자는 중니(仲尼)로서, 노(魯)나라의 평창향 추읍(지금의 산둥성 취푸시)에서 태어났다. 공자는 낮은 벼슬에서부터 출발하여 차츰 신임을 얻었고, 마침내 대사구(大司寇)라는 높은 벼슬까지 오르기도 했다.

　인간은 다른 사람과 역할을 분담하고 더불어 살아가야 하는 사회적 존재이다. 사회 구성원 모두가 각자 맡은 역할을 제대로 수행할 때 전체 사회 또한 이상적인 방향으로 나아갈 수 있다. 이와 연관하여 일찍이 공자는 정치란 무엇인지 조언을 구하는 제나라 경공의 질문에 다음과 같이 역설했다.

> 임금이 임금답고 신하는 신하다우며, 부모는 부모답고 자녀는 자녀다워야 한다(『논어(論語)』, 「안연(顔淵)」 편).

　모든 사회 구성원이 각자의 신분과 지위에 걸맞게 행동하고 맡은 바 역할을 다하는 것을 공자는 정명(正名)이라 했다. 임금은 임금의 역할에 충실하되 신하의 역할을 침해하지 말아야 한다. 신하 또한 마찬가지이다. 신하로서 자신이 맡은 역할을 충실하게 수행해야지 임금의 역할을 침해하지 말아야 한다. 자신의 지위에 맞는 행동의 중요성은 『논어』의 다음 내용에서 확인할 수 있다.

> 공자께서 계씨에 대해 말씀하셨다. "뜰에서 여덟 줄로 춤추게 하니 이것을 차마 할 수 있다면 무엇인들 차마 하지 못하겠는가?"(『논어』, 「팔일(八佾)」편)

> 그 지위에 있지 않으면 그 정치를 하지 않는다(『논어』, 「태백(泰伯)」편).

천자(天子)는 제사나 잔치를 할 때 팔일무를 추었다. 일(佾)은 줄을 서서 추는 춤으로 가로줄과 세로줄 수가 같다. 천자는 가로 8명, 세로 8명 도합 64명이 춤을 추었다. 제후(諸侯)는 육일무를 추게 하고, 대부는 사일무를 추게 했으며, 사(士)는 이일무를 추게 했다. 계씨(季氏)는 대부(大夫)의 지위에 있는 사람이었다. 대부의 예(禮)에 맞게 사일무를 추어야 하는데, 천자의 예에 해당하는 팔일무를 자신의 정원에서 춘 것이다. 공자는 이 점을 비판했다.

서로의 역할에 대한 존중은 부모 자녀 간에도 필요하다. 부모는 부모로서 역할을 다하고 자녀는 자녀로서 역할을 다해야 한다. 얼마 전 미국에서 어린 자녀 4명(12세 쌍둥이 두 명과 6세, 7세)을 집에 두고 유럽 여행을 떠난 어머니가 구속된 사건이 있었다. 아이들을 돌볼 사람을 두지 않고, 아동을 위험에 방치한 혐의로 기소된 것이다. 부모는 자녀의 버팀목이 되어 주어야 한다. 경쟁에 지친 자녀일수록 자신의 속마음을 터놓을 수 있는 절대적이고 조건 없는 부모의 사랑을 받는 것은 행복한 일이다. 자녀들은 밖에 나가면 경쟁에서 지지 않기 위해 남을 경계하고 항상 긴장해야 하는 등 피곤한 삶을 살고 있다. 그리고 경쟁에서 지면 비난을 받거나 무시당하는 등 마음에 심한 상처를 받는다. 이러한 상황에 직면하면 할수록 변함없이 자기를 인정해주는 사람을 만나 마음의 상처를 치료하고 안정을 얻고 싶어 한다. 자녀의 상처를 아물게 하는 최선의 방법은 부모에게 자신의 속마음을 숨김없이 터놓고 대화하는 것이다(김영수, 2005: 105).

자녀 교육에서도 부모는 자녀를 믿고 자녀에게 닥쳐오는 인생의 여러 가지 고난을 긍정적으로 받아들이고 이겨낼 수 있도록 해야 한다. 그런 과정을 스스로 체득하면서 자녀는 자신을 사랑하고 존중하며 자신감을 갖게 된다. 자신감이 쌓이면 자긍심도 높아지는데, 자긍심이 높아지면 어려운 문제나 곤란한 상황에 직면했을 때 쉽게 포기하지 않고 문제 해결을 위해 최선을 다하게 된다. 그리고 자신을 사랑하고 존중하는 만큼 남도 귀하게 여기고 존중하게 된다.

자녀 또한 부모의 사랑이 얼마나 귀한 것인지를 알기 때문에 평소 귀찮게만 여겼던 부모의 잔소리 정도는 아무 문제가 되지 않고 오히려 감사하는 마음을 갖게 된다. 부모에 대한 감사의 마음이 나오게 되면 자녀들은 몸 안에 유쾌한 호르몬이 분비되어 긴장과 스트레스, 불안이 사라지고 기분 좋고 편안한 상태를 유지하게 되고(사토 도미오, 박치원 역, 2006: 235), 부모에 대한 신뢰와 존경심을 갖는다. 자녀와 부모의 신뢰 관계가 형성되고 부모에 대한 존경심이 생기면 공부 문제, 진학과 진로 결정 문제에서 부모의 꾸중과 잔소리, 충고도 자신이 잘되라는 뜻에서 나온 것임을 알기 때문에 기쁜 마음으로 받아들인다.

이처럼 질서 있고 조화로운 사회는 구성원 모두가 각자의 직업에 충실하고 조화를 이룰 때 건설된다. 사회는 다양한 직업들로 구성되어 있다. 각자 직업에 대한 기쁨과 보람을 지니고 직업 간에 조화를 이룰 수 있다면 살맛나는 사회가 될 것이다. 이러한 정명 정신은 각자 주어진 자신의 역할에 최선을 다하는 것이기 때문에 오늘날에도 중요한 직업의식이라고 볼 수 있다.

III. 맹자의 직업윤리

맹자(孟子)의 이름은 가(軻)이다. 추(鄒)라는 지방 출신인데 공자의 고향인 곡부(曲阜)에서 가까운 곳이었다. 일찍 아버지를 여의고 교육에 열심인 어머니 슬하에서 자랐다. 어머니가 아들의 좋은 교육환경을 위해 이사를 세 번 했다거나 중도에 공부를 그만두어서는 안 된다는 것을 아들에게 명심시키기 위해 자신이 짜던 베를 잘랐다는 이야기들이 전해진다.

맹자는 당시 사회가 혼란해진 근본원인을 사람과 사람 사이의 투쟁에서 찾았다. 맹자는 서로 간에 투쟁하게 되는 근본적인 원인을 인간의 마음속에 내재하는 인의예지(仁義禮智)의 본성(本性)에서 곧고 바르게 발현된 본심(本心)을 잃어버리고 이기적 욕심대로 삶을 살기 때문으로 보았다. 맹자가 말한 본심(本心)은 측은지심(惻隱之心), 수오지심(羞惡之心), 사양지심(辭讓之心), 시비지심(是非之心)과 같은 사단(四端)을 의미한다. 사회 혼란을 치유하는 방법으로 맹자는 사단(四端)

을 확충하여 인의예지의 본성을 회복해야 한다고 주장한다. 인의예지는 사람이면 누구나 지니고 있는 본성이며 사단(四端)은 모든 사람이 공통적으로 지니고 있는 본심이다. 본성과 본심의 차원에서 인간을 이해하면 내 마음과 다른 사람의 마음이 하나의 마음인 것을 알 수 있다. 한마음에서 다른 사람을 대하면 남을 나처럼 사랑하는 마음이 발현되어 입장을 바꾸어 다른 사람의 마음을 헤아릴 수 있다. 인간관계도 서로 간에 투쟁이 아니라 조화로운 공생공존을 추구하게 된다. 공자의 정명사상(正名思想)을 이어받은 맹자는 직업에 대해서도 직업 간의 상호 보완 관계를 통해 공생공존을 추구했다. 『맹자』의 다음 내용에서 이를 확인할 수 있다.

> 대인(大人)의 일이 있고 소인(小人)의 일이 있다. 어떤 사람은 마음을 수고롭게 하고, 어떤 사람은 힘을 수고롭게 하니, 마음을 수고롭게 하는 자는 남을 다스리고, 힘을 수고롭게 하는 자는 남의 다스림을 받는다(『맹자(孟子)』, 「등문공상(滕文公上)」 편).

여기서 대인(大人)은 정치가나 교육자처럼 마음을 쓰고 정신노동을 하는 사람을 말하고 소인(小人)은 농부나 어부처럼 힘을 사용하여 생산 활동을 하는 일반 백성들을 의미한다. 사회가 원만하게 유지되고 발전하기 위해서는 다양한 직업들이 서로 조화를 이루어야 한다. 맹자 또한 사회적 분업과 직업 간의 상호 보완적 관계를 강조하였다. 정치를 도맡아하는 사람이 직접 농사를 짓고 밥을 지어 먹으며 어업을 십하는 것은 힘들 듯이 모든 것을 자급자족하여 생활하는 것은 이렵다. 반대로 농사를 짓는 사람이 어업을 하고 정치를 도맡아하기는 현설적으로 힘든 일이다. 따라서 서로가 잘하는 직업과 역할을 분담하여 필요한 것을 교환하며 직업 간의 상호 보완적 관계를 유지하는 것이 현명한 일이다. 여기서 중요한 일은 각자의 위치에서 서로 간에 직업에 충실할 수 있도록 배려해야 한다는 점이다. 힘을 사용하여 생산 활동을 하는 사람들은 마음을 쓰고 정신노동을 하는 정치가나 교육자들이 구성원 전체 행복을 위한 여러 정책들을 수립하고 실행할 수 있도록 뒷받침해주어야 한다. 그와 마찬가지로 마음을 쓰고 정신노동을 하는 사람은 힘을 사용하여 생산 활동을 하는 사람들이 생계를 유지해나갈 수 있는 일정한 재산과 생업인 항산(恒産)을 보장해주어야 한다. 직업을 통한 경제적 안정이 도덕적 삶[恒心]의 기반이 된다는 사실을 안 맹자는 다음과 같이 항산의 중요성을 강조하고 있다.

일반 백성과 같은 경우에는 일정한 생활 근거[恒産]가 없으면 그것 때문에 일정한 마음[恒心]도 없어집니다. 진실로 항심이 없으면 이 때문에 방자함·편벽됨·사악함·사치스러움에 빠지게 됩니다. 그리하여 백성들이 죄에 빠지도록 한 이후에 쫓아가서 그들을 처벌한다면, 이것은 그물을 쳐서 백성을 잡는 것입니다. 어찌 어진 사람이 자리에 있으면서 백성을 그물질하는 짓을 할 수 있겠습니까? 그러므로 현명한 군주는 백성의 생업을 관장해주되, 반드시 위로는 부모를 섬기기에 충분하도록 해주며, 아래로는 아내와 자녀를 부양하기에 충분하도록 하며, 풍년에는 1년 내내 배부르게 하고, 흉년에는 죽는 것에서 벗어나도록 합니다. 그런 후에 백성들을 몰아서 선(善)으로 나아가도록 합니다. 그러므로 백성들이 따르기가 쉬운 것입니다(『맹자』, 「양혜왕 상(梁惠王上)」편).

인의예지 본성이 곧고 바르게 발현된 변하지 않는 마음[恒心]을 본마음[本心]이라 한다. 본마음은 인간이 하늘로부터 부여받은 첫 번째 마음이다. 본마음은 맹자가 말한 사단(四端)에 해당한다. 맹자는 순수한 본마음이 하고자 하는 대로 하는 것을 선(善)으로 보았다. 본성에 본심으로 발현되는 과정에 이기적인 계산이 개입되면 인의예지 본성이 왜곡되고 굴절되게 발현되어 이기적인 욕심을 채우는 방향으로 치닫게 된다. 맹자가 말한 악(惡) 또한 이기적 욕심대로 사는 것을 의미한다. 악(惡)이란 글자를 분석해보면 두 번째라는 의미의 버금 아(亞)와 마음 심(心)이 결합되어 있음을 알 수 있다. 본마음이 첫 번째 마음이라면 자신의 이익만 챙기는 이기적 욕심은 두 번째 마음이고 악(惡)이란 것이다. 흉년과 같은 힘들고 어려운 상황이 될수록 백성들은 이기적 욕심을 채우는 방향으로 나아가기 쉽다. 생계를 유지해나갈 수 있는 일정한 재산과 생업이 없어지면 백성들은 무슨 짓이라도 하게 된다. 현대 우리 사회에서도 직업을 구하지 못한 평범한 가장들이 가족들을 먹여 살리고 생계를 유지해나가기 위해 범죄를 저지르는 사례도 그러한 경우에 해당한다. 맹자 때와 마찬가지로 오늘 우리가 살고 있는 이 시대에도 생계형 범죄를 막기 위해서는 생계를 유지해나갈 수 있는 일정한 재산과 생업을 정부가 보장해줄 수 있어야 한다. 맹자 또한 임금은 흉년 때문에 백성들이 악한 것으로 빠지지 않도록 일정한 생활 근거를 마련해주어야 한다고 주장했다. 더 나아가 맹자는 것은 먹고 사는 문제가 해결된 후에 인의예지 본성이 곧고 바르게 발현된 변하지 않는 마음[恒心]을 기를 수 있는 교육의 중요성을 다음과 같이 강조했다.

후직(后稷)이 백성들에게 곡식을 심고 거두는 일을 가르쳐서 오곡을 심고 기르게 하니, 오곡이 익고 백성들이 길러졌다. 사람은 도리가 있어야 한다. 먹는 것을 배불리 먹도록 하고 입는 것을 따뜻하게 입도록 하여 편안하게 거처하고 가르침이 없다면 짐승에 가까워진다. 성인이 이를 근심함이 있어서 설(契)로 하여금 교육부 장관으로 삼아 인륜을 가르쳤으니, 부모와 자녀 사이에는 친함이 있으며, 임금과 신하 사이에는 의로움이 있으며, 부부간에는 구별함이 있으며, 어른과 아이 사이에는 차례가 있으며, 친구 사이에는 믿음이 있는 것이었다(『맹자』, 「등문공상(滕文公上)」편).

다양한 생산 활동을 통해 생계가 유지되고 물질적으로 풍요로운 삶을 영위하고 있다고 하더라도 사단 확충을 통한 인의예지 본성이 회복되지 않으면 짐승과 가까운 행동을 하게 된다. 최근 우리 사회에서 발생하는 부와 권력을 가진 사람들의 갑질 횡포와 인권 침해 등이 여기에 해당한다. 이러한 점을 우려했던 순임금은 신하인 설(契)을 교육부 장관에 해당하는 사도(司徒)에 임명하여 인륜을 가르치도록 했다. 직업 또한 인간으로서 지켜야 할 윤리적 규범과 책임 있는 행위가 요구되며, 자신의 직업 활동이 도덕적으로 올바른 것인지 반성해야 한다. 그런 측면에서 맹자는 다음과 같이 직업 선택의 중요성을 강조한다.

화살 만드는 사람이 어찌 갑옷 만드는 사람보다 어질지 못하겠는가마는 화살 만드는 사람은 오직 사람을 다치게 하지 못할까 두려워하고 갑옷 만드는 사람은 오직 사람을 다치게 할까 두려워하는 것이니, 무당과 관 만드는 목수도 또한 그러하다. 그러므로 직업을 선택할 때는 신중하지 아니할 수 없다(『맹자』, 「공손추상(公孫丑上)」편).

사랑하면 그것이 살기를 바라고 미워하면 그것이 죽기를 바란다(『논어』, 「안연」편). 하늘은 사람을 비롯한 만물을 사랑하기 때문에 모든 생명체가 타고난 수명대로 살아남기를 바란다. 각자의 생명이 소중한 만큼 다른 생명의 소중함을 알고 존중하기 때문에 서로의 생존에 방해함이 없이 조화를 이루면서 살아간다(『주역(周易)』, 「건괘(乾卦)」 문언전(文言傳) 주자주(朱子註)). 이러한 행위는 만물을 살리려는 하늘의 마음과 합치되는 일이기 때문에 내 마음도 흐뭇하고 즐거울 수밖에 없다. 따라서 자기 존중 의식과 함께 타인 존중의 마음이 있다면 아무리 자신에게 큰 이익을 가져다준다 하더라도 그것이 의리(義理)에 합당하지 않으면 과감하게 행하지 않는다. 직업의 선택 또한 이런 측면을 고려해야 한다. 직업에는 귀천이 없지만 어떤 마음가짐으로 직업을 수행하느냐에 따라 많은 차이가 날 수 있다. 자신의 이익 추구만 소중하게 생각하고 다른 사람의 이익을 고려하지 않으면 자칫 자신의 이익을 위해 살인청부업자를 고용하여 다른 사람의 소중한 생명을 해치고 죽이는 방향으로 나아가기도 한다. 살인청부업자는 일정한 대가를 받고 사람을 죽이는 일을 자행하는 사람들이다. 직업 활동에서 자신의 목적을 달성하기 위해 걸림돌이 된다는 이유로 살인청부업자를 고용해 간접 살인을 자행하는 일이 종종 발생한다. 특히 지문 날인을 하지 않은 밀입국자나 불법 체류자를 이용한 살인인 경우 신원을 확인하기 힘들다는 법망의 허점을 교묘하게 이용하고 있는 것이다. 직업을 선택할 때 신중해야 한다는 맹자의 말에 주의를 기울여보아야 한다.

맹자는 인의예지(仁義禮智) 본성으로부터 곧고 바르게 발현된 본 마음대로 하고자 하는 것을 선(善)으로 보았다. 맹자에 의하면 인간의 선한 마음은 직업 활동을 통해서도 확충될 수 있지만 약화될 수도 있다. 예를 들어 갑옷을 만드는 사람은 날마다 자신이 만든 갑옷으로 사람을 살리는 일에 관심을 갖게 된다. 예리한 칼이나 화살로도 뚫을 수 없는 갑옷을 만드는 일에 관심을 기울이게 된다. 미역을 파는 사람은 아이가 태어나면 돈을 벌기 때문에 새로운 생명이 태어나는 것에 관심이 많고 새로운 생명이 많이 탄생되기를 바란다. 그 결과 새로운 생명이 태어나는 것에 기뻐하고, 사람을 살리는 선한 마음을 확충해나 갈 수 있다.

반대로 화살을 만드는 사람은 자신이 만든 화살이 얼마나 많은 사람을 죽일 수 있는지에 관심을 기울이게 된다. 사람을 죽이는 일에 관심이 깊어질수록 잔인해지기 쉽다. 군자는 푸줏간을 멀리해야 한다(『맹자』, 「양혜왕상」편)는 말과 맥락이 통한다. 푸줏간에서 짐승을 처음 죽일 때는 죽기 싫어 눈물 흘리는 동물들을 보고 차마 칼을 들지 못하다가 그 일을 계속하다 보면 익숙해져 죽기 싫어 울부짖는 동물의 소리에 둔감해지고, 동물을 죽이는 일에 양심의 가책을 덜 느끼는 지경까지 이르게 된다. 차마 하지 못하는 마음이 무뎌져 차마하게 되는 지경에 이르게 되는 것이다. 푸줏간 근처에 살게 되면 처음에는 그 죽는 것을 보지 못하고, 짐승들이 죽기 싫어 울부짖는 소리를 듣고 차마 그 고기를 먹지 못한다. 허나 감각이 무디어지면 짐승들이 죽기 싫어 울부짖는 소리에 둔감해지고, 푸줏간에서 나온 고기를 맛있게 먹는다. 군자는 푸줏간을 멀리해야 한다고 맹자가 역설(力說)했던 이유다. 관을 만들어 파는 직업을 가진 사람도 자신의 직업 활동을 하는 데 사람을 살리기를 좋아하는 인간의 순수한 마음을 잃지 않도록 주의해야 한다. 관을 만들어 파는 직업을 가진 사람은 사람이 많이 죽어야 생활해나갈 수 있다. 사람이 죽으면 돈을 벌기 때문에 사람 죽는 것에 관심을 갖고, 자신의 돈벌이를 위해 사람들이 많이 죽기를 바란다. 이러한 마음가짐으로 살다 보면 자신도 모르게 새로운 생명이 태어나는 일에 관심을 가지기보다 주변에 누가 죽지 않았는지 관심을 가지게 되고, 죽은 사람이 많이 생겼으면 하는 마음이 생길 수 있다.

사회가 유지되기 위해서는 생명을 죽이는 직업과 관련된 도축업, 사형집행인을 비롯한 다양한 직업이 필요하다. 직업에는 귀천이 없지만, 자신의 직업 활동이 사람의 생명을 살리는 것에 관심을 두고 있는지, 다른 사람의 죽음을 통해 자신의 이익 추구에 관심을 두고 있는 것은 아닌지 점검해보아야 한다. 설령 어쩔 수 없이 생명을 죽여야 하는 직업을 가지고 있다고 하더라도 생명을 소중함을 깨닫고 사랑하면서 생명을 잃게 된 다른 존재의 슬픔에 함께 슬퍼할 수 있는 순수한 마음을 잃지 않도록 해야 한다.

IV. 순자의 직업윤리

순자(荀子)의 이름은 황(況)이며, 자는 경(卿)이다. 순자에게 인간 존재의 가장 근원적인 것은 육체이며, 정신은 육체가 생겨난 우 생겨나는 부수적인 것이다. 감정 또한 부수적으로 생겨난 인간의 정신 속에 깃

들어 있다(『순자(荀子)』,「천론(天論)」편).

순자가 파악한 인간의 본성은 일삼지 않고 저절로 그러한 것이며, 태어나면서부터 그렇게 되는 것으로 몸을 존속시키려는 자연스러운 육체적 욕구이다. 즉 배고프면 먹고 싶어 하고, 피곤하면 쉬고자 하며, 먹은 만큼 배설하고자 하며, 이성을 그리워하는 등과 같이 육체를 존속시키려는 자연스러운 육체적 욕구를 말한다. 즉 인간은 배가 고프면 먹으려 하고 추우면 따뜻하게 하려고 하며, 피곤하면 쉬려고 하고 이로움을 좋아하고 해로움을 미워한다. 이러한 본성은 사람이 나면서부터 가지고 있는 것으로 조건에 의해서 그러한 것이 아니라 저절로 그러한 것이며, 우(禹)임금이나 폭군이었던 걸(桀)의 어느 쪽에서나 동일하다.

인간이 음식을 먹는 것은 몸을 보존하기 위한 것도 있지만, 근본적으로는 양심을 실천하고 사람답게 살기 위해서이다. 음식이 인간에게 주는 이러한 본래 의미를 망각하고 단지 맛만을 추구하다 보면 몸 전체의 건강보다는 혀끝에 즐거움을 주는 음식만 탐하게 된다. 남녀 간의 성적(性的)인 결합 또한 종족을 보존하기 위한 본래의 목적을 도외시한 채 육체적 쾌락만을 필요 이상으로 추구하면 음란하고 방탕해진다. 욕망은 인류 발전을 위한 긍정적인 측면도 있지만 자칫 잘못된 방향으로 치달으면 많은 문제가 생긴다. 서로가 자신의 육체적 욕구 충족을 위해 경쟁하다 보면 갈등이 심화되고 서로 간에 투쟁으로 이어지기 쉬우며, 투쟁이 심화되면 사회 혼란이나 전쟁으로 파멸하는 지경에 이르는 것이다. 이러한 사회 혼란을 해결하기 위해서는 인위적인 노력을 통해 악한 본성을 변화시켜야 한다. 순자가 말한 인위적인 노력은 성인이 만든 예(禮)라는 객관적인 규칙을 만들어 그것을 따르도록 하는 것이다. 예의 발생 원인에 대해 순자는 다음과 같이 주장한다.

예(禮)는 어디서 생겨났는가? 사람은 나면서부터 욕망이 있는데, 바라면서도 얻지 못하면 곧 추구하지 않을 수 없고, 추구함에 일정한 기준과 한계가 없다면 곧 다투지 않을 수 없게 된다. 다투면 어지러워지고 어지러워지면 궁해진다. 옛 임금들께서는 그 어지러움을 싫어하셨기 때문에 예의를 제정해 이들의 분수와 경계를 정함으로써, 사람들의 욕망을 충족시켜주고 사람들이 원하는 것을 공급하게 하였던 것이다. 그리하여 욕망은 반드시 물건에 궁해지지 않도록 하고, 물건은 반드시 욕망에 부족함이 없도록 해, 이 두 가지가 서로 균형 있게 발전하도록 하였는데, 이것이 예가 생겨난 이유이다(『순자』, 「예론(禮論)」 편).

예(禮)의 첫 번째 기능은 직분(職分)을 구별한다는 점이다. 한계를 그어 귀천(貴賤)의 차별을 있게 하여 어른과 아이의 구별을 있게 하고 사회 분업과 계층 분화가 이루어지도록 한다. 둘째, 예(禮)는 사람들이 원하는 물건을 질서정연하게 공급하여 인간의 욕구를 문화적으로 적절하게 만족시켜주며, 인류의 욕망을 개통시키고 인류의 수요를 만족시켜준다. 셋째, 예(禮)는 인간의 무한한 욕망을 제한(節)한다. 욕망은 예로 제약되지 않으면 사회적 혼란을 야기하기 때문이다. 따라서 분수와 경계 정하기를 통해 무한한 욕망을 제한해야 한다. 이처럼 모든 사람들이 예(禮)를 지키면 사회의 혼란이 해결되고 질서는 유지되게 된다고 순자는 보았다. 직업에 대한 순자의 생각 또한 예(禮)라는 객관적인 규칙을 따르는 데서 벗어나지 않고 있다. 순자는 직업에 대해 다음과 같이 말하고 있다.

> 예의를 숭상하고 법도를 이룩하면 나라의 표준이 있게 된다. 현명한 사람을 숭상하고 능력 있는 사람을 부리면 백성들이 나아갈 방향을 알게 된다. 여론을 모으고 공정하게 살핀다면 백성들은 의심하지 않게 된다. 힘쓰는 사람에게는 상을 주고 구차하게 구는 사람에게는 벌을 주면 백성들은 게으르지 않게 된다. 널리 아울러 일을 처리하되 공평하고 분명하면 온 천하가 그를 따르게 된다. 그런 뒤에 사람들의 직분을 분명히 하고, 하는 일에 질서를 마련하며, 재능과 기술을 따져 능력있는 사람에게 벼슬을 주면 잘 다스려지지 않을 수가 없다. 그렇게 되면 공정한 도가 널리 실천되고 사사로운 길은 모두 막혀 버릴 것이며, 공평한 의리가 밝아지고 사사로운 일은 없어질 것이다. 그렇게 되면 곧 덕이 두터운 사람은 나아가 벼슬을 하고, 아첨하고 말을 잘하는 사람은 없어질 것이며, 이익을 탐하는 자는 물러나고, 청렴하고 절의(節義)가 있는 사람이 일어설 것이다(『순자』, 「군도(君道)」 편).

순자는 사회 혼란을 근본적으로 치유하기 위해서 예의 형식과 절차 제정을 통해 서로 간에 경계를 정하고, 도량형 통일 등을 통해 서로 다투지 않게 되고, 사회 질서가 유지되어 나라의 표준이 설 수 있다고 보았다. 순자는 예(禮)와 관련된 제도에 따른 여러 사람들의 직분도 중요시하였다. 사회 구성원 중 현명하고 능력 있는 사람을 중용하여 다스리면 일반 백성들이 나아가야 할 방향을 알게 된다. 순자는 '백성들의 의견도 존중하고 여론 수렴을 통해 공정하게 법을 집행한다면 백성들은 정치하는 사람을 믿게 된다. 상과 벌을 엄격하게 적용하고 공평하고 분명하게 일을 처리하면서 직분을 분명하게 한다면 나라가 질서 정연하게 잘 다스려질 것'으로 보았다. 모든 사람들이 자기 직분을 올바로 수행한다면 천하가 태평해지고 이상적인 사회가 된다고 보았기 때문이다. 순자는 가장 이상적인 사회를 다음과 같이 말한다.

> 어진 사람이 윗자리에 있으면 곧 농부는 힘써 밭을 갈고, 상인은 잘 살펴 재물을 늘리고, 여러 온갖 종류의 장인(匠人)들은 기술과 기계를 써서 물건을 만든다. 사대부 이상부터 제후들에 이르기까지는 모두가 인후함과 지혜와 능력으로써 그들의 관직을 다한다. 이것을 지극히 공평함이라 한다. 그러므로 어떤 이는 온 세상을 월급으로 받아도 스스로 많다고 여기지 않고, 어떤 이는 문지기나 여관 돌보는 사람·관문지기·야경꾼이 되어도 스스로 월급이 적다고 여기지 않는다(『순자』, 「영욕(榮辱)」편).

순자는 맹자와 마찬가지로 공자의 정명(正名) 사상을 이어받았다. 맹자는 사회적 분업과 직업 간의 상호 보완적 관계를 강조했다. 순자는 직업의 분업화와 전문화를 통한 지극히 공평한 사회(至平)를 추구했으며, 각자 자신의 이름에 걸맞은 행동을 할 때 이상 사회도 이루어질 수 있다고 보았다. 순자가 말한 '지극히 공평한 이상 사회'는 오늘날같이 신분이 폐지되고 평등한 사회가 아니라 신분 제도가 유지되면서 각자 직업에 대한 분업화와 전문화가 이루어지고 정치가 공평하고 안정된 사회를 의미한다. 신분 간에 차등을 유지하면서 어진 군주가 윗자리에 앉아 이상적인 정치를 하고, 사대부 이상부터 제후까지 인후함과 지혜와 능력을 다해 자신의 직분을 다하며, 농부는 농사를 잘

지어 사람들을 먹여 살리고, 상인은 장사를 잘하여 재화를 유통하여 값지게 쓰도록 하며, 장인(匠人)은 기술과 기계를 써서 좋은 물건을 만들어내어 사회를 잘 유지하고 발전시키는 것을 말한다.

순자의 주장에 의하면 자신의 신분에 맞게 주어진 역할을 충실하게 수행하여 만들어지는 사회가 '지극히 공평한 사회[至平]'이다. 신분 질서가 유지되는 범위 내에서 각자의 직분을 충실하게 수행하는 사회이기 때문에 오늘날 평등한 사회와는 구분이 되는 사회이다. 순자의 주장처럼 모든 사람들이 자신의 직분에 따라 일을 하고 각각 그 '직분(職分)'에 만족하면 사회 질서를 저절로 유지하게 된다. 즉 군주는 천하를 소유하여도 많다고 여기지 않게 되며, 여관 돌보는 사람·관문지기·야경꾼은 자신의 하는 일에 대한 대가를 적게 받아도 적다고 여기지 않게 된다. 각자 자신이 하는 만큼 받는다고 생각했기 때문이다.

V. 공직자의 직업윤리와 청백리 정신

청백리(淸白吏) 제도

공동체 발전을 위해서는 청렴한 삶이 필요하다. 특히 공무원, 국회의원처럼 공직에 종사하는 공직자는 일반인보다 사회에 미치는 영향력이 매우 크기 때문에 검소한 생활 태도로 국민에게 봉사해야 하며, 스스로 청렴함을 지니고 부정부패의 유혹에서 벗어날 수 있어야 한다. 일반인보다 더 높은 수준의 직업윤리가 요구되는 이유이다. 일반적으로 공직자는 국가 기관이나 공공 단체의 일을 맡아보는 직책 또는 직무에 종사하는 사람을 말한다. 그런 의미에서 가난할지라도 도덕적 의리를 버리지 않았던 청백리 정신은 오늘날 공직자가 본받아야 할 직업윤리로 손색이 없다.

'청백리(淸白吏)'란 말 그대로 '청렴하고'[=淸], '깨끗한'[=白] 성품을 지닌 관리[吏]라는 의미이다. 부연하자면 '청백리'란 '청렴결백한 관리로 성품과 행실이 올바르고 재물에 대한 욕심이 없고 곧고 깨끗한 관리'를 의미한다. '청렴(淸廉)은 하늘을 우러러보고 땅을 굽어보아 한 점 부끄러움 없는 깨끗한 마음씨를 가지고 자신의 맡은바 직분을 다하는 것이라면 '결백(潔白)'은 행동이나 마음씨가 깨끗하여 아무 허물이 없음을 의미한다.

청백리는 제도 명칭이기도 하면서 그 대상자를 지칭하기도 한다. 즉 청백리는 조선시대 선정을 위해 청렴결백한 관리를 양성하고 장려할 목적으로 실시한 관리 표창제도, 또는 염근리(廉謹吏: 청렴하고 근면한 관리)와 청백리에 선정된 사람을 말한다. 제도화된 것은 조선시대였다. 그러나 전한(前漢) 이래 역대 중국과 신라 이래 우리나라에서도 청렴한 관리[廉吏]를 선발해 재물을 주거나 관직에 제수하였다. 후손에게 청백(淸白: 청렴하고 결백함)의 관리가 될 것을 권장한다거나 세인들이 청렴결백한 관리를 칭송하였던 사실에서 흔적을 찾아볼 수 있다. 중국의 경우 기원전 168년(漢文帝 12)에 "염리는 백성의 표상(表象)이다."라고 하면서 200석의 녹을 받는 염리에게 비단 3필을, 200석 이상의 녹을 받는 염리에게는 매 100석당 비단 3필을 각각 수여하였다. 청렴결백한 관리에 대한 우용(優用)·표창제가 계속 이어지면서 청렴결백한 관리의 출현은 물론 기풍 진작에 크게 기여하였다. 청백리의 대표적인 인물로는 후한대의 양진(楊震), 양대(梁代)의 서면(徐

勉), 수대(隋代)의 방언겸(房彦謙), 송대의 두건(杜愆) 등을 들 수 있다. 그 가운데 양진의 후손에서도 대대로 청백리가 배출됨으로써 대표적인 청백리 가문으로 추앙받게 되었다.

우리나라에서 청백리 제도가 정착된 것은 조선시대였다. 하지만 청백리가 언제 제도화되었는지, 언제 선발되었는지 등에 대해서는 분명하지 않다. 대개 태조 때 안성(安省) 등 5인을 청백리에 녹선한 이래로 이러한 기록들이 후대에도 계속 확인되고 있는 것으로 보아 어느 시기엔가 제도화되었음을 추정할 수 있다. 1514년(중종 9) "청백리에 녹선된 자의 행적을 보면 시종(始終)이 한결같은 자가 드물다."라고, 1552년(명종 7)에 생존 시에 청백리에 선발된 자를 염근리(廉謹吏)라 불렀다가 사후에는 청백리라 불렀다. 선조 대에는 청백리의 선발 절차를 구체적으로 규정하였다. 조선왕조는 개국과 함께 나라를 유지하고 사습(士習: 선비들의 풍습)을 일신하고 민풍(民風)을 교화하기 위해 『관자(管子)』에 적기된 예(禮)·의(義)·염(廉)·치(恥)의 사유(四維), 특히 염·치를 사대부가 지켜야 할 규범으로 권장하였다. 이를 볼 때 청백리 제도는 조선 개국 초기부터 실시되고, 중종 대 정비되었으며, 선조 대 선발 절차의 규정 등이 보완되면서 정립된 것으로 생각된다.

청백리의 선발 절차는 다음과 같다. 조선 전기에는 의정부·이조, 조선 후기에는 비변사·이조가 각각 왕명에 따라 경외 2품 이상 관인에게 생존하거나 사망한 인물을 대상으로 자격이 있다고 생각되는 2인씩을 추천하게 하고, 추천자를 육조판서가 심사한 뒤 국왕의 재가를 얻어 확정하였다. 청백리의 피선 자격은 법전에 명문화된 기록이 쉽게 발견되지 않는 것으로 보아 통일된 기준을 찾을 수 없다.

조선시대 선발된 청백리의 선발 사유를 보면 '청백'·'근검'·'경효 (敬孝)'·'후덕(厚德)'·'인의(仁義)' 등의 품행이 제시되어 있다. 대부분 이 국록 이외에 공가(公家, 국가)나 사가(私家, 개인)에 일체 폐를 끼치 지 않고 깨끗하고 검소한 것을 생활 철학으로 살아간 인물이었다. 이 점에서 '청백탁이(淸白卓異: 청렴하고 결백함이 뛰어남)'가 중요한 기 준이 되었다. 청백리의 선발 시 조선 전기에는 비교적 합당한 인물이 선발되었던 것으로 보인다.

선발 인원수에 대한 명확한 기준은 전거에 없지만 "많이 선발하면 그 가치가 떨어지고, 적게 선발하면 응당 선발되어야 할 인물이 누락 된다."라는 논란이 제기되는 가운데 조선 전기까지는 최소한의 인원 만을 선발했다.

조선 후기에는 당파의 입장이 반영되는 등 변질되었다. 조선 후기 와 말기에 이르러 노론의 일당 독재, 외척의 세도정치 등과 관련된 관 리 기강의 문란, 탐관오리의 만연과 함께 청백리가 선발될 수 있는 여 건이 미흡했다. 이런 탓으로 이 시기에는 거의 선발되지 못했던 것으 로 이해된다. 생존 시 염근리에 선발된 인물에게는 본인에게 재물을 내리거나 관계(官階)와 관직을 올려주고, 적장자(嫡長子)나 적손(嫡孫) 에게 재물을 주거나 관직에 등용하도록 하였다. 특히 숙종 대(1675-1720) 와 1746년(영조 22) 『속대전(續大典)』 편찬까지는 2품관 이상의 천거 로 특채하거나 적손 여부에 구애되지 않고 모두 처음으로 주는 관직 의 의망(擬望: 관리 선발 시 3인의 후보자를 임금에게 추천함) 대상에 포함시키도록 상전을 확대할 것이 천명되었다.

실제 대우는 실행 규정이 명문화되지 않고 인사적체가 격심했던 것과 관련되어 문제가 발생하였다. 영조 대 이익(李瀷)이 『성호사설(星湖僿說)』에서 "조정에 매번 그 자손을 등용하라는 명령은 있으나, 오직 뇌물을 쓰며 벼슬을 구하는 자가 간혹 벼슬에 참여하고 나머지는 모두 초야에서 굶주려 죽고 만다."라고 하였듯이 관직의 등용은 물론 경제적인 대우도 제공되지 않았던 것으로 여겨진다.

전 시기를 통해 청백리에 녹선된 수는 명확히 알 수 없다. 다만 명단을 기록하고 있는 『전고대방(典故大方)』에는 218명, 경종·정조·순조 대가 제외된 『청선고(淸選考)』에는 186명이 수록되어 있는 것으로 보아 200여 명 내외 선발된 것으로 추측할 수 있다. 『전고대방』에 실려 있는 왕대별 인원을 보면 태조 대 5인을 시작으로 태종(8인)·세종(15인)·세조(7인)·성종(20인)·중종(35인)·명종(45인)·선조(27인)·인조(13인)·숙종(22인)·경종(6인)·영조(9인)·정조(2인)·순조 대(4인)에 이르기까지 모두 218인이 녹선되었지만, 이 외의 왕대에는 녹선 기록이 없다(이서행, 1990; 최한섭 외, 2013: 27). 명종 때 청백리가 한꺼번에 많이 뽑은 것은 당시 문란했던 관리들의 기강을 바로잡기 위한 것이었다는 사실을 반증해준다(최한섭 외, 2013: 211).

청백리 제도는 생존한 인물을 염리로 녹선해 우대하거나, 청렴결백한 관리로 녹선되었다가 사망한 인물 또는 그밖에 사망한 인물 중에서 염명이 높았던 인물을 청백리에 녹선하는 것으로 변용되면서 외형적으로나마 본인보다는 후손에게 혜택이 돌아갔다. 조선 중기 사림이 득세하고 사풍이 진작된 성종·중종·명종·선조 대에 많은 인원이 녹선되면서 기풍을 떨쳤으나, 인조 대 이후에는 인원이 격감되면서 명목만 유지되었다. 비록 청백리에 녹선되지는 않았지만 태조 대의 심덕부(沈德符) 등도 청렴결백한 생활을 한 인물로 염명을 떨쳤다. 청백리에 녹선된 자에게는 사후에 가자(加資)·승직(陞職)이나 증직(贈職) 등의 우대가 주어졌다. 그리고 그 후손은 그 숫자와 청백리장권책과 관련되어 숙종 대나 1746년의 『속대전』 편찬까지는 2품 대신의 천거로 특채 및 적손 여부에 구애되지 않고 모두 처음으로 주어지는 관직의 의망(擬望) 대상이 되었다. 그 이후도 3의정의 천거로 연간 5인 정도가 특서되었다. 비록 처음으로 주어지는 관직의 의망 범위가 적장후손으로 축소되기는 하였으나, 여전히 출사의 혜택을 받았다. 오늘날에도 공무원으로 하여금 청렴과 투철한 봉사정신으로 직무에 정려(精勵)하게 함으로써 선정과 혜정을 도모하기 위하여 청렴결백한 관리를 장려, 표창하고 있다.

시대를 막론하고 권력이 있는 곳에 존재했던 부조리, 부정부패에 대해 관리들의 부정부패를 방지하고 사회 기풍을 진작하기 위한 장치였던 청백리 제도는 청렴결백한 관리를 양성하고 장려할 목적으로 실시했던 표창 제도였다. 청백리 표창제도의 필요성은 대사간 최숙생(崔淑生)이 중종에게 상소문을 올림으로써 시작되었다. 다음은 최숙생의 상소문 일부분이다.

> 근래 탐욕스러운 풍조가 크게 유행하고 있으니, 청백리(淸白吏)를 표창하고 상(賞)을 주어서 그들을 애써 노력하도록 시킨다면 염치(廉恥)를 아는 기풍이 흥기될 수 있을 것입니다(『조선왕조실록(朝鮮王朝實錄)』, 「중종실록(中宗實錄)」 21권, 중종 9년 11월 15일 계유(癸酉) 1번째 기사).

당시 조정뿐만 아니라 전국 곳곳에 욕심 많고 탐욕스러운 풍조가 활개를 치고 있었다. 당시의 사회 기풍을 올바른 방향으로 유도하기 위해서는 청백리를 표창하고 상을 주어 관료들을 고무시킨다면 부끄러움을 아는 기풍이 살아날 수 있을 것으로 최숙생은 파악했다.

청렴결백한 삶을 영위하기 위해서는 첫째, 자기 본분과 분수를 지켜나가는 자세가 필요하다. 주어진 상황에 맞게 의로움이 발현되어 자신의 분수를 알고 직분을 올바르게 수행할 때 청렴결백한 자세가 나올 수 있다. 둘째, 옳은 방법에 의한 부(富)를 추구해야 한다. 재물을 옳지 못한 방법을 통해 모으기보다는 언제나 의로움에 벗어나지 않는 범위 안에서 부를 추구하려고 노력했다. 셋째, 진리에 대한 꿋꿋한 마음과 진리대로 삶을 사는 것을 좋아하고 즐길 수 있어야 한다. 설령 가난한 상황에 처하더라도 사람으로서 지켜야 할 올바른 도리를 지키면서 진리대로 삶을 산다. 유교에서는 가난하고 궁핍한 삶을 살면서도 편안한 마음으로 하늘의 도리를 즐겁게 지키려는 삶의 철학을 안빈낙도로 표현한다.

대표적인 청백리

▌박수량

박수량(朴守良)의 본관은 태인(泰仁), 자는 군수(君遂), 호는 아곡(莪谷)으로 시호는 정혜(貞惠)이며, 전라남도 장성 출신이다. 박수량은 사람됨이 곧으면서 신중했고 예법을 잘 지키고 효성이 지극하였다. 1525년 양친을 봉양하기 위해서 고부군수로 나갔다. 1528년에 부친상을 치르고 이어 헌납(獻納)·장령(掌令), 봉상시첨정(奉常寺僉正)·사도시 부정(司䆃寺副正) 등을 역임하였다. 1531년 어머니 봉양을 위해 사성(司成)을 사퇴하고 보성군수로 나갔으며, 다시 어머니 봉양을 위해서 담양부사로 나갔다가 1542년 어머니의 상을 당하였다. 자헌대부, 지중추부사·한성부판윤·형조판서, 우참찬, 지경연의금춘추관사, 오위도총부도총관, 경기도관찰사, 숭록대부, 호조판서 등을 역임하였다. 30여 년의 관리 생활에서도 집 한 칸을 마련하지 못할 정도로 청렴결백해 그의 나이 56세인 1547년 4월과 61세인 1551년 11월 두 번이나 청백리에 뽑혔다. 『조선왕조실록』에서 사관(史官)은 박수량의 청렴결백을 다음과 같이 평가하고 있다.

> 박수량은 명신(名臣)이다. 어릴 적부터 권문(權門)을 추종하지 않고 청백으로 자신을 지켰으므로 육경(六卿)의 지위에 이르도록 남의 집을 빌어서 살았다. 이기(李芑)의 사적인 수하가 팔도에 퍼져 있었는데 방백(方伯)으로 있는 자가 모두 한결같이 숨기고 사실대로 아뢰지 않았다. 그러나 박수량만은 유독 그렇게 하지 않았으므로 시의(時議)가 가상히 여기었다(『조선왕조실록』, 「명종실록(明宗實錄)」 13권, 명종 7년 2월 29일 신사(辛巳) 1번째 기사).

박수량은 자신이 맡은 일 처리가 매우 정밀하고 자세했으며, 청백(淸白)함이 더욱 세상에 드러났으며, 세상의 모범이 될 만했다. 당시 권력 실세였던 영의정 이기(李芑)의 측근인 광주목사 임구령은 이기의 비호를 등에 업고 온갖 악행을 자행하였다. 비행을 조사하기 위해 나온 관리는 관련되는 아전을 불러 온갖 방법으로 힐책하여 죄를 밝히려고 했다. 하지만 사실을 있는 그대로 말하지 않았다. 임구령이 아전을 협박하여 사실대로 고하지 못하게 했기 때문이다. 이 사실에 분개한 박수량은 임금에게 임구령의 파직을 상소했다. 당시 관리들은 비리를 알면서도 조정의 실세인 이기(李芑)의 눈 밖에 나서 피해를 입을까 두려워 사실을 숨기고 임금에게 아뢰지 않았고, 오직 박수량만이 사실대로 아뢰었던 것이다. 대부분 관리들은 자신의 이해득실을 우선으로 생각하기 때문에 불의를 행하는 권력자에게 아부하거나 복지부동(伏地不動)하여 잘못을 묵인하기 일쑤이다. 청렴결백하고 의기가 넘쳤던 박수량은 당당하게 불의에 항거했다. 박수량의 의기 넘치는 행동에 대해 사관은 "박수량만은 유독 그렇게 하지 않았으므로 당시 사람들의 칭송을 받았다."라고 칭찬했던 것이다. 청렴결백함은 자손 교육까지 이어졌다. 그의 아들이 일찍이 서울에 집을 지으려 하자 꾸짖기를 "나는 본래 시골 태생으로 우연히 임금의 은혜를 입어 이렇게까지 되었지만 너희들이 어찌 서울에 집을 지을 수 있겠는가." 하였으며 그 집도 10여 간이 넘지 않도록 경계하였다. 벼슬이 재상에까지 이르렀지만 그가 죽었을 때 집에는 저축이 조금도 없어서 처첩들이 상여를 따라 고향으로 내려갈 수가 없었으므로 대신이 임금께 계청하여 겨우 장사를 치렀다. 그의 청렴은 천성에서 나온 것이지 학문의 공(功)이 있어서가 아니었다(『조선왕조실록』,「명종실록」16권 명종 9년 1월 19일 경신(庚申) 2번째 기사). 명종과 대사헌 윤춘년(尹春年)의 다음 대화에서도 박수량의 청렴결백을 엿볼 수 있다.

> 윤춘년: "죽은 박수량(朴守良)은 청백(淸白)한 사람으로 서울에서 벼슬할 때도 남의 집에 세 들어 살았습니다. 본집은 장성(長城)에 있는데, 그의 가속(家屬)들이 상여를 모시고 내려가려 하나 그들 형편으

로는 어렵습니다. 이 사람을 칭찬하여 장려한다면 청백한 사람들이 권려될 것입니다."

명종: "수량은 청렴하고 근검하다는(=淸謹)하다는 이름이 있은 지 오래되었는데, 갑자기 이 지경에 이르렀으니 내 매우 슬프다. 포장하는 것이 옳다(『조선왕조실록』, 「명종실록」16권, 명종 9년 1월 28일 기사(己巳) 1번째 기사).

인종의 스승이었던 하서(河西) 김인후(金麟厚)가 지은 박수량의 묘비명에는 "벼슬살이 38년에 지위는 재상에 이르면서도 초가삼간 집한 채도 없었다(김인후, 「자헌대부 의정부우참찬박공묘지명(資憲大夫議政府右叅贊朴公墓誌銘)」)."라고 기록하고 있다. 명종 또한 예조판서를 보내어 박수량의 장례에 제사를 올리게 했으며, "박수량은 안으로는 많은 학덕을 지녔으면서도 겉으로는 항상 부족한 것처럼 하였으며, 집안에는 남은 곡식도 없었으니 박수량의 죽음이 더욱 아깝고 애석하게 여긴다."라는 제문을 보낸다(세종대왕기념사업회, 2002: 23). 명종은 그 뒤에 박수량의 청렴결백을 기리기 위해 어명을 내려 서해에서 빗돌을 고르게 한 다음, 그의 무덤에 하사하면서 "박수량의 청렴결백함을 너무나 잘 알면서 비석에다가 새삼스럽게 이를 기록한다는 것은 그의 청렴함을 잘못 전하는 결과가 될지도 모른다." 하여 비문(碑文) 없이 그대로 세우라고 하였다. 명종이 박수량의 맑은 덕을 알리기 위한 최상의 예우(禮遇)였다. 전라남도 장성군 황룡면 금호리 산33-1에 있는 박수량의 무덤에 있는 백비(白碑)가 그 비문이다.

이항복

이항복(李恒福)의 본관은 경주(慶州), 자는 자상(子常)이다. 호는 백사(白沙)·필운(弼雲)·청화진인(淸化眞人)·동강(東岡)·소운(素雲)으로 형조판서와 우참찬을 지낸 이몽량(李夢亮)의 아들이며 권율(權慄) 장군의 딸과 혼인하였다. 1592년 임진왜란이 일어나자 도승지로 선조를 호종하여 의주로 갔으며, 전란 중에 병조판서가 되어 신속하고 정확하게 일을 처리하였으며, 국왕의 근위병을 모집하는 데 주력하였다. 1595년 이조판서에 올랐다가, 1597년 정유재란이 일어나자 다시 국방의 총책임을 맡은 병조판서를 맡아 전란을 지휘하는 데 앞장섰다. 1598년 조선이 왜와 함께 명나라를 치려고 한다는 오해가 발생하자 목숨을 걸고 이를 해결하기 위해 진주사(陳奏使)가 되어 명나라를 다녀왔다. 그의 탁월한 외교적 수완으로 전란을 무사히 극복하여 그 공로가 인정되었으며 1599년 우의정을 거쳐 이듬해에 영의정이 되었고 1602년 오성부원군(鰲城府院君)에 진봉되었다. 광해군이 즉위한 후에도 정승의 자리에 있었으나, 대북파(大北派)들과는 정치적 입장을 달리했다. 1617년 이이첨(李爾瞻) 등 강경 대북파는 영창대군을 죽이고 그의 생모인 인목대비를 서궁에 가두어 서인(庶人)으로 만들고자 하였다. 이항복은 완악한 아비와 사나운 어미를 지극 정성으로 감동시켰던 순임금의 예를 들어 인목대비를 폐위시켜서는 안 된다고 적극 반대했는데(『조선왕조실록』, 「광해군일기」 121권, 광해 9년 11월 24일 을유(乙酉) 9번째 기사), 이 때문에 1618년 삭탈관직되어 북청(北靑)으로 유배되었다가 그곳에서 죽었다. 이항복은 기상이 웅건하고 의리에 강하였으며, 작은 일에 얽매이지 않았다. 그의 기상과 청렴결백은

『조선왕조실록』의 다음 내용에 잘 나타나 있다.

> 사람됨이 체격이 크고 훤칠하며 풍도(風度)와 기국(器局)이 참으로 재상감이었다. 넓은 아량을 지녀 규각(圭角)이 드러나지 않으며 청표(淸標)와 덕망(德望)이 세상에서 중히 여기는 바가 되었었다. 정승에서 체임된 뒤 6, 7년 동안 한가하게 지내면서 출입을 끊고 날마다 과정(課程)을 정하여 독서하였으므로 문장과 식견이 그전보다 월등해졌다. 일찍이 대사마(大司馬)가 되어서는 무사(武士)로 적체된 자에 대하여 그 재주를 시험해서 차례로 뽑아 기용하면서 개인적인 부탁은 따라주지 않았으므로 공도(公道)가 크게 넓혀졌기에 근래의 병조 판서 가운데 제일이라고 칭송하였다. 청탁하고 관절(關節)하는 것이 오늘날 진신(搢紳) 사이의 고질화한 폐단인데 혼자 그런 일을 하지 않으니 다른 사람들도 감히 개인적인 일을 구하지 못하였으므로, 식견이 있는 좌상에게 덕을 입은 적이 없다는 말이 당시에 떠돌기도 하였다(『조선왕조실록』「광해군일기」23권, 광해 1년 12월 30일 정축(丁丑) 1번째 기사).

이항복은 병조 판서를 다섯 차례, 이조 판서를 한 차례 지냈는데, 마음 씀씀이가 바르고 밝아 청탁이 들어오지 않았다. 인재를 발탁할 때는 재능이 있고 없음에 역점을 두고 뽑았으며 공론을 따랐다. 그 결과 조정은 질서가 있게 되었고, 벼슬아치들은 염치를 알게 되었다(세종대왕기념사업회, 2002: 42).

청렴결백했던 이항복은 남의 불쌍한 것을 모른 채 하지 않고 도울 정도로 아량이 넓었다. 어릴 적 입고 나갔던 새 옷을 벗어주기도 했고, 신고 나간 신발을 불쌍한 사람에게 벗어주고 맨발로 돌아오기도 했다. 이런 성품은 어른이 되고 난 후에도 변함이 없었다. 40년 동안 국가 요직을 지낸 그였지만, 집안에는 저축한 쌀 한 섬이 없었고, 거처하는 집도 겨우 비바람을 피할 정도로 헐고 누추하였다.

이항복은 자녀들에게도 검약한 생활을 하도록 훈계하였다. 집안에 혼례가 있어 좋은 의복을 치장한 자제가 있으면, 그 자리에서 옷을 벗게 하여 가난한 친족에게 나누어주고 헌 옷을 입게 하였다. 백사 이항복의 청렴결백함은 그의 후손들에게까지 이어진다. 백사 이항복을 역할 모델로 삼았던 그의 후손들은 영의정 4명과 좌의정 1명을 배출했고, 내리 8대째 판서(장관급)를 배출하는 대기록을 세웠다. 명문가의 저력은 우당 이회영을 비롯한 6형제로 이어진다. 1910년 경술국치로 나라가 망한 후 우당 이회영을 비롯한 6형제는 조상으로부터 물려받은 땅과 재산을 모두 처분하고 노비를 해방시킨 후 만주로 떠난다. 당시 돈으로 40만 원, 현재의 가치로 환산하면 600억의 재산이었다. 이들 형제들은 이 돈으로 독립군 양성을 위한 신흥무관학교를 세우고 학비와 숙식비 등 운영 자금으로 사용했다. 10년간 3,500여 명의 독립군을 양성했다. 신흥무관학교에서 양성된 독립군들은 청산리대첩과 쌍성보 전투의 주역이 되었으며, 대부분의 의열단원들이 신흥무관학교 출신이었다. 공평무사하고 청렴했던 이항복과 조상에게 부끄럽지 않은 떳떳한 삶을 살려고 했던 시대정신을 지닌 후손들의 지성인으로서 사명감과 주인 의식은 오늘날 공무원들이 지양해야 할 도덕적 삶을 정립하는 데 많은 시사점을 주고 있다.

▌정약용

정약용(丁若鏞)의 자는 미용(美鏞), 호는 다산(茶山)·사암(俟菴)·여

유당(與猶堂)·채산(菜山)으로 알려져 있다. 남인 가문 출신으로, 28세가 되던 1789년 정월 27일 문과에 급제한다. 1797년 황해도 곡산부사로 제수되어 겨울에 곡산의 좁쌀, 콩을 돈으로 바꾸어 올리라는 명령을 철회하여 주도록 요청하여 허락받기도 했고, 1799년 5월에는 형조참의에 제수되어 형사사건을 엄정하고 정확하게 처리하여 억울한 죄수가 없도록 온갖 지성을 바쳤으며, 이때 경험을 살려『흠흠신서(欽欽新書)』라는 형법을 다룬 책을 저술하기도 했다. 1801년 천주교도라는 누명을 쓰고 18년간 유배 생활을 한다. 유배 기간 정약용은 경기도 암행어사로 활동하면서 목격했던 지방 관리의 부패와 백성들의 궁핍한 삶, 자신이 금정 찰방, 곡산 부사 등 직접 목민관으로 경험하면서 느끼고 깨달은 것을 바탕으로 목민관이 실천해야 할 도덕성과 청렴의 도리를 기록한『목민심서(牧民心書)』를 저술하기도 했다.『목민심서』는 목민관에 임명돼 행장을 꾸릴 시점부터 임기를 마치고 돌아갈 때까지의 마음가짐과 몸가짐을 기록하고 있다. 이와 함께 현행제도에 따라 지방행정의 시행을 위한 실무방침을 기록한 육전(六典)을 수록했다. 정약용은『목민심서』,「율기육조(律己六條)」청심(淸心)편에서 청렴의 중요성을 다음과 같이 강조하였다.

> 청렴이라는 것은 목민관의 근본이 되는 의무이고, 모든 선의 근원이요, 모든 덕의 근본이다. 청렴하지 않고서 목민관이 될 수 있는 사람은 아직 없었다(『목민심서』,「율기육조」'청심'편).

> 청렴은 천하의 큰 상사이나. 이런 까닭에 크게 욕심내는 자는 반드시 청렴하려고 한다. 사람이 청렴하지 않게 되는 것은 그 지혜가 짧기

때문이다(같은 책, 같은 편).

　목민관은 자애(慈愛)로워야 하고 자애로우려면 청렴(淸廉)해야 하
고, 청렴해지려면 절용(節用)해야 하니, 절용(節用)은 곧 목민관이 먼저
힘써야 하는 것이다(같은 책, '절용(節用)'편).

　정약용은 위정자들의 솔선수범을 강조하였다. 일찍이 공자는 "자
기 몸의 처신이 바르면 명령하지 않아도 행해지지만, 자기 몸의 처신
이 바르지 않으면 비록 명령한다 하더라도 따르지 않는다(『논어』,「자
로(子路)」편)."라고 하면서 윗사람을 비롯한 위정자의 솔선수범을 강
조했다. '자기 몸의 처신이 바르다'는 것은 다른 사람을 자신의 몸처럼
아끼고 사랑한다는 의미이다. 백성을 자신의 몸처럼 아끼고 사랑하는
위정자는 힘들고 어려운 일은 자신이 먼저 솔선수범하여 해결하고,
좋은 일은 백성과 함께 그 즐거움을 나눈다. 백성을 위하는 위정자의
솔선수범을 보게 되면 백성은 진심에서 우러나와 따르게 되고, 명령
을 하지 않아도 자발적으로 자신이 맡은 일에 충실하게 된다. 반대로
위정자들이 솔선수범하지 않으면서 자신의 이익만 추구하면서 백성
들에게 일방적으로 명령하면 일을 시켜도 따르지 않게 된다. 목민관
이 탐욕스럽고 백성들에게 오만방자하면 그 아래 아전들도 자신들의
이익 추구에 급급하게 되고, 백성 대하기를 짐승 대하듯이 하게 된다.
그 결과 백성들은 마음의 상처와 위정자에 대한 불만을 품는다. 사물
의 이치와 백성들의 마음을 잘 파악했던 정약용은 올바른 목민관이
되기 위한 가장 근본적인 덕목은 청렴이며, 청렴한 마음가짐으로 공
정하게 일을 처리하고 지극 정성으로 백성을 대해야만 백성이 마음에

서 우러나와 따를 것이라고 역설했다.

순조 1년(1801), 정약용의 나이 40세 때 시작된 유배생활은 순조 17년(1818) 그의 나이 56세가 될 때까지 16년 동안이나 계속되었다. 타지에서의 유배생활의 쓰라림은 매우 컸고, 유배생활에 시달리는 아버지를 보다 못한 정약용의 큰아들 정학연(鄭學淵)은 편지를 보내 판서로 있는 사촌 처남 홍의호(洪義浩)와 아버님의 석방을 막고 있는 대감에게 용서를 구하신다면 유배에서 풀려날 수 있다고 방안을 제시하였다. 하지만 정약용은 다음과 같은 답장을 아들에게 보낸다.

> 천하에는 두 개의 큰 기준이 있으니, 하나는 시비(是非)이고 다른 하나는 이해(利害)이다. 여기에서 다시 네 단계의 등급이 나오니, 옳은 일을 하고 이익을 보는 것이 가장 높은 등급이고, 그다음이 옳은 일을 하고 손해를 보는 등급이고, 그다음이 옳지 않은 일을 하고 이익을 보는 경우이고, 가장 낮은 것이 옳지 않은 일을 하고 손해를 보는 것이다. 네가 제시한 방도는 옳지 않은 일을 하고 손해를 보는 최악의 등급이니, 권력자들에게 아부해서 나의 귀양을 풀어주도록 하는 일은 절대로 해서는 안 된다(박석무, 2014: 492).

불의와 타협하는 비굴한 삶을 살기보다는 신념을 지키면서 유배 생활을 하는 것이 옳다는 것을 아들에게 알리고 16년 유배 생활을 담담하게 받아들인다. 자신의 신념을 굽히지 않고 모진 유배 생활이었지만, 정약용은 오히려 학자로서 학문을 깊이 연구할 수 있는 전화위복이 계기로 삼아 학술활동에 매진하였다. 그는 이 유배기간 동안 육경사서(六經四書)에 대한 연구를 비롯해 일표이서(一表二書: 『경세유

표(經世遺表)』·『목민심서』·『흠흠신서』) 등 모두 500여 권에 이르는 방대한 저술을 남겼고, 이 저술을 통해서 조선 후기 실학사상을 집대성한 인물로 평가되고 있다.

:: 참고문헌

『논어』, 『맹자』, 『순자』, 『주역』.

김영수(2005), 『명문가의 자식교육』, 서울: 아이필드.

박석무(2014), 『다산 정약용 평전』, 서울: 민음사.

사토 도미오, 박치원 역(2006), 『성공을 부르는 긍정의 힘』, 의왕: 솔과학.

이서행(1990), 『청백리정신과 공직윤리』, 고양: 인간사랑.

최한섭 외(2013), 『조선시대 청백리 열전』, 서울: 한올출판사.

세종대왕기념사업회(2002), 『국역 국조인물고 9』, 서울: 세종대왕기념사업회.

6

동양윤리 관점에서 본
과학·환경의 윤리교육

김기현 (전남대학교 윤리교육과 교수)

6
동양윤리 관점에서 본 과학·환경의 윤리교육

I. 들어가는 말

윤리교육은 선을 좋아하고 악을 미워하는 호선오악(好善惡惡)을 지향한다. 동아시아 전통에서는 흔히 선악의 '악(惡)' 대신 '선하지 못하다'는 의미의 '불선(不善)'이라는 용어를 많이 써왔다. 선과 불선의 갈림길에서 오로지 자신의 판단에 의거하여 선을 선택할 수 있는 자유를 가진 존재는 우주 자연계에서 인간뿐이다. 인간 외의 존재는 불선을 멀리하고 선을 선택할 수 있는 자유도 없고 능력도 없다.

교육에서 '환경'이란 주로 산과 숲, 강과 들, 공기와 기후 등등으로 구성된 우리 주변의 자연계를 가리킨다. 그래서 흔히 '자연환경'이라고도 말한다. 반면에 동아시아의 고대 도가사상에서 관념화한 '자연(自然)'은 인류 주변의 환경뿐만 아니라 인간 자신의 생태적 조건 및 삶까지도 포괄하는 심오한 철학 개념이다. 특별히 '무위자연' 사상이라 일컫지 않는 한 이 글에서 말하는 '자연'은 전자(前者)의 자연환경을 가리킨다.

자연환경 안에서 살아가는 인류가 자연계의 원리를 이해하고 설명하고자 노력한 끝에 도달해 있는 지식체계가 과학이다. 이 과학지식을 기초로 인류의 편의를 위해 필요한 물건이나 장치를 고안하고 제작하는 기술이 과학기술이다.

주변 환경을 이해하고 설명하고자 하는 인류의 과학지식은 세계 어느 문명에서나 고대사회에서부터 축적되어왔다. 그런데 17세기에 유럽에서 일어난 과학혁명 이후로는 과학지식과 과학기술이 엄청나게 빠른 속도로 발전을 거듭하면서 오늘에 이르고 있다. 근대과학의 위세(威勢)는 대단한 것이어서, 마치 17세기 이전에는 과학이 없었던 것처럼 느껴지게 할 정도이다. 인류의 행복한 삶에 자칫 '괴물'이 될 수도 있는 이 과학에 대해서 현대의 공교육(公敎育)은 학생들에게 기초적이면서도 근본적 통찰에 도움이 되는 과학 역사의 지식을 개괄해주어야 하며, 인류의 삶에서 과학이 갖는 위상 및 그 의의에 관해 충분히 숙고하게 해주어야 한다.

이 글의 본문을 구성하는 3개의 절 가운데 첫 번째인 제II절은 동아시아 전통윤리에서는 무엇을 선으로 보고 무엇을 불선으로 보았는지를 현대의 관점에서 정립해보는 일, 윤리 행위의 주체인 '나'와 나를 둘러싸고 있는 주변 여건인 '세계'를 설정하는 일, 그리고 이 과정에서 정보윤리에 관련된 동양윤리의 관점을 소개하는 일로 구성된다.

제III절에서는 집중적으로 과학 관련 윤리 논의를 진행한다. 과학 관련 윤리 논의를 하려면, 과학의 역사에 대한 오해의 해소에서부터 과학의 특성 및 한계에 대한 이해에 이르기까지 넓고 깊은 기초 지식이 선행되어야 한다. 개략적이긴 하지만, 과학윤리를 논의하기 이전에 알아두어야 할 기본 사항들에도 역점을 두었다.

끝으로 제IV절에서는 인류가 동물·식물·광물 등 인류 외의 존재들과 선천적으로는 동일한 도덕 근거(도덕 본성)를 갖는가, 아니면 선천적 구비의 면에서부터 이미 인류는 동물 등 사물들[物]과는 근거가 다른가의 논제를 놓고 논변을 벌인 인물성동이논변(人物性同異論辯)을 소개한다. 18세기 조선에서 일어난 이 논변은 실은 하나의 결실이자 열매이고, 그 이면에는 예로부터 동아시아인들이 자연 사물을 대해오던 마음가짐과 관념이 자리하고 있다. 자연 사물에 대한 그 관념과 마음가짐을 먼저 조명해보고, 이어 조선조 인물성동이 논변이 갖는 의의를 개괄해보겠다. 교실의 학생들은 이것을 단서로 한 번쯤은 깊이 생각해보고 입장을 나눠 서로 토론해볼 만하다.

이 글에 쓰이는 몇 가지 용어의 용법을 미리 밝혀두겠다. 초·중·고의 도덕윤리과 교과과정 및 수업을 '도덕과(道德科) 교육'으로, 때로는 이를 '도덕 수업'으로 약칭하겠고, 그 외에 예컨대 가정의 도덕교육이나 사회의 각종 윤리교육 등등을 포괄하는 용어로는 '윤리교육'을 사용하겠다. 유럽과 미주(美洲) 지역의 윤리를 '서양윤리', 동아시아의 윤리를 '동양윤리'로 칭하겠다. 엄정하게 말하면 중국의 윤리 전통과 한국의 윤리 전통은 구분되어야 하며, 마땅히 우리의 윤리 전통은 '한국'의 윤리 전통이어야 한다. 그럼에도 현행 도덕과(道德科) 교육과정은 중국과 한국의 윤리 전통을 포괄하여 하나의 범주로 설정하고 있어 이 글에서도 불가피하게 윤리사상의 주체를 한국민족에 한정하지 않고 '한국민족'과 '동아시아인'을 혼용함을 미리 밝혀둔다. 노자(老子)·장자(莊子)의 윤리사상을 주요 내용으로 하는 입장을 '도가(道家)'로 칭하여 종교로서의 도교(道敎)와 구별하겠다. 이 글에서 '주자학'과 '성리학'과 '신유학'은 그 외연(外延)이 다르지 않다. 단지 맥락에 따라 적절한 용어를 선택할 뿐이다. 단, '주희성리학'은 남송(南宋)의 주희(朱熹. 朱子)가 북송시대 이정(二程: 정호와 정이) 등의 이학(理學) 사상을 계승하여 정립한 성리학설만을 특정하여 지칭한다.

II. 과학·정보·환경에 대한 동양윤리적 접근

주체로서 '나'와 주변 환경으로서 '세계'

　불교에 의정불이(依正不二) 관념이 있다. 정(正)은 주체인 '나'를 가리키고, 의(依)는 나를 둘러싸고 있는 일체의 '주변 환경 여건'을 가리킨다. 불이(不二)란 둘이 아니라는 뜻이므로, '나'와 '환경 여건'이 비록 현실상으로는 두 가지 것으로 보이지만 본래는 하나였고 최후에도 하나이어야 함을 함의한다. 우리는 이 관념으로부터 윤리 주체로서의 '나'와 내가 그 안에서 살아가는 환경 여건으로서의 '세계'를 설정할 수 있다.

　의정불이를 윤리교육에 응용하여 말하면, '나'[正]와 나를 둘러싸고 있는 '세계'[依]가 하나임을 깨달았을 때 '나'는 비로소 세계의 완전한 주체로서 사는 것이 된다. 이는 석가모니 붓다가 이 세상에 태어나자마자 "천상천하 유아독존(天上天下唯我獨尊: 하늘 위에서나 하늘 아래에서나 오직 내가 존귀하다)"이라 외쳤다는 명제와 상통한다. '나'

는 세계의 일부이면서 동시에 내가 살아가는 세계의 주인이기도 하다. 과학이나 정보, 환경 등을 '나'의 주체적 삶이 의존하는 주변 여건으로 보고서 그 안에서 나의 윤리행위와 관련된 공부를 하려 할 때, 동양윤리적 접근이라면 '주체'의 정립(定立)으로부터 시작하는 것이 바람직하다.

과학과 정보 그리고 저 산과 강 등의 자연은 모두 나를 둘러싸고 있는 주변 환경 여건의 일부이다. 내가 속해 있고 내가 그 안에서 주인 역할을 수행해야 할 환경 여건으로서의 '세계'는 수많은 사물들[物]로 구성되어 있다. 세계를 구성하는 사물들의 관계에 대해 동양과 서양은 근본적으로 다른 접근 태도를 갖고 있다. "서양인에게 전체라는 것은 개체들이 모여서 이루어진 집합의 개념이다. 그러나 동양인에게 전체란 개체성이 없는 하나의 덩어리와 같은 상태, 즉 일체의 상태를 의미한다(EBS <동과 서> 제작팀·김명진, 2008: 22)."

전통적으로 우리 동양인은 세계를 바라볼 때 그것을 구성하고 있는 모든 존재들이 상호 유기적(有機的) 상관관계를 갖는 하나의 덩어리와 같은 것으로 여겼다. 마치 우리 인체(人體)를 구성하고 있는 각 신체 부위가 혈관과 신경 조직을 매개로 상호 긴밀하게 연결되어 하나의 전체를 이루고 있는 것과 같이, 세계를 하나의 유기체(有機體)로 여겼다. 이 전체의 일부이면서 주인이기도 한 '나'는 이중의 존재이다. 하나는 동사무소 주민등록부에 올라있는 이름 ○○○으로서의 '나'이다. 다른 하나는 이렇게 일상생활 중에 ○○○으로 불리는 나 이전의 진정한 자아, 즉 참자아[眞我]로서의 '나'이다. 앞의 '나'를 동아시아 전통 사회에서는 '중인(衆人)'·'범인(凡人)'·'유정(有情)' 등으로 불렀고,

뒤의 참자아를 유교·도가·불교 등 학파에 따라 '성인(聖人)'·'진인(眞人)'·'지인(至人)'·'부처[佛]' 등으로 불러왔다.

서양과학의 경우, 특히 17세기 과학혁명 이후 비약적으로 발전해 오고 있고, 전(全) 세계로 확산되어 있는 근대과학의 경우 인간 행위의 주체로서 '나'는 오직 동사무소에 등록되어 있는 ○○○라는 자아가 있을 뿐이고 진아(眞我) 같은 것은 없다. 반면에 동양 전통의 모든 수양공부는 보통사람[衆人]으로서의 '나[我]'가 우주의 진정한 주체인 '진아(眞我)'를 깨달아가는 노력의 과정이다. 그렇다면 동양윤리의 관점에서 볼 때 초·중·고 도덕과 교육의 과학윤리·정보윤리·환경윤리교육은 우선 윤리행위의 주체를 설정하는 일로부터 논의를 시작할 필요가 있다.

정보사회와 윤리 주체의 다원화 현상

서양윤리에서든 동양윤리에서든 정보윤리의 논제는 전통의 윤리사상 논의에서 설정된 적이 없는 논제이다. 정보화 사회 현상 자체가 지구촌 인류 삶의 여건이 제3차 산업사회에서 제4차 산업사회로 전이(轉移)하는 과정에서 초래되었기 때문이다. 따라서 정보윤리의 논제는 서양사회의 구성원들과 동양사회의 구성원들이 각자의 안목과 윤리 전통에 입각하여 정보화 사회 과정에서 직면해 있는 윤리 논제들에 관해 숙고하고 토의하여 해결책을 세워야 하는 과제가 된다. 이에 우리는 정보윤리의 세부 기준들(규범)에 관한 논의는 생략하고, 동양윤리의 관점에서 볼 때 보충할 사항으로 윤리 주체의 다원화(多元化) 현상을 지적해두고자 한다. 구체적으로 두 가지인데, 하나는 윤리 판단이 특정 계층 구성원을 주체로 했던 19세기까지와는 달리 현대사회에서는 윤리 주체가 고정되어 있지 않다는 점이다. 다른 하나는 이 점이 정보윤리 분야에서는 더욱 극명해져 동일한 정보에 의해 '나'의 지위가 한순간에 수혜자가 될 수도, 피해자가 될 수도 있다는 특성이다.

사례를 들어 이해해보자. 이 건은 2017년에 ○○시의 시내버스 운행 중에 실제로 일어난 사례이다. 하지만 아쉽게도 결말이 완미(完美)하게 마무리되지는 못해서 언제든지 다시 논란이 될 여지가 있기에 그 사건의 진실성은 보류하고, 필요한 부분에 허구적 요소를 가미하여 우리의 논의 목적에 부합하는 범위 내에서 활용하도록 해보자.

20○○년 모월 모일 오후 6시경, 한 인터넷 매체에 다음 내용이 게재되었다. 당일 오전 11시경에 ○○시 ○○번 버스에 엄마와 5세 이하로 보이는 아이가 타고 있었는데, 아이가 모르고 어느 정류장에서 내렸고 버스가 막 출발할 때에 이것을 안 엄마가 급히 버스기사에게 뒷문을 열어달라고 소리쳤으나, 버스기사가 아이 엄마의 요구를 무시하고 그냥 가버렸다는 내용이었다. 아이 엄마는 다음 정류장에서 하차하였고 다행히 아이를 찾기는 했지만, 항의하는 엄마에게 버스기사는 도리어 막말(또는 욕설)을 하였다고 기록되어 있었다. 이 글이 전파매체를 통해 순식간에 널리 알려지면서 버스기사와 해당 버스회사, ○○시청 관련 공무원들까지 비난의 대상이 되었다.

하루 이틀의 시간이 지나는 사이에 반전이 있었다. 사실(fact)과 전혀 다르게 알려지고 쏟아지는 비난에 정신적으로 거의 공황 상태에 있던 버스기사의 자녀가 고통받는 아버지를 보다 못해 실제의 사실은 그와 전혀 다른 내용이었음을 공중(公衆)에 알렸다. 버스기사는 막말이나 욕설을 한 일이 없고 거친 언사는 아이의 엄마가 했다는 것이며, 버스가 이미 발차한 상황에서 그때 정차를 했다면 법규를 위반하는 것이 될 뿐만 아니라 위험한 상황이 될 수 있었다는 내용 등등이 알려졌다. 이번에는 아이의 엄마가 비난의 대상이 되었다. 버스 안에서 아이를 어떻게 돌보았길래 아이가 내리는 줄도 몰랐느냐는 힐난에서부터 버스기사나 버스회사에 압박을 가하여 어떤 보상을 바랐던 것은 아니냐는 의심에 이르기까지 비난이 집중되었다.

약간의 시간이 지나면서 또 한 번의 반전이 일어났다. 이번에는 인터넷 매체에 처음 그 글을 올린 사람 및 초기에 '나도 목격했다'는 식으로 거든 댓글의 주체들이 비난의 대상이 되었다. 보기에 따라서는 버스기사도 잘못한 일은 없었고 아이 엄마도 비난받을 정도의 무리한 언행을 한 것은 아니었으며, 아이도 5세 이하가 아니라 혼자서도 집을 찾아갈 수 있는 7세의 아이였음에도, 처음 글을 올린 사람이 잘 알지도 못하는 내용을 사실인 양 과장하거나 허위 사실을 첨가하여 글을 올렸다거나 전해 들은 이야기를 자신이 목격한 사실인 것처럼 확신하며 글을 썼다는 것, 또 그날의 실제 상황이 글 내용과는 거리가 있다는 것이 알려지고 있음에도 이들이 정식으로 사과를 하지 않으면서 '아니면 말고' 식으로 대처한다는 등등 다양한 비난이 이어졌다.

이런 사례는 앞으로 언제 어디에서라도 발생할 수 있다. 특정 사회에서만 일어날 수 있는 일이 아니다. 정보 매체가 발달해 있는 사회라면 어느 사회에서나 쉽게 일어날 수 있는 일이다. 도덕과(道德科) 수업에서 학생인 '나'는 어떤 내용의 도덕적 인지(認知)를 해야 하고 무엇을 반복해서 연마해야 하는가? 먼저 전통사회에서와는 달리 현대사회에서는 도덕 판단 및 행위의 주체가 고정되어 있지 않으며, 정보 사회에서는 더욱더 그러하다는 점을 이해해두어야 한다.

현대사회의 도덕과 수업은 윤리행위 주체의 '다원화(多元化)'를 전제로 해야 한다. 이는 현대의 윤리교육이 전통사회의 윤리교육과 변별되는 점의 하나이다. 예를 들어 19세기까지의 전통사회에서 평민은 피지배층이었다. 그들은 사회운영을 책임지는 계층에 속하는 사람의 관점에서 도덕 판단을 할 필요가 없었다. 반대로 사대부는 피지배층을 이끌고 책임져야 하는 지배층의 한 구성원으로서 도덕 판단을 해야 했다. 매우 드물게 노비가 평민이 되거나 평민이 사대부로 신분 상승하는 사례가 없지는 않았으나, 가령 전쟁에서 큰 공을 세운 경우처럼 특별한 경우에 한정되었다. 일반적으로는 거의 불가능한 일이다. '내'가 왕족이라면, 나에게는 통치 책임세력으로서의 도덕 판단만이 필요했다. 그러므로 전통사회에서 학교교육의 도덕 수업이 있다면, 윤리교사는 자신의 학생이 왕족-사대부-중인-평민-노비 중의 어느 계층에 속하느냐에 따라 그 주체(학생)에 따른 도덕 교육을 실시해야 한다. 예컨대, 차기 군주가 될 세자를 교육하는 윤리교사가 이 학생이 장차 과학자가 될 수도 있고 평민이 될 수도 있다 등등을 염두에 두고서 도덕 수업을 진행할 필요는 없다.

반면에 현대사회에서의 '나'는 신분도 역할도 고정되어 있지 않다. 그러므로 도덕 수업을 담당하는 윤리교사는 교실의 저 학생이 장차 이 나라의 자랑스러운 대통령이 될 수도 있고, 저 말썽꾸러기 학생이 미래에는 평생을 타인을 위해 헌신하는 성자(聖者)가 될 수도 있으며, 또 한편으로는 저 활달한 학생이 훗날 수많은 사람들에게 고통과 피해를 입히고 불편하게 하고서도 도덕적 반성은 없이 그저 법망을 빠져나가려고만 전심하는 희대의 사기범이 될 수도 있다는 것을 전제로 도덕 수업을 진행해야 한다. 현대사회에서 윤리 행위의 주체로서 '나'는 문제가 되는 윤리상황에서의 역할에 따라 얼마든지 다양할 수 있다.

라디오나 TV 등 보도기관의 경쟁이 치열하고 인터넷이나 SNS 등 등 전파매체가 발달한 사회에서는 윤리 주체의 다원화 현상이 더욱 두드러진다. '나'는 사소한 언행(言行)으로 인해 쉽게 가해자가 될 수도 있고 피해자가 될 수도 있다. 사건 당시 현장에 있었던 목격자로서 사실을 증언해주거나 공중(公衆)에 알리는 입장일 수 있고, 기사나 글을 읽고 나의 의견을 댓글로 제시하는 입장일 수 있다. 도덕 수업을 받는 학생의 입장에서 말하면, 윤리행위의 주체인 '나'는 미래의 경찰관이 될 수도 있고 범인이 될 수도 있으며, 피해자가 될 수도 있고 가해자가 될 수도 있다.

도덕과 수업은 무엇이 선(善)이고 무엇이 불선(不善)인지를 변별할 줄 아는 도덕적 인지 능력의 계발 및 강화를 추구하는 과정이고 동시에 도덕선(道德善)을 실행하기 위한 좋은 습관을 익히는 과정이다.

앞의 사례에서 윤리(의무나 금지)는 어느 특정 주체에게만 적용되지 않는다. 관련된 모든 주체에게 각기 '~해야만 한다'의 의무와 '~해서는 안 된다'의 금지가 있다. 바꿔 말해서 '나'는 버스기사일 수도 있고, 기사의 가족일 수도 있고, 아이의 부모일 수도 있고, 그 버스에 타고 있던 승객일 수도 있다. 인터넷 매체에 고발하는 글을 올린 사람일 수도 있고, 찬반의 댓글을 단 사람일 수도 있으며, 매체의 관리자일 수도 있다. 이 사건을 정식으로 취재하여 기사로 작성한 기자일 수도 있고, 보도기관의 책임자일 수도 있다. 단순히 기사를 읽는 독자이거나 인터넷 매체의 글을 읽는 일반인의 한 사람일 수도 있다. 현대사회에서 윤리행위의 주체로서 '나'는 고정되어 있지 않다. 그런데 각 주체에게는 '해야만 하는' 의무와 '해서는 안 되는' 금지가 있다.

예컨대, 버스기사에게는 준수해야 할 교통법규와 회사에서의 규정 외에 윤리적 규범이 적용되는 영역이 있을 수 있다. 가령 도로가 직선이고 교통 상황이 그리 복잡하지 않을 경우 비록 버스가 이미 수 미터 또는 10여 미터 움직였다 해도 유치원생 정도의 아이가 버스에서 이미 내린 것을 안 엄마가 급히 내려달라고 했을 때, 교통법규를 위반하지 않고 회사의 운행 규정에 위배되지 않는 한, 기사에게는 버스를 세우고 아이 엄마를 하차하게 해주어야 할 도덕적 의무가 있다고 할수 있다. 이 상황에서 기사가 그냥 버스를 달려 엄마가 아이를 실종 신고까지 하는 상황에 이르게 하였다면 그는 도덕적 비난을 받아 마땅할 수 있다.

아이의 엄마에게는 버스 탑승 중에 아이를 잘 보호해야 하는 의무 외에, 기사에게 교통법규를 위반하면서까지 나의 편의만을 고려해 달라는 무리한 요구를 해서는 안 되는 의무가 있다. 더욱이 버스기사의 과실이 없음에도 인터넷 등 매체에 사실과 다르게 알려지고 버스기사가 비난받고 있음을 알았다면, 아이 엄마는 사건의 당사자로서 사실을 바로잡거나 버스기사에게 책임 물을 일이 없음을 표명할 의무가 있다고 할 수 있다.

이 사건에서 정보윤리와 관련하여 더욱 주의를 기울여야 할 부분은 정보 매체와 정보 이용자이다. 누가 되었든, 사실이 아닌 허위 내용이나 과장된 내용을 매체에 올렸을 때는 그 사람의 부도덕함에 대한 책임을 중하게 물어야 한다. 매체의 관리자나 언론기관의 기자 및 관리자에게는 더욱 엄정한 기준이 요구된다. 예를 들어 사실 확인 과정을 소홀히 하거나 쌍방에 반론 기회를 주지 않고서 기사를 게재하거나 글의 게재를 허용했다면, 설령 위법 사항이 없을지라도 윤리적 책임을 분명하게 물어야 한다.

매체를 통해 글이나 기사를 접하는 이용자에게도 도덕적 의무가 있다. 목격자가 아니면서도 직접 본 것처럼 댓글을 달거나 사실의 확인에 유의하지 않고서 단정하여 사람을 폄훼하는 것은, 도덕적으로 해서는 안 되는 행위이다. 이런 행위는 '악의 계략'에 농락당하는 것이 되고, 불선(不善)을 조장하는 것이 된다. 정보화 사회에서는 이와 같이 정보 관련자 누구에게나 그가 위치하는 역할에 따른 도덕적 의무가 있다. 그렇다면 각 개인이 선과 악을 판단할 수 있는 근거 또는 기준은 무엇인가?

한국윤리 전통의 두 가지 선악 기준

유럽의 역사에서 윤리사상의 범형(範型)이 마련된 것은 중세 이후의 일이다. 물론 거기에는 고대 희랍으로부터 중세까지 이어진 윤리사상의 전통이 바탕으로 자리 잡고 있지만, 오늘의 현대 서양인들에게 계승되는 윤리사상의 전통은 영국의 경험론과 대륙의 합리론 간 경합(競合)의 결과로 형성된 두 노선을 핵심으로 한다. 현대의 서구 학자들은 어떤 행위가 도덕적으로 옳은 선(善)의 행위인지 어떤 행위가 그렇지 않은 불선(不善)의 행위인지를 분별할 수 있는 기준과 관련하여 두 노선을 각각 대표하는 학설을 선정하는 것에서 별 이견은 없고, 그 두 학설이 제시하는 기준들은 널리 알려져 있다. 하나는 목적론 노선에서 선악 판단의 기준으로 취하고 있는 '최대 다수의 최대 행복'이고, 다른 하나는 의무론 노선을 대표하는 "네 의지의 격률(格律)이 언제나 동시에 보편적 입법의 원리가 될 수 있도록 행위하라."의 판단 기준이다.

한국 윤리사상 전통에서 현대까지 이어지는 윤리 판단의 기준은 무엇이며, 그것은 대체로 어느 시대에 형성된 것인가? 우리의 역사에서 전통 윤리사상의 범형이 마련된 것은 통일신라(668-918년)부터라고 할 수 있다. 통일신라와 고려(918-1392년)는 불교의 가치관이 사회 운영의 주요 기준으로 작용하던 시대이다. 그리고 널리 알려져 있듯이, 조선조는 전적으로 성리학(주자학)의 가치관을 기준으로 운영된 사회이다. 이렇게 통일신라 이후 고려와 조선조에 걸쳐 이어지는 과정에서 형성된 윤리판단의 기준이 현대 한국인의 윤리의식에 담겨 있다고 보아야겠다.

불교는 인도에서 일어나 대부분 중국을 거쳐 한국에 전래되었고 유교는 중국에서 일어나 한국에 전래되었다. 그러나 한국의 불교 윤리사상이 인도와 중국의 불교 윤리사상 그대로는 아니며, 조선조의 성리학이 송(宋)왕조나 원(元)왕조의 성리학 그대로는 아니다. 이것은 마치 근대 유럽 각국의 윤리사상이 그리스 이래 중세까지의 윤리사상 전통을 공통 기반으로 하면서도 독일과 프랑스의 윤리 전통이 같지 않고, 영국의 윤리 전통 또한 그 독·불과 다르게 독자성을 갖고 있는 것과 같다.

한국의 전통 윤리사상에 담겨 있는 선악 판단의 기준은 두 가지이다. 하나는 모든 인간이 선천적으로 갖추고 있는 착한 마음을 그대로 실행한 선, 즉 '선심(善心)의 선'이다. 이 선한 마음의 실행은 선행(善行)이 되고 그렇지 않으면 불선(不善)의 결과를 낳는다. 유교에서 말하는 측은지심·수오지심·공경지심·시비지심의 사단(四端)이나 불인인지심(不忍人之心), 불교에서 말하는 불심(佛心)·일심(一心)·진심(眞心) 등이 모두 선심이다.

붓다[佛]의 마음인 불심(佛心)을 신라의 원효는 '일심(一心)'으로 말했고, 고려의 지눌은 '진심(眞心)'으로 말했다. 불교에서는 인간 존재 자체가 불성(佛性)을 갖춘 존재라서 누구나 붓다[佛]의 마음[즉 善心]에 의한 선행을 할 수 있다고 전제한다. 다만 현실의 세계는 아직 붓다의 마음에 이르지 못한 중생(衆生)들로 구성되어 있고, 이 중생의 무명(無明)으로 인해 온갖 선과 악이 병존(竝存)한다. 무명이란 인간 존재 자체가 불성을 구비한 존재임을 깨닫지 못하고 있음을 가리킨다. 그러므로 현실세계의 '나'는, 즉 아직 붓다의 경지에 이르지 못한 '나'는, 무명에 의한 생멸(生滅)의 윤회와 붓다의 마음에 의한 적정(寂靜)의 평온을 다 갖추고 있는 이중 구조를 갖고 있다. 전자를 '생멸문(生滅門)'이라 부르고 후자를 '진여문(眞如門)'이라 부른다. 진여문은 더 이상 태어남과 죽음의 고(苦)가 없는 참자아[眞我]의 세계이고, 생멸문은 아직 그 경지에 이르지 못해 생성과 소멸의 윤회가 지속되고 있는 일시적이고 임시적인 가아(假我)의 세계이다. 그런데 생멸문과 진여문은 가령 두 칸의 교실처럼 독립되어 존재하는 것이 아니라, 항상 같이 작용한다. 이렇게 이중구조를 갖고 있는 심을 원효(元曉)는 '하나의 마음', 즉 '일심(一心)'이라 명명하였다.

모든 존재하는 것들은 본래는 생겨남[生]도 없고 소멸됨[滅]도 없으며 번뇌나 괴로움이 없는 오직 하나의 마음[一心]일 뿐이다. 이것을 심진여문(心眞如門)이라 한다. (중략) 그런데 이 일심(一心)의 본체는 이렇게 깨달은 자만이 알 수 있는 진여 그 자체이지만[本覺], 그것은 한편으로 중생의 무명(無明)을 따라서 생겨남과 소멸됨을 일으킨다. 이것이 심생멸문(心生滅門)인데, 이 문에서는 여래(如來)의 본성이 숨어 있고 드러나지 않기에 '여래장(如來藏)'이라 일컫는다. (중략) 이와 같이 두 개의 문인데, 어찌하여 '하나의 마음'이라 하는가? 번뇌의 세계에서나 적정(寂靜)의 세계에서나 모든 존재하는 것들의 본성은 오직 하나일 뿐 둘이 아니며, 진여와 생멸의 두 문 간에 본래부터의 차이는 없다. 이런 까닭에 '하나의 마음[一心]'이라 이름하는 것이다(은정희 역주, 2002: 87-88).

지눌(知訥)은 이 불심을 '진심(眞心)'이라 불렀다. 그 심에 대해 『수심결(修心訣)』에서 지눌은 이렇게 설명한다. "[마음의 본체에서 보면] 모든 것이 다 사라져, 그 어떤 감각기관도 대상도 없고 그 어떤 허망한 생각도 없으며, 나아가 온갖 형상과 모습 그리고 온갖 개념과 언설이 성립되지 않는다. 이것이 어찌 본래부터 텅 비어 고요한[空寂] 것이 아니며 본래부터 아무것도 없는 것이 아니겠는가? 그러나 모든 것이 텅 비어 있는 가운데 항상 깨어 있는 신령스러운 앎[靈知]이 있어, 생명이 없는 것들[無情]과는 달리 본성 스스로 신묘하게 헤아리고 판단을 한다. 이것이 바로 텅 비어 있고 고요하며 신령스럽게 다 알고 있는[空寂靈知] 그대의 청정(淸靜)한 마음 본체이다."

원효의 일심이나 지눌의 진심 같은 불교윤리의 심을 언어로 단정하여 서술하는 것은 불가능하다. 그 심은 깨달아야 알 수 있는 것이기 때문이다. 본래 불교에서는 영원불멸의 실체를 인정하지 않으므로 일심·진심에 대해 이렇다 저렇다 서술할 수가 없다. 그렇다고 '존재하지 않는다'거나 '아무것도 아니다'고 말하지도 않는다. 이렇게 그것의 실체를 단정하지도 않고 부정하지도 않는 것은 불교의 철학적 특색에 기인한 것이고, 우리 각자에게 선천적으로 그 심이 주어져 있음에 대해서는 의심의 여지가 없다. 통일신라 이래의 불교전통에서는 이 여래장의 심이 모든 선행(善行)의 원천이다.

누구나 선천적으로 구비하고 있는 착한 본심(本心)이라는 기준으로 보면 유교에서 말하는 인심(仁心), 측은지심·수오지심·공경지심·시비지심의 사단(四端), 불인인지심(不忍人之心) 등의 선심은 원효가 일심이라 이르고 지눌이 진심이라 이른 선심과 다르지 않다.

퇴계(退溪)의 『성학십도(聖學十圖)』에 다음 언명이 있다.

원형이정(元亨利貞)은 영원불변의 천도요,
인의예지(仁義禮智)는 인간 본성의 강령이니,
모든 사람은 처음에는 선하지 않음이 없으며[無有不善],
언제 어디에서나 사단(四端)으로 감응(感應)하여 발현하도다.

어버이를 숭모하고 형·누나를 공경함,
임금에게 충성하고 어른에게 공손함,
모든 백성들이 갖추고 있는 이 본성을 '병이(秉彝)'라 이르노니,
[본래는] 이 본성을 그저 따를 뿐이지 억지로 지키는 것이 아니로다.

오직 성인만은 본성대로 사노니 그윽이 넓고 넓어 하늘(天) 그대로요,

털끝 하나 더하지 않더라도 온갖 선이 다 갖추어져 있으나,

보통사람들은 아직 깨닫지 못하여 물욕이 서로 가리니,

그 강령을 무너뜨리고 스스로 포기함을 [오히려]편안하게 여기고 있구나(「제삼소학도(第三小學圖)」편).

이 글은 본래 주희(朱熹, 朱子)가 지은 '소학제사(小學題辭)'의 앞부분으로『소학』에 실려 있는데, 위 내용은 송대 이후로 한국과 중국의 모든 학인(學人)들이 공감하는 언명이 되어 있다. 우주 전체의 운행은 원형이정의 덕(원리)에 의거하고 있으며, 이 덕을 인간의 윤리에 한정하여 말할 때 '인의예지'라 한다. 인의예지의 사덕은 각 개인의 현실 삶에서 윤리상황에 따라 측은·수오·공경·시비의 사단과 같은 선한 정서로 구체화된다.

요컨대, 통일신라 이후로 우리의 선조 지성인들은 모두 다음과 같은 확신을 갖고 살았다. 모든 사람은 처음에 타고난 그대로는 착하지 않음이 없는[無有不善] 존재이며, 모든 사람의 마음 바탕은 털끝 하나 더하지 않더라도 이미 온갖 선을 다 갖추고 있다.

두 가지 선악 기준의 다른 하나는 '중절(中節)의 선'이다. 이는『중용(中庸)』제1장에 나오는 "희·노·애·락이 아직 발동하지 않은 [마음의] 상태를 '중(中)'이라 이르고, 발동하여 절도에 맞은 것을 '화(和)'라고 이른다."에서 유래하는 선악 기준이다. 우리는 하루 일과 중 수시로 대상 사물을 보거나 들으며 구체적인 윤리 상황을 접한다, 그때마다 '나'의 내면에서 모종의 정서가 일어난다. '희로애락'과 '칠정' 그리

고 '사단'이란 이때 발동되는 정서[情]들의 일부를 특정하여 일컫는 명칭들이다.

대상 또는 상황에 감응(感應)하여 정서가 발동할 때 중절(中節)하면 화(和)의 선(善)이 되고, 중절하지 못하여[不中節] 불화(不和)를 초래하면 불선(不善. 즉 惡)이 된다. 이 화(和)의 선이 곧 중절의 선이다. 그렇다면 부중절(不中節)의 불선은 어떤 상태이고, 왜 초래되는가? 부중절의 불선이 초래되는 원인에는 두 가지가 있다. 하나는 과(過)의 부중절이고 다른 하나는 불급(不及)의 부중절이다. 유교의 기본적 선악관이자 일상생활 중의 현명한 판단력 소유자들이 대개 가진 과유불급(過猶不及: 지나침은 미치지 못함과 같다)의 선악관이 여기에 그대로 적용된다. 지나친 것도 불선이고 미치지 못하는 무능도 불선이다.

한훤당(寒暄堂) 김굉필(金宏弼)과 그 문인 정암(靜庵) 조광조(趙光祖)에게 있었던 일화를 사례로 이해해보자. 유배지에 있던 한훤당이 어느 날 꿩고기를 얻었다. 고향에 계신 어머니께 보내드려야겠다는 생각이 들어 포육(脯肉)으로 만들고자 하인을 시켜 말리게 했다. 그런데 하인이 부주의하여 고양이가 물고 가버렸다. 이 사실을 알게 된 한훤당이 진노하여 하인을 크게 꾸짖었다. 멀리 계신 노모께 보내드리려 정성을 들이던 것을 망쳐놓았으니 더욱 화가 났다. 마루에 서서 하인을 크게 꾸중하고는 방으로 돌아와 막 앉는데, 방에 있던 학인 중 한 사람인 조광조가 예의를 갖추고서 이렇게 진언하는 것이었다. "부모님께 효성을 다하고자 하는 정성은 간절하시겠습니다만, 군자는 언어와 기색을 살피지 않을 수 없는 일인데, 좀 과(過)하게 화를 내신 것은 아닌지 의심이 들어 감히 여쭙습니다." 이 말을 듣는 순간 한훤당에게

도 '아차!' 하는 생각이 들었다. 이에 한훤당이 이렇게 말했다. "그러잖아도 꾸중을 하고 돌아서는데, '내가 좀 심했나' 하는 생각이 들었는데, 그대의 말을 듣고 보니 내가 지나쳤네. 그대가 나의 스승이네."

만일 하인이 임무를 제대로 수행하지 못한 것에 대해 무턱대고 참기만 한다든가 하인의 인격을 비하하며 체념을 해버린다면 이는 불급(不及)의 불선(不善)이다. 그렇다면 어느 정도 화를 내는 것이 중절의 선인가? 가령 정서 발출의 범위가 0에서 10까지라고 하면 5.0이 중절의 선인가? 3.7은 불급의 부중절인가? 기계적인 기준은 없다. 행위자가 ㉠ 자신의 도덕 인격에 바탕하고 ㉡ 시간적·공간적 상황을 고려하여, 과(過)의 부중절과 불급(不及)의 부중절을 피하는 절중(節中)의 정서를 발동(행위)할 때가 중절의 선이다. 적어도 고려 후기에 성리학이 전래된 이후로 우리의 선조들은 이 '중절의 선; 부중절의 불선'의 선악관(善惡觀)을 필수로 취해왔다.

III. 선의 과학과 악의 과학

'괴물'이 될 수 있는 과학

현대사회를 살아가는 개인은 한시도 과학에서 자유롭지 못하다. 지금 만약 정전이 된다면…, 만약 버스가 없다면…, 휴대폰이 없다면…, 상상하기가 쉽지 않을 정도로 현대인은 과학문명의 성과에 의존해 살고 있다. 이렇듯 조금만 스스로를 돌아보아도 쉽게 삶의 여건 대부분이 과학기술의 성과에 의존하고 있고 과학적 연구 방법에 의한 연구 결과를 지식으로 갖고 있음을 알 수 있다.

산속에 들어가거나 무인도에 들어가 혼자 사는 이른바 '자연인'이라면 과학문명과 거리를 두고서 거의 자연에 의존하여 사는 사례가 되겠지만, 현대사회의 구성원들은 한시도 과학을 떠나서 살 수 없다. 마치 정전이 되었을 때 우리의 생활이 사실상 거의 마비되는 것과 마찬가지이다. 서구로부터 밀려오는 '근대' 물결에 크게 위기감을 갖게 된 근대 중국의 지성계는 일찍이 서구의 근대(modern)가 이 과학과 불가분의 관계를 갖고 있음을 절감하고 있었다.

전통적으로 세계의 중심 국가로서 자부심을 갖고 있던 중국은 1840년부터의 아편전쟁에서 근대식 무기로 무장한 영국 군대에 완패한다. 그때부터 심각하게 중국사회의 변혁(근대화)을 모색하던 중국의 지식인층은 서구로부터 거세게 밀려오는 '근대'의 요체(要諦)를 과학과 민주로 설정했다. 사이언스(science)의 '사이' 음(音)을 취하여 과학을 새선생(賽先生. Mr. Science), 데모크라시(democracy)의 '드어' 음을 취하여 민주주의를 덕선생(德先生. Mr. Democracy)이라 불렀다. 근대·현대의 핵심에 과학이 있음을 중국인들은 일찍 꿰뚫어 보았음을 알 수 있다.

그런데 이렇게 인류의 생활이 과학과 불가분(不可分)의 관계를 갖게 된 것은 17세기 유럽에서 시작된 '근대과학' 이후의 일이다. 근대과학의 출현 이전에도 인류는 과학기술의 진보에 따른 여러 가지 편의의 혜택을 받았다. 그러나 그러한 혜택이 없다 해도 일반인의 삶이 크게 영향을 받지는 않았다. 그런데 현대사회의 일반인들은 과학지식이나 과학기술이 없이는 단 하루도 정상적인 삶을 살기 어려울 정도로 생활과 과학 간에 긴밀한 관계가 형성되어 있다.

게다가 과학기술은 날마다 진보하고 있어 장차 과학기술의 진보에 따른 인류의 삶이 어디로 가게 될지 아무도 장담할 수 없게 되었다. 곧 4차 산업혁명이 도래한다고 논의들이 활발한데, 그 이후로 어떻게 될지에 대해서는 가늠하기도 어려울 지경이다. 과학의 역사를 연구한 어느 학자는 "과학기술은 현대사회의 괴물이다."라고 말하며 다음과 같이 예상한다.

더욱이 이 괴물은 자연현상이 인간의 의지와 관계없이 일어나는 것처럼 끝도 없이 발전하고 거대화되어간다. 앞으로의 사회는 과학기술의 진보를 장려하는 것보다도 오히려 그 발전을 어떻게 통제하는가가 더 중대한 문제인 것 같이 생각된다(야부우치 기요시, 전상운 역, 2014: 216).

놀랍게도 지금부터 2천 수백 년 전에 산 장자(莊子)는 인류 역사의 미래에 초래될지 모르는 과학의 위험성을 경고한 바 있다. 어느 지식인이 여행을 하다가 노인이 밭일하는 것을 보게 되었다. 노인은 항아리로 우물에서 물을 길어다 밭에 붓는 일을 하고 있었다. 여행자가 보기에 너무 힘이 많이 들고 비효율적이었다. 그래서 우물에서 밭까지 이러이러한 기계 장치를 설치하면 그처럼 많은 수고를 하지 않아도 많은 양의 물을 댈 수 있다고 말하면서 기계 설치 요령까지 설명해주었다. 설명을 들은 노인은 순간 불쾌한 낯빛이다가 이내 웃으면서 다음과 같이 말했다.

내가 그런 기계를 모르는 것은 아니고 그런 원리를 모르는 것도 아니오. 다만 [과학기술에 의한] 그런 설비를 이용하기 시작하면 종국에는 인간 본연의 선한 마음과 본성이 훼손되고 그 결과 도(道)에서 멀어질 것임을 잘 알기 때문에 그것을 부끄럽게 여겨 쓰지 않는 것이라오. 내가 추종하는 사상(思想)에 의하면, [과학지식과 과학기술에 의한] 기계의 사용은 반드시 '잘한다'·'잘못한다'를 수반하는 일거리를 낳고, 일거리가 있으면 사람들이 마음을 쓰게 되고, 기계에 쓰는 이런 마음[機心]이 가슴 속에 있게 되면 인간 본연의 순수 결백함이 흐트러져 마침내 도와는 멀어지게 되오(『장자(莊子)』, 「천지(天地)」편).

과학은 끊임없이 탐구하는 인위적(人爲的) 노력의 산물이다. 일체의 인위적 노력을 거부하는 도가의 무위자연(無爲自然) 사상과는 정반대의 방향이다. 현대를 살아가는 인류의 마음은 이미 과학지식에 의존하고 과학기술의 혜택을 누리는 마음과 거리를 둘 수 없는 지점에 와 있다. 다시 말해 현대인에게는 장자가 기심(機心)이라고 부른 마음이 당연한 것이 되었다. 장자의 위 발언은 기심에 마음을 빼앗길수록 인간 본연의 순수 결백한 마음과는 멀어진다는 경고이다. 하지만 이른바 '자연인'으로 돌아가 혼자 살지 않는 한, 현대인은 과학을 멀리할 수가 없다. 최선의 방안은 '관리'의 책임을 소홀히 하지 않는 것이다.

현대사회의 괴물이 될 수 있는 과학이 악의 과학으로 흐르는 것을 막고 인류의 삶에 유익함을 제공하는 선의 과학이 되도록 감시하고 관리하는 책임은 전적으로 현대사회의 구성원들에게 있다. 이 점에서 보면 과학윤리를 논의하는 우리에게는 선의 과학인지 악의 과학인지를 판별할 줄 알아야 하고 각자의 의사를 표명할 줄 알아야 하는 막중한 책임이 있음을 알 수 있다. 민주 사회라는 공동체의 주인은 민주 국가의 구성원 각자이다. 과학의 진보를 그저 방관만 하면서 그 혜택만 누리려 한다면, 민주 사회의 주인 역할을 하지 못하는 것이 된다. 때로는 위험한 지경에 이를 수도 있다. 왜냐하면, 과학지식이나 과학기술 분야의 종사자들, 즉 과학자들에게는 모종의 정신이 있는데, 이것을 방임하면 종국에는 인류가 감당하기 어려운 후폭풍을 맞을 수 있기 때문이다. 과학자들은 조그만 단서가 포착되거나 희미한 가능성만 보여도 집요하게 탐구하는 정신을 갖고 있고, 그리고 많은 경우 그들은 실패를 두려워하지 않는다. 분명한 사실은 이런 정신을 갖고 있는 과학자들의 땀과 노력의 결실로 현대인들이 온갖 생활의 편의와 풍요를 누리고 있는 점이다. 그런데 예컨대 곡물의 유전자 조작이나 생명 복제 기술의 사례에서 확인되듯이, 만약 과학 연구를 방임한다면 장차 생태계의 교란이나 파괴가 초래될 수 있고 인권이 방치되거나 생명의 존엄함이 소홀해지는 결과를 가져올 수 있다. 그러므로 과학자들 개인이 도덕성을 갖추고 있어야 함은 물론이고, 근대과학 이전 시대와는 달리 현대사회의 구성원들은 사회의 '주인'으로서 과학에 대해 확고한 윤리적 책임의식을 가져야 한다. 이를 위해서는 우선 근대과학에 대한 몇 가지 오해를 극복할 수 있어야 한다.

근대과학에 대한 오해들

유럽에서 근대과학이 대두하기 전까지 약 1천여 년간 이상은 동아시아(중국)의 과학이 세계 과학의 선두주자였다. 이것이 역사적 사실이다. 대략 5세기경부터 15세기 무렵까지의 기간을 말하는데, 일부 연구자들은 그보다 더 긴 기간 동안 중국과학이 세계 최상의 지위에 있었다고 말한다(사중명, 김기현 역, 1998: 346-347, 363; 조셉 니덤, 콜린 로넌 축약, 김영식·김제란 역, 2000: 14-15, 401). 중국의 과학 역사에 관한 많은 연구들이 있지만 조셉 니덤(Joseph Needham)의 『중국과학기술문명사』는 가장 대표적인 업적 중의 하나이다. 유럽에서 일어난 17세기 과학혁명 이래의 근대과학이 시간이 흐를수록 지구촌 각 사회에 빠르고 강력하게 파급되어 오늘에 이르고 있지만, 근대과학 이전 시대에도 세계의 각 문명에는 대개 수천 년간의 과학 역사가 있었다. 이 점에는 각별히 유의해야 할 필요가 있다. 왜냐하면 20세기 전반기까지도 중국의 밖은 물론이고 중국 안에서조차 '중국에는 과학이 없었다'고 믿거나 이 명제를 전제(前提)로 모종의 주장을 하는 지식인들이 적지 않았기 때문이다. 예컨대, "유교 때문에 중국에서는 과학이 생겨날 수 없었다."라거나 "중국문화는 도덕 가치만을 추구했기 때문에 과학이 필요 없었다." "중국의 전통문화에서는 도덕과 과학지식이 공존할 수 없었다." 등의 주장을 하는 지식인들이 있었고, 심지어 "한자(漢字)는 심미적 고차원의 문화를 추구하는 데 적합한 문자라서 인문학과 예술 방면의 언어로는 훌륭하지만 과학 방면의 용도에는 적합하지 않다."는 주장까지 있었다.

'한국의 역사에도 과학이 있었는가?'라는 물음 역시 마찬가지 상황이다. 거시적으로 볼 때, 한국과학의 역사가 중국과학의 한 지류(支流)였음과 독자성이 있다 해도 중국과학의 변형이었을 것임에 대해서는 부정하기 어려울 수 있다. 그러나 연구자들에 의하면, 거의 대부분의 경우 우리의 조상들은 중국의 과학과 기술을 그대로 받아들이지만은 않았다고 한다. 특히 천문학과 의약학 분야에서는 독자적인 면모가 분명했다고 한다. 우리가 잘 알고 있는 첨성대는 한국 고대 과학이 낳은 역사적 성과물의 하나이다.

> 신라 천문학자들은 중국에서 천문학과 역학(曆學)을 배웠지만, 언제나 배우고 모방하는 것으로 만족하지는 않았다. 그들은 자신의 천문학을 가지려고 노력했는데, 첨성대는 그들의 그러한 노력에서 얻은 귀중한 소산이었다. 첨성대와 같은 천문대는 그 당시 중국에서도 찾아볼 수 없는 것이었다. 이것은 한국 고대 과학 기술의 가장 뛰어난 유물의 하나이다(전상운, 2000: 18).

엄정하게 말하면, 우리사회에서의 과학윤리 논의는 19세기까지의 한국과학의 역사와 그 위에 20세기부터 서양 근대과학을 적극 수용하여 크게 활용함으로써 형성되어 있는 오늘의 한국 과학 상황을 기반으로 진행되어야 온당하다. 그로부터 논의 범위를 더 확장하여 세계 각국의 과학 상황을 포괄하는 과학윤리 논의가 이루어져야 한다. 이것은 프랑스의 윤리, 독일의 윤리, 중국의 윤리… 가 각기 독자성을 갖는 한편으로 모든 인류에게 공감(共感)을 일으키는 보편성을 갖춤으로써 세계 어느 나라에서나 취해질 수 있는 보편적 윤리체계로 발전해가는 구조와 같은 것이다. 더 비유하자면, 힌두교와 불교가 다 같이 인도에서 발생한 종교임에도 힌두교는 민족성만을 유지하고 보편적 요소를 보완하지 못함으로써 오늘날 세계 종교가 되지는 못한 반면 불교는 인류 누구나 공감할 수 있는 보편적 요소를 갖춤으로써 세계적인 종교(모번 통교)의 하나가 된 원리의 같다.

아직은 과학이 인류의 공유 재산이라는 관념이 우세하여 예컨대 독일의 과학, 미국의 과학이라든가 일본의 과학, 중국의 과학이라는 말이 별 의미를 갖지는 못하는 상황이다. 하지만 자세히 보면 세계 각국의 과학이 "각각의 민족의 역사와 현실에 따라 특수한 전개를(야부우치 기요시, 전상운 역, 2014: 216)" 보이는 것 또한 현실이다. 더욱이 윤리 논의라면 그 사회의 과학 역사와 윤리 전통을 토대로 진행되는 것이 마땅하다.

요컨대, 유럽의 근대과학이 출현하기 이전에 세계 각 문명의 과학 역사가 있었다는 사실, 특히 그 직전 시기까지는 최소한 천년 이상 동아시아의 과학이 유럽보다 앞서 있었다는 역사적 사실, 그리고 우리의 과학윤리 논의는 한국의 과학 역사와 윤리 전통 위에서 시작되어야 함을 적어도 분명하게 인지(認知)하고는 있어야 한다는 점이 중요하다.

오늘날 도덕 수업에서 학생들이 과학윤리를 공부하게 된 직접적인 계기는 현대인의 일상생활을 지배하는 근대과학의 위력 때문이다. 현대인의 삶에서 과학은 필수요소가 되어 있고 그에 따른 윤리 관련 문제가 발생하기에 과학윤리 논의를 피해갈 수 없게 되어 있다. 그런데 많은 사람들이 근대과학에 대해 오해하고 있는 부분이 있다.

오해의 하나는 많은 사람들이 근대과학을 현재 인류가 도달해 있는 유일하고 최선인 체계로 생각하고 있는 점이다. 엄정하게 말하면, 근대 과학은 인류의 과학 역사상 출현할 수 있는 여러 과학체계 중의 하나에 지나지 않는다. 비록 과학이 오늘날 현대인의 삶과 뗄 수 없는 관계에 있고, 그 '과학'을 근대과학이 대표하는 것이 현실이지만, 근대과학이 완벽한 것은 아니며 인류의 유일무이(唯一無二)한 대안인 것도 아니라는 점의 인식이 시급하다. 이 점은 과학의 역사나 과학의 원리를 연구하는 연구자들 사회에서는 널리 인정되고 있으나, 많은 일반인들은 아직 잘 모르고 있다.

이 글에서 말하는 '근대과학'은 두 가지 의미로 쓰인다. 하나는 17세기 유럽에서 일어난 과학혁명으로 형성된 17-19세기의 유럽과학을 가리키고, 다른 하나는 비유클리드 기하학과 현대물리학 등이 출현한 현대의 과학세계에서도 여전히 계속 보완되면서 주류의 지위를 차지하고 있고 위력을 발휘하고 있는 근대과학을 지칭한다. 후자는 근대과학혁명 이래 17-19세기 유럽과학의 성취를 토대로 계속 발전해오고 있는 과학을 총괄하여 말하는 것이 된다. 상대성이론이나 불확정성 원리, 파동이론 등등에 의거하는 현대물리학은 흔히 '뉴턴 물리학'이라 불리는 고전물리학과 긴밀한 관련은 있지만 결코 고전물리학의 보완된 체계가 현대물리학인 것은 아니다. 현대의 학계에서 근대과학은 여러 과학체계 중의 하나에 지나지 않는다.

근대과학이 16세기까지 세계의 각 문명에서 축적해 오던 과학지식과 과학기술을 모두 흡수한 위에 출현하였던 것이 아니라는 점도 중요하다. 17세기의 과학혁명과 그 이전까지의 유럽과학 간에 연속성이 있음은 분명하고, 또 그동안 유럽의 과학이 중국과학이나 아랍과학 등 세계의 여러 과학과 교류해왔던 것은 사실이지만, 그럼에도 유럽의 17세기 혁명이 그 이전 인류의 주요 과학 성취를 종합한 위에 나왔던 것이 아님 또한 엄연한 사실이다.

이 때문에 연구자들은 '근대과학이 왜 유럽에서만 일어나고 다른 문명에서는 일어나지 못했는가?'의 논제를 놓고 연구해왔다. 이 물음에 대해 다양한 대안(답변)이 제시되었지만, 아직은 대다수 사람들이 동의할 만한 정설(定說)이 나와 있지는 않다. 다만 근대과학의 특색으로서 수학을 적극적으로 활용한 점과 이론과 기술(실험 포함) 간의 밀착 관계에 대해서는 거의 이견이 없는 것으로 보인다.

근대과학에 대한 또 하나의 오해는 근대과학에는 확고한 연구방법, 즉 과학적 방법이 있다고 믿는 점이다. 아직도 많은 사람들이 과학의 방법을 귀납(induction)으로 알고 있다. 서양사회의 지식인들도 오랫동안 그렇게 알고 있었으나 1930년대에 이르러 귀납주의의 맹점이 확인되었다.

러셀(B. Russell)의 유명한 칠면조 이야기는 과학의 연구방법으로서 귀납주의가 갖는 맹점을 쉽고도 명료하게 보여준다.

> 3일 전 아침에 주인의 발소리가 들리더니 모이를 주고 갔다.
> 그저께 아침에도 주인의 발소리가 들리더니 모이를 주고 갔다.
> 어제 아침에도 주인의 발소리가 들리더니 모이를 주고 갔다.
> 오늘도 주인의 발소리가 들린다. …
>
> ───────────────────────────
>
> ∴(?) 오늘 아침에는 [칠면조를] 잡아서 아침 식탁에 요리로 올리더라.

많은 개별 사례들을 관찰 또는 실험하고 그렇게 수집된 사례들에 공통된 점을 추출하여 일반화함으로써 결론(이론)이 도출된다는 원리가 귀납의 원리이다. 그런데 이 칠면조 사례가 보여주듯이 '오늘도 주인이 모이를 줄 것이다'는 결론은 완전히 빗나간 것이 된다. 전제들이 모두 옳다 해도 그것이 결론 진술('오늘도 주인이 모이를 줄 것이다')의 옳음을 보장하지 못한다. 그러므로 과학의 방법을 귀납의 원리로 말하는 것은 설득력이 없다. 그렇다고 귀납주의가 폐기된 것은 아니다. 다만 귀납의 방법이 근대과학의 확실한 연구 방법이라는 믿음이 더 이상 유지되기 어렵게 되었을 뿐이다. 현재에도 귀납주의를 지지하면서 그 보완 작업을 하는 연구자들이 있다.

칼 포퍼(K. Popper)는 1934년의 저서에서 귀납주의가 가진 이론상의 문제점을 지적하고 그 대안으로 반증주의를 제시하였다. 반증주의는 어떤 진술이 과학명제가 되려면, 그 진술이 과학명제가 될 수 '없는' 조건들이 제시되고 이 조건들을 충족시키는 증거가 아직 제시되지 않은 진술을 과학명제로 취한다는 입장이다. 예를 들어 반증주의에 의한다면 '시속 80km로 달리던 자동차가 급정거하였을 때 5m 안에서 멈추는 것은 불가능하다'는 진술은 과학명제이다. 왜냐하면 관성의 법칙과 속도 계산에 의해 물리학상으로 5m 내에서 제동이 가능하다는 계산이 산출되거나 실제의 실험에 의해 제동거리가 5m 이하인 사례가 제시된다면 이 진술은 틀린(false) 진술이 되는데, 아직까지 그런 물리학 계산이나 관찰·실험 사례가 제시되지 않고 있기 때문이다. 반증가능성(falsifiability)이란 틀릴 가능성의 입증을 뜻한다. 과학자의 진술이 과학명제가 될 수 있는 것은 '이러이러하면 그 진술은 틀린 진술이 된다'는 오류 가능성의 기준이 제시될 수 있기 때문이다. 이 기준이 제시되어 있지만 아직까지 이 기준을 만족시키는 증거가 제시되지 않았기 때문에 그 진술은 옳은(true) 진술로, 즉 과학명제로 인정받는다.

반면에 점성술사들의 진술은 흔히 '귀에 걸면 귀걸이 코에 걸면 코걸이'라 하듯이 진술의 정확한 의미가 모호하거나 그 진술의 참·거짓이 확인될 기준이 제시되기 어렵기 때문에 과학명제가 되기 어렵다. 예를 들어, '(당신에게) 조만간 물 건너가는 일이 생길 것이다'라는 진술은 과학명제가 될 수 없다. 이 사람에게 어떠한 현상이 발생하였을 때 이 진술이 '틀린 진술'이 될 수 있는지의 기준이 제시될 수 없거나 제시되기 어렵기 때문이다. 반증주의의 기준에 의하면 점성술사의 진술이나 과도한 관념론자들의 진술 등은 '틀릴 가능성'이 없다. 반증주의는 이와 같이 사이비(似而非) 명제들을 배척하는 기준으로서는 효력이 강하다. 반증주의가 비록 과학의 원리나 방법을 연구하는 이들에게 일종의 기폭제 같은 역할을 했지만, 귀납주의와 마찬가지로 반증주의 역시 한계를 갖고 있음이 드러나, 그 지지자들의 보완 연구가 계속되고 있다.

한편 근대의 과학 역사를 연구한 토마스 쿤(Thomas S. Kuhn)은 1962년의 저서 『과학혁명의 구조』에서 과학의 역사는 하나의 체계가 보완되면서 점진적으로 발전하는 것이 아니라 새로운 체계가 기존 체계를 대체하는 방식의 혁명의 역사라는 관점을 제시하였다. 새로운 체계는 개념, 방법, 측정 기준 등등에서 기존 체계와의 상호 보완이나 통약(通約)이 불가능하다. 기존 과학체계의 한계가 드러나고 확인되어가는 어느 시점에 새로운 체계가 기존 체계를 대체하는 패러다임(paradigm) 전환이 일어난다. 그러므로 과학의 역사는 합리성을 기반으로 계속해서 보완되고 진보하는 역사가 아니라, 연속성이 없이 한 번씩 체계가 완전히 바뀌는 혁명의 역사이다.

이상의 귀납주의와 반증주의 그리고 패러다임론이 초석이 된 셈이고, 이를 기초로 그 후의 연구는 매우 복잡하고 깊이 있게 진행되고 있다. 분명한 사실은 아직껏 근대과학의 방법이 무엇인지에 대한 정설(定說)이 제시되어 있지 않다는 점이다. 우리는 사실상 과학의 혜택 없이는 하루도 편안히 살기 어려운 생활을 하고 있고 그 혜택의 대부분은 근대과학의 성취에 의거한 것들이지만, 이렇게 위력적인 근대과학의 '방법'조차 확실하게 정립되어 있지는 않다는 사실도 알아두어야 한다.

과학자의 도덕성과 시민의 도덕 판단력

모든 과학에는 선과 악의 양면성이 있다. 의정불이의 관념으로 말하면, 과학은 '나'의 주체적이고 행복한 삶을 보조해주는 소중한 수단이고 환경 여건이다. '나'를 둘러싸고 있는 환경 여건의 많은 부분이 그러하듯이 과학 또한 내가 관리를 잘하여 선의(善意)로 활용하면 선의 결과를 낳지만 그 반대의 의도일 때는 악의 결과를 가져올 수 있다. 하나의 사례로 이해해보자. 아주 옛날에 계곡을 건너야만 들어갈 수 있는 마을이 있었다. 마을 사람들은 다리를 이용하지 않으면 외지로 나갈 수가 없었는데, 목재로 만든 다리는 나무재료의 부화 때문에 자주 교체 공사를 해야 하는 어려움이 있었다. 마을의 어느 의약 담당인(즉 과학자)이 연구 끝에 ○○나무에서 채취한 액체에 특정 광석을 갈아 얻은 물질을 가하여 나무의 부화를 방지하는 약품을 만들어냈다. 이 방부제를 사용함으로써 나무다리 공사를 하던 인력과 비용을 줄이게 되었다면 이는 선(善)이다. 반면에 그 의약 담당인과 몇몇 불선한 사람이 결탁하여 그 약품의 독성을 높인 극약을 개발하였고 이 독성 물질을 만약 자신들의 이권(利權)을 위해 사람들을 위협하거나 공격하는 수단으로 사용한다면 이는 악이다.

이 사례에서 추정할 수 있듯이, 마을의 의약 담당인(즉 과학자)에게는 높은 수준의 도덕성이 요구된다. 실제로 많은 사례들이 알려져 있다. 독일 나치의 반인륜적 폭정에 비판적이었던 아인슈타인은 과학자들이 미국정부에 원자폭탄의 개발을 촉구하는 서한을 보낼 때 서명을 했다. 그러나 후에 원자폭탄이 인류의 안전과 평화를 위협하는 것임을 알고는 후회하였고 핵전쟁 반대운동에 적극적이었다. 1945년 원자폭탄의 투하 이후로 원자핵 기술의 위험성을 절감한 일부 과학자들은 핵기술 연구에 반대하는 입장을 취했지만, 다른 과학자들은 원자핵 기술을 어떻게 사용하느냐의 문제는 사용자의 책임이지 과학자의 책임이 아니라는 입장을 취하거나 오히려 원자폭탄의 개발로 재래식 전쟁에 의한 희생자가 줄어들었다는 주장을 하는 등 여러 입장으로 나뉘었다.

원폭 개발을 찬성하는 과학자들과 반대하는 과학자들의 도덕 판단에 대해 '이쪽이 옳다'든가 '저쪽이 옳다'고 쉽게 단언하기는 어렵다. 그들의 '도덕함(도덕적 숙고)'에 귀 기울여야 하고, 우리 각자의 '도덕함'에 집중하는 것이 중요하며, 무엇보다도 이런 경청과 숙고의 훈련을 많이 쌓아두는 것이 중요하다.

논점을 '윤리'로 한정하고 그리고 '동양윤리'의 관점에서 조명해볼 때, 핵물리학 연구 또는 핵무기 기술 개발에 찬성하는 과학자들과 반대하는 과학자들은 각기 어떤 근거에 의해 그러한 판단에 이르렀을까를 생각해볼 수 있다. 서양윤리의 전통에 의한다면 이들 과학자들의 도덕 판단이 '최대다수의 최대행복'을 기준으로 숙고한 결과일 수도 있고, '네 의지의 격률(格律)이 언제나 동시에 보편적 입법의 원리가 될 수 있도록 행위하라'에 의한 것일 수도 있다.

동양윤리의 관점에서 말하면 다음과 같다. 그들 과학자들은 맹자(孟子)가 말한 사단(四端)이나 불인인지심(不忍人之心), 원효와 지눌이 말한 일심(一心)·진심(眞心)과 같이 모든 사람에게 공통된 선천적 선심(善心)을 갖고 있다. 이 선한 마음[善心]의 바탕 위에 과학자 개인별로 상황을 면밀하게 고려한 끝에 '이러저러한 과학지식 또는 과학기술을 위한 연구는 하지 않는 것이 중절(中節)의 선이다'는 판단에, 또는 그 반대로 '그 과학연구는 진행하는 것이 중절의 선이다'는 판단에 이른 것이 된다.

때로는 한 사람의 과학자가 동일한 사안에 대해 시간에 따라 도덕 판단을 달리 할 수도 있다. 예를 들어 식량 부족으로 인해 기아(飢餓)로 고통받는 나라가 있을 경우에는 곡물의 유전자 변형 연구에 찬성하던 과학자가 지구촌의 식량 부족이 문제가 되지 않게 되었을 때는 유전자 변형 연구에 반대하는 도덕 판단을 내릴 수 있다. 식물의 유전자 변형이 생태계를 교란시킬 위험성이 있고, 장기적으로는 인체에 유해할 개연성이 크기 때문이다.

도덕함의 최종 판단에는 반드시 절도에 맞는[中節], 즉 상황을 최대한 고려하는 숙고가 포함되어야 한다. 이 때문에 가령 '핵물리학이나 핵기술 연구에 반대하는 과학자는 모두 착한 사람이라거나 반대로 찬성하는 과학자는 모두 불선하다'는 식의 속단은 금물이다.

과학지식 및 과학기술에 대한 도덕적 숙고는 과학자에게만 부여되는 의무가 아니라 민주주의 사회의 모든 유권자들에게 부여되는 의무이기도 하다. 도덕과 교육에서 과학윤리가 중요하게 여겨져야 할 이유가 여기에 있다. 19세기까지의 군주(君主)체제에서라면 과학연구의 장려나 제한, 정부 지원의 확대나 축소 등등 모든 결정을 국가의 주인인 임금이 내려야 하지만, 현대 민주(民主)사회에서는 최종 책임이 사회의 주인인 국민에게 있기 때문이다. 민주사회의 유권자들이야말로 과학연구와 관련된 도덕 판단에 긴장을 놓아서는 안 된다. 그러므로 도덕 수업을 받는 학생들은 최대한의 훈련을 쌓아두어야 한다.

덧붙여 시민들의 과학윤리 판단력을 높이려는 노력과 관련하여 지식인 또는 전문가를 중요시해온 우리의 전통을 오늘에도 계승해야 함을 거론해두고자 한다. 중국 고대의 주요 학파들은 공통적으로 오늘날의 지식인 또는 전문가에 해당하는 현인(賢人)·현자(賢者)들의 사회적 활용을 강조하였다. 문명을 거부하고 무위자연을 주창한 도가(道家)는 예외라 하겠으나, 고대 중국의 주요 학파인 유가와 묵가와 법가 모두 전문가·지식인의 등용을 중요시했다. 그들은 공통적으로 나라의 흥망이 군주가 유능한 인재들을 어떻게 예우하고 활용하느냐에 달려 있다고 믿었다. 조선왕조는 선비, 즉 지식인들을 국가의 원기(元氣)로 존중하며 특별히 예우하는 정책을 폈다.

현대사회의 주인인 민주사회의 유권자들은 과학자뿐만 아니라 과학 정책이나 과학연구에 관해 전문지식을 가진 전문가들을 존중할 줄 알아야 한다. 과학에 관하여 국민 한 사람 한 사람이 다 잘 알고 있을 수는 없다. 그러므로 전문가들의 다양한 의견이 중요하다. 경계해야 할 점은 전문가들 중 일부가 특히 권력과 결탁하여 다른 전문가 집단을 억압하거나 배제하는 일이 없게 해야 하는 일이다. 전문가의 의견이 예컨대 찬성이나 반대 중 한쪽으로만 편향되어 있으면 그만큼 잘못된 결정에 이르기 쉽다. 가능한 사례를 들어 이해해보자. 어느 사회에서 해마다 홍수 피해로 흉작이 반복되었다. 원인은 마을 가까운 산들이 본래부터 나무가 없는 민둥산이었던 것은 아닌데, 땔감 부족 등으로 주민들이 계속 베어 가다 보니 점차 민둥산이 되어간 데 있었다. 그 사회의 전문가들 중에는 나무를 함부로 베어내지 못하게 하고 식목 사업을 확대해야 한다고 주장하는 사람들이 있었다. 그러나 그 사회는 1당 독재체제의 사회였기에 한쪽의 전문가 의견만이 허용되었다. 그 결과 해마다 홍수 피해를 겪고 흉작이 반복되는 결과를 가져왔고, 종국에는 주민 중에 굶는 사람들이 나오기까지에 이르렀다. 선의 과학을 위해서는 전문가들의 견해가 중요하고, 특히 이쪽저쪽의 다양한 견해를 경청할 줄 아는 것이 중요하다.

음양오행설의 상식

19세기 말에 근대과학이 본격적으로 수용되기 시작하기 전까지의 동양사회에서는 거의 대부분의 과학적 설명체계가 음양오행설(陰陽五行說)에 기초를 두고 있었다. 음양오행설이 일반화된 것은 한대(漢代: 기원전 206-기원후 220년)부터이다. 한국에 유교와 불교가 수용된 것은 삼국시대부터이므로 늦어도 통일신라(668-918년)시대 이전에는 한국사회에도 음양오행설이 일반화되어 있었을 것으로 말할 수 있다.

현대인의 삶에서 근대과학이 위력을 발휘하고 있는 것이 사실이지만, 현대사회에서 음양오행에 기초한 설명체계가 사라진 것은 아니다. 박물관에서나 찾아볼 수 있을 낡은 유물이 된 것은 아니고, 잘 살펴보면 오히려 현대인의 삶에서도 여전히 일정한 역할을 하고 있다. 대표적인 분야가 한의학(韓醫學)이다. 그 외에, 대형 공연이나 문화·예술 등의 방면에서도 음양오행에 기초한 행사나 작품들을 볼 수 있다.

시중에는 의과대학에 뿌리를 두는 병원들 외에 한의과대학에 연원을 두는 한의원들이 있다. 서양의학도 한의학도 각각 하나의 과학체계이다. 아팠을 때 우리는 서양의학을 수련한 의사가 있는 병원에 먼저 가보는 것이 보통이다. 하지만 서양의학에 인류의 모든 의학지식과 치료법이 포함되어 있는 것은 아니다. 서양사회에서는 그들 전통의 의학(즉 서양의학) 외의 체계를 '대체 의학'이라 부른다. 우리가 말하는 한의학이나 중국의 중의학[中醫] 등은 서양사회에서 '대체 의학'에 속한다. 근년의 추세는 우리가 예상하는 것보다 훨씬 많은 예산을 투자하고 있고 적극적인 것으로 알려져 있다. 서양인들은 눈부신 발전을 이루어내고 있는 자기들 전통의 의학에 대해 신뢰하고 자긍심을 갖고 있지만 서양의학을 유일한 의학체계로 간주하지는 않는다. 서양의학으로 치료가 안 되는 병은 언제든지 다른 체계에 의해 치료할 준비가 되어 있다고 말할 수 있다. 이처럼 서양인들이 다양한 과학체계를 용인(容認)하는 것은 장차 우리 사회가 취해야 할 방향이기도 하다.

여전히 음양오행을 활용하는 한의학이 서양의학과 병존(竝存)하고 있는 현실에서 유추할 수 있듯이, 우리 한국인에게 '현대과학'이란 근대과학의 체계들뿐만 아니라 현대물리학의 이론들, 한의학 등등 여타의 과학체계들까지 포괄하는 개념이어야 한다.

과학의 윤리 면을 생각하는 우리에게는 본래부터 선한 과학이 따로 있고 악한 과학이 따로 있는 것이 아니라 어느 과학체계든 선이 될 수도 있고 악이 될 수도 있음을 새겨두는 일이 중요하다. 핵물리학과 원자핵 기술을 인류가 어떻게 활용하느냐에 따라 선의 과학이 될 수도 있고 악의 과학이 될 수도 있듯이, 음양오행에 기초한 이론이나 기술도 선의 것이 될 수도 있고 악의 것이 될 수도 있다.

음양설은 세계의 현상들을 음(陰)의 기운과 양(陽)의 기운의 상호 작용으로 설명하는 것이고, 오행설은 수(水)·화(火)·목(木)·금(金)·토(土) 다섯 가지 기운의 상호 작용으로 설명하는 것이다. 음양과 오행은 모두 기(氣)이고, 이것을 '기운 기'라 읽는다. '기운[氣]'이란 현대 개념으로는 '속성(성질)'·'힘(에너지)'과 통한다. 음양과 오행이 각기 따로 존재하는 것은 아니다. 음양은 세계를 구성하고 있는 질료이자 운동 변화의 힘(에너지)인 모종의 기운을 둘로 나누어 말하는 것이고, 오행은 다섯 가지로 나누어 말하는 것이다. 음양과 오행을 하나로 통합하여 말할 때는 일기(一氣)라고도 한다. 음양오행과 관련된 언급이 나오면 다음 음양오행설의 기초 개념 표를 활용하여 이해해두자.

仁(인)	義(의)	信(신)	禮(예)	智(지)
東(동)	西(서)	中(중)	南(남)	北(북)
春(춘)	秋(추)		夏(하)	冬(동)
木(목)	金(금)	土(토)	火(화)	水(수)

표의 가운데에 위치하는 신(信)·중(中)·토(土)는 기본이 되는 것으로 간주되어 생략할 수 있다. 조선조 한양의 사대문(四大門)에 적용해 보면, 숭례문(崇禮門)은 남쪽 문이고, 흥인(지)문(興仁(之)門)은 동쪽 문, 돈의문(敦義門)은 서쪽 문이다. 북쪽 방향에 홍지문(弘智門)이 있기는 하나 북쪽 방향에 대해서는 본래 모호한 면이 있어서 명확하지 않다. 사대문의 중앙에는 보신각(普信閣)이 위치하고 있다.

음양(陰陽)사상과 오행(五行)사상은 본래는 상호 별개의 연원(淵源)을 갖고 있었다. 처음에는 유가나 도가 등의 특정 학파와는 관계없이 독자적 관념으로 각기 보완되어오다가 춘추전국시대인 기원전 3세기 후반 무렵에 추연(鄒衍)에 의해 음양설과 오행설이 결합되어 음양오행설(陰陽五行說)이 정립된 것으로 알려져 있다(孫廣德, 1994: 44). 추연은 대체로 맹자와 동시대의 인물로 추정되지만, 공자의『논어』는 물론이고『맹자』에도 어느 정도 철학 개념으로 정립된 용법의 '음'·'양' 개념은 아직 등장하지 않는다. 이것으로 볼 때 유가 및 도가 등 기존 학파의 지식인들이 음양오행설을 적극 수용하면서 자신들 사상의 일부로 활용하고 발전시키기 시작한 것은 추연 이후의 일로 추정된다. 대체로 한대(漢代)에 이르면, 어느 학파의 지식인이 되었든 관계없이 음양오행설을 자신들의 학설로 활용하였다. 기원 전후 무렵에 전래된 것으로 추정되는 불교 역시 일정 시간이 지나면서는 음양오행설을 활용하게 된다.

요컨대, 19세기에 서구의 근대과학이 전래되기 이전의 약 1천 년 이상의 기간 동안 우리 선조들은 음양오행설 또는 음양오행에 의거하는 각 분과(分科) 지식을 그 시대의 '과학'으로 활용하였다.

사물들의 현상을 음양 또는 오행으로 설명하는 것은 근대과학의 화학이 103개의 원소를 근거로 이론화되고,[1] 물리학이 몇 가지 기본적인 물리법칙에 의거하고 있는 구조와 유사하다. 그러나 음양오행설과 근대과학 간에는 근본적인 간격이 있다. 근대과학이 개방적인 반면에 음양오행설은 폐쇄적이다. 폐쇄적이란, 예컨대 음양설에 음과 양 외의 제3의 것이 추가될 가능성이 전혀 없으며, 마찬가지로 오행설에 여섯 번째의 기운이 추가될 가능성이 없음을 뜻한다. 세계의 어떠한 현상이든 두 가지 또는 다섯 가지 힘 간의 상호 작용으로 설명된다. 반면에 근대과학의 화학 원소는 현재 118번까지 인정되어 있지만, 앞으로 119번째, 120번째… 의 원소 발견이 가능하다. 물리학의 법칙들도 기존의 법칙들과는 변별되는 법칙이 발견될 가능성이 열려 있다.

그런데 폐쇄적 이론체계와 개방적 이론체계 중 어느 것이 더 설명력을 갖는지의 우열은 단언할 수 없다. 어느 누구도 이들 체계의 특성만을 놓고는 우열을 말할 수 없다. 더욱이 어느 쪽이 선(善)인지 그렇지 않은지가 본래부터 정해져 있다는 식의 접근은 언급조차 할 수 없는 일이다.

IV. 사람의 본성과 동물의 본성은 같은가 다른가

인간과 자연 사물 간의 관계

우리 선조들은 사람과 자연계의 사물들로 구성된 이 세계의 근원을 '천지(天地)'로 설정하여 사고하였다. 이 하늘[天]과 땅[地]으로부터 사람을 비롯하여 모든 사물들이 나왔으며, 각 사물은 하늘과 땅 사이에 존재하다가 생명을 마친다. 만물의 근원으로서 천지를 설정하는 이 관념은 후에 철학적 사유가 발전함에 따라 크게 두 노선으로 전개된다.

하나는 천지만물의 주관자로서 신령스러운 존재를 믿는 민간신앙이다. 전통사회에서 마을 사람들이 성황당이나 당산나무 앞을 지날 때 경건한 마음으로 소원을 빌고서 지나갔던 것은 천지만물을 주관하는 신령스러운 존재를 믿었기 때문이다. 일종의 초자연적 존재에 대한 외경(畏敬)의 표시이다. 오늘날에도 농부가 들에 나가 식사를 하거나 새참에 약주를 마실 때 또 어부가 배를 타고 바다에 나가 일을 하다가 식사를 할 때 먼저 밥 한술을 주변에 던지거나 또는 약주 조금을 뿌리는 고수레를 행한다. 이것 역시 천지신명에게 감사하는 마음 또는 희망을 기원하는 의식(儀式)이다.

다른 하나는 하늘로부터 형이상의 도리(道理)를 품부받고, 땅으로부터 형이하의 질료와 에너지를 품부받는 것으로 설명하는 이기철학(理氣哲學) 사상으로 전개된다. 하늘로부터는 형이상자인 인의예지의 성(性)·리(理)를 품부받고, 땅으로부터는 형이하자인 음양오행의 기(氣)를 품부받아 사람 및 동물·식물·광물 등 자연계의 사물들이 존재하게 된다. 율곡의 『성학집요(聖學輯要)』에 이렇게 서술되어 있다.

하늘[天]이 음양오행의 운동 변화 중에 만물을 낳는데, 음양오행의 기(氣)로 형체를 이루는 이 과정 중에 마치 명령을 내리듯이 리(理)도 같이 부여된다. 이렇게 해서 사람[人]과 사물[物]이 생겨날 때 각기 품부받은 리에 의거하여 건순(健順)과 오상(五常)의 덕을 갖추게 되는데, 이것이 '성(性)'이다(『성학집요』, 「제일통설(第一統說)」편).

옛 문헌에서 때로 부모(父母)를 대표하여 '부(父)'라 이르고 자녀(子女)를 대표하여 '자(子)'라고 이르듯이, 여기의 '하늘[天]'은 천지(天地)를 대표하는 명사이다. 하늘이 사람과 사물을 낳는다고 할 때의 '사물[物]'은 인류를 제외한 동물·식물·광물 등을 망라한다. 논의의 편의상 우리는 동물을 '사물'의 대표로 말해보자. 건(健)은 '양(陽)의 리', 순(順)은 '음(陰)의 리'를 지칭하고, 인의예지신(仁義禮智信)의 오상은 오행과 짝을 이룬다.

요컨대, 사람과 동물이 모두 천지로부터 음양의 기와 건순의 리, 또는 오행의 기와 오상의 리를 품부받아 이 세상에 존재한다. 이때의 리(理)가 성(性)이니, 사람과 동물이 공히 인의예지신의 성을 구비하고 있다는 결론이 도출된다.

이기철학과 민간신앙의 어느 쪽이 되었든 자연계의 동식물을 함부로 대해서는 안 된다는 도덕적 의무는 동일하다. 이기론에 따를 때 '나'는 천지 사물과 인의예지의 성(性)을 공유(共有)하므로 그 사물들을 함부로 대할 수는 없는 일이다. 또한 천지신명이 주재하고 있고 지켜보고 있음을 알면서도 자연계의 사물을 훼손할 수는 없는 일이다. 이런 자연관 때문에 우리 선조들은 자연계의 동식물에 대해 필요한 만큼만 취하는 절욕(節慾)의 삶을 추구했다. 예를 들어 그물로 물고기를 잡을 때 새끼 물고기까지 잡히는 촘촘한 그물을 사용하지 않았고, 산란기에는 생물을 포획하지 않았다.

인류는 먹고 마시는 생리적 수요에서부터 집을 짓고 주택에서 편안히 주거하고 자동차나 기차 등 탈것을 타고 편리하게 이동하는 것에 이르기까지 자연계의 사물들을 이용하지 않을 수 없다. 하지만 우리 선조들에게는 유럽의 근대인들이 이른바 '아는 것이 힘이다'는 기치 아래 자연계에 대한 지식을 넓혀 인류의 행복을 증진하는 데 자연 사물을 최대한 이용할 것을 지향했던 그런 사고방식은 없었다. 대표적으로 이른바 '난개발'이라 불리는 폐단은 이 근대의 자연관에서 초래된 것으로 추정할 수 있는데, 21세기의 우리는 두 가지 점에 초점을 두고 윤리적 반성(反省)을 거듭해가야 한다. 하나는 근대 이후로 자연계에 대해 '아는 것이 힘이다'는 식의 원리를 적용해온 서양인들이 20세기 이래 그 병폐와 해악을 심각하게 우려하여 많은 조치와 다방면의 노력을 해오고 있다는 사실이다. 그리고 이와는 다른 한편으로 한국의 우리는 자연계 자체에 대해 경외심을 갖고 있었으며 불가피하게 자연계의 사물들을 이용할지라도 과도한 이용은 자제하였던 선조들의 관념을 되새겨봐야 한다. 예를 들어 산에 들어가 벌목하는 인부는 반드시 술 등을 준비해가 나무에 헌주(獻酒)하고 절을 한 후에 나무에 톱을 대었다. 이 전통은 기계톱이 등장한 이후에도 계속 이어지고 있다. 우리는 이런 자세로부터 인류가 비록 건축 등 필요에 의해 나무를 베기는 하지만, 그것은 자연계의 동의를 받아 필요한 만큼만 활용하겠다는 사상을 전제로 하는 것이었음을 읽어낼 줄 알아야 한다.

자연계에 대한 이상의 윤리적 태도를 순천절물(順天節物)의 관념으로 요약할 수 있다. 유감스럽게도 필자는 아직 윤리교육계에서 대체로 '자연에 순응하며 절도에 맞게 자연 사물들을 대한다'의 맥락으로 쓰이고 있는 이 '순천절물'의 출전을 확인하지 못했다. 아마 도가사상 또는 유·불·도에 정통한 20세기의 어느 연구자가 제시한 개념이 아닐까 추정하고 있다. 동양의 윤리사상 전통에서 '천(天)'은 크게 두

가지 용법으로 쓰인다. 하나는 자연계를 지칭하는 용법이고, 다른 하나는 인의예지를 내용으로 하는 형이상의 천도(天道)·천리(天理)를 지칭하는 용법이다. 『주역』의 혁괘(革卦)에 나오는 '순천응인(順天應人: 天命에 따르고 人心에 부응하다)'의 '천'은 천도·천리를 가리키고, 순천절물의 '천'은 자연계를 지칭한다. 한편 '천인합일(天人合一)'의 '천'은 현재 윤리교육계에서는 천지자연을 지칭하는 용법으로, 철학계에서는 주로 형이상의 천리를 지칭하는 용법으로 쓰이고 있다. 전자에서는 천인합일이 자연계와 인간의 조화를 의미하고, 후자에서는 사람의 행위가 천명(天命)의 도덕본성을 구현함으로써 천리와 사람이 하나가 된 경지를 가리킨다.

사람은 자연계의 일부이면서 동시에 유일하게 도덕 의무를 갖는 존재이다. 도덕 행위의 주체는 자연계에서 오직 인류뿐이다. 여기에서 인류의 특수한 지위가 드러난다. 이 때문에 사람을 물(物: 사물)에 포함하여 논의하는 논법과 따로 인(人) 개념을 설정하여 물(物)과 대조하면서 논하는 두 가지 논법이 있게 되었다. 예컨대 격물치지(格物致知)의 '물'이나 만물일체(萬物一體)의 '물'은 사람을 포함하여 동물·식물·광물 등 모든 존재물을 포괄한다. 반면에 인물성동이(人物性同異)나 인물지생(人物之生: 사람과 사물의 생성)의 '물'은 사람을 제외한 모든 존재물을 지칭한다. 이처럼 세계를 구성하는 존재물들 가운데 따로 사람만을 분리하여 논의했던 이유는 무엇인가? 인류가 자연계의 일부이면서 동시에 유일하게 도덕행위를 할 수 있는 주체이기 때문이다.

이런 연유로 동아시아의 윤리사상 역사에서는 도덕의 근거인 인의예지를 사람과 동물이 공유하는지 아니면 사람만이 가졌는지가 논의되는 일이 있었다. 그러다가 최초로 이 논제가 정식화되어 '같다'는 입장의 지식인들과 '다르다'는 입장의 지식인들이 나뉘어 논변을 전개하는 일이 조선조 학계에서 일어난다. 이것이 인물성동이 논변이다.

조선조 인물성동이 논변의 윤리적 의의

조선조의 18세기 초에 '사람의 본성(human nature)과 동물의 본성(animal nature)은 같은가 다른가'를 놓고 일군의 지식인들 사이에 일대 논변이 일어났다. 이 논제를 과거에는 '인물성동이 논변(人物性同異論辯)'이라 불렀는데, 그대로 부를 수도 있고 '인성'과 '물성'으로 구별하여 '인성물성동이 논변(人性物性同異論辯)'이라 부를 수도 있다. 이 논제를 포함한 18세기 초의 호락논변(湖洛論辯)은 16세기의 사단칠정 논변(The Four-Seven Debate)과 더불어 조선조의 양대(兩大) 논변으로 평가된다.

'성품 성'으로 읽히는 '性'은 '성품'으로 번역되기도 하나 철학 논의에서는 보통 '본성'으로 번역된다. 맹자의 성선설(性善說)과 순자의 성악설(性惡說) 이래 동아시아의 인성론(人性論. theories of human nature) 역사에서 '성'은 크게 도덕본성과 자연본성의 두 부류로 나뉜다. 유교의 윤리사상가들이 말하는 인의예지(仁義禮智)와 불교의 윤리사상가들이 말하는 불성(佛性) 등은 선행(善行)의 원천이 되는 도덕본성이다. 이 본성의 구체적 발현이 심(心) 또는 정(情)인데, 이 마음을 그대로 실천하면 선한 행위가 된다. 반면에 식색(食色)의 본성(식욕과 정욕의 본성)이나 이목구비(耳目口鼻)의 본성 등은 인간이 자연계의 동물들과 공유(共有)하는 자연본성이다.

18세기 초의 인물성동이 논변에서 두 입장(사람의 본성과 동물의 본성은 같다는 입장과 다르다는 입장)의 핵심 논점이 되는 것은 도덕본성이다. 견해가 나뉘는 관건은 동물·식물·광물 등의 사물들에도 인의예지의 도덕본성이 선천적으로 온전하게 부여되어 있다고 보느냐 그렇지 않다고 보느냐의 차이에 있다. 물론 단순하게 '나는 인성과 물성이 같다고 본다'거나 '나는 다르다고 본다'는 택일의 문제가 아니고, 각 명제를 뒷받침해주는 철학적 근거를 무엇으로 제시하느냐에 따른 매우 복잡하고 심오한 이기심성론(理氣心性論)과 연결되어 있다.

이 논변의 이해에 앞서 먼저 불교의 관점을 짚고 가자. 불교에서는 모든 생명체를 '중생(衆生)'이라 부른다. 이 한 가지 개념만 보아도, 통일신라와 고려시대를 거치면서 우리 민족의 도덕심에 깊이 자리 잡고 있는 불교 전통에 따르면 사람의 본성과 동물의 본성은 다르지 않다. 불교계의 성직자들과 신도들이 육식을 금하는 주요 근거 중의 하나는 사람과 동물이 중생으로서 불성(佛性)을 공유한다는 점이다.

유교의 전통에서는 인성과 물성의 동이(同異)가 확정적이지 않았다. 공자·맹자·순자 등의 사상가들이 활동한 선진(先秦)시대에는 사람들로 구성된 인간 사회의 안정과 평화 문제가 최우선이었기 때문에 윤리사상의 주요 관심이 동·식물 등의 자연 사물에까지 미치기는 어려웠다. 도덕 인격의 완성과 관련하여 윤리 주체가 자연 사물에 대해 지녀야 할 관념이 없었던 것이 아니라, 본격적으로 논의할 여유가 없었다고 할 수 있다. 『맹자』에는 먼저 부모에게 친하게 하고[親親] 다음에 백성들에게 인(仁)을 베풀고[仁民] 그 다음에 생물들을 아낀다[愛

物는 맹자의 발언이 있고(『맹자』,「진심상(盡心上)」편),『중용』제25장에는 도덕 실천이 자아의 완성[成己]에 그쳐서는 안 되고 사물의 완성[成物]에까지 미쳐야 함을 말하고 있다. 비록 순서와 차등을 설정하고 있긴 하지만, 고대에도 자연 사물에 대한 관념은 분명하게 제시되어 있었다. 중국 송대에 새롭게 정립된 신유학(Neo-Confucianism), 즉 성리학에 이르면 '이기동이(理氣同異)' 문제라 하여 이 인물성동이 논제를 본격적으로 다룬다. 하지만 중국의 사상 역사에서 이 논제는 이기심성론상의 한 항목으로 거론되는 정도에 그쳤다. '같다'는 견해의 동론(同論)과 '다르다'는 견해의 이론(異論)의 지식인들이 나뉘어 논변을 전개한 것은 18세기 조선조의 사례가 최초이다.

인물성동이 논변에서는 사람의 본성과 동물의 본성이 같다는 동론(同論)과 다르다는 이론(異論)의 학자들이 다 같이 중국 송대에 새롭게 정립된 신유학의 세계관과 가치관을 공통 기반으로 한다. 결국 같은 성리학자이면서도 어떤 논리적 근거에 의거하느냐에 따라 동론과 이론으로 나뉘는 것이 된다.

이 세상의 모든 존재물은 하늘로부터 인의예지의 리(理)를 부여받아 존재한다. 인의예지의 리는 사람에게나 동물에게나 그것의 본성으로 내재한다. 이것을 두고 "하늘이 명령한 것을 '성'이라 이른다(『중용』제1장)."라고 말한다. 이렇게 보면 인간의 본성과 동물의 본성은 같다는 '동론'의 결론이 예상된다.

그런데 '같지 않다'는 이론(異論)의 논리는, 하늘이 인의예지의 리를 명령으로 내릴 때 명령을 내려주는 입장에서 말하면 차이가 없지만 그 리를 받는 품수자(稟受者) 측에서 이미 사람과 동물 간에 차이가 있기 때문에 인(人)과 물(物)에 담기는 성(性) 또한 동일할 수 없다는 것이다. 다시 말해서 하늘은 사람과 동물에게 동등하게 인의예지의 리를 부여하지만, 사람과 동물 간에는 이미 기질(氣質)상에 차이가 있기 때문에 기질 안에 담기는 인의예지의 성이 같을 수 없다는 논리이다. 인성과 물성이 다르다는 말은 사물에는 인의예지의 성이 없다는 뜻은 아니고, 동물에게도 갖추어져 있기는 하나 온전한 상태가 아니라는 뜻이다.

이런 질문을 할 수 있다. "그럼 주희성리학에서는 결론이 동론인가, 이론인가?" 주희성리학을 비롯하여 중국의 성리학계에서는 이 둘 중의 어느 한쪽 결론을 도출해낸 일이 없다. 조선조 18세기의 인물성 동이 논변이 동양윤리사상의 역사에서 갖는 소중한 가치와 의의가 여기에 있다.

동론과 이론의 최종 지향점은 다르지 않다. 두 진영 모두 우주 자연의 존재물들 가운데 인류만이 유일하게 윤리 주체이고 그러므로 도덕적 책임이 막중하다고 믿는 점에서는 차이가 없다. 다만 이론(異論)에 의하면, 인간과 동물은 인의예지의 성을 갖춤에서부터 이미 사람은 온전하게 구비하고 있는 반면에 동물이 갖고 있는 인의예지의 성은 변질되어 있거나 부족한 상태이기 때문에 윤리 주체로서의 지위에서 동물은 이미 인류와 차별된다. 그러므로 인류는 도덕적 자존심을 갖고서 도덕 구현의 책임을 다해야 한다.

반면에 동론에 의하면, 성리학의 이기심성론상 사람과 동물은 동일한 인의예지의 성을 구비하며, 다만 동물은 동물의 기질이 갖고 있는 선천적 한계(제약) 때문에 도덕 행위를 할 수 있는 가능성을 갖지 못할 뿐이다. 그러므로 인류 구성원은 각자 유일하게 도덕 본성을 구현할 수 있는 존재임을 철저하게 자각하여 인류의 구성원으로서 갖는 도덕적 소임을 다해야 한다.

인성과 물성의 같음을 주장하는 진영과 다름을 주장하는 진영이 각기 인류의 도덕적 책임을 강조한다는 점이 흥미롭다. 오늘의 우리가 되새겨 유념해야 할 점이기도 하다. 인물성동이 논변은 윤리사상의 이론적 근거에 의거한 소중한 논변 사례이다. 논변에 참여한 선조 지성인들의 정신을 이어, 우리는 예컨대 도덕 수업 시간에 인류가 동물·식물·광물 등의 자연 사물들에 대해 어떤 윤리적 태도를 가져야 하는가, 또는 어떤 윤리적 의무가 있는가에 관해 생각해보고 서로 의견을 교환하면서 토의해볼 가치가 있다. 실은 우리에게 이 공부는 긴요한 과제이기도 하다. 예를 들어, 제대로 된 지성인(知性人)이라면, 날마다 산더미처럼 쌓이는 쓰레기에 대해 구체적으로 알면 알수록, 생각하면 생각할수록 큰 근심의 무게에 짓눌리는 것이 정상이다. 날마다 저토록 쌓이는 쓰레기를 지구촌은 장차 어떻게 처리할 것인가? 내가 사라진 먼 훗날의 일이니 일단은 안심해야 할까? 다음의 두 사례에 대해서도 숙고하고 토의해보자.

『논어』, 「향당(鄕黨)」 편에는 어느 날 퇴근한 공자가 집안사람들로부터 마구간에 불이 났다는 화재 소식을 전해 듣고 "사람은 다치지 않았느냐?"라고 물었다는 일화가 실려 있다. 공자가 다른 어떤 가치보다도 사람을 최우선으로 여겼다는 의미로 인용되는 고사(故事)이다. 공자 시대에나 지금 시대에나 마구간의 주인 또는 책임자가 된 사람 중에는 적지 않은 사람들이 이 경우에 사람의 피해보다 비싼 말에 어느 정도 손해가 났는지 건물을 다시 지으려면 비용이 얼마나 들지 등의 재산 손실 규모를 먼저 궁금해 하는 성향이 있는 것 같다. 공자는 재산 손실이나 말의 손상에는 괘념치 않고 오직 사람의 피해 여부에 대해서만 관심을 두었다는 일화이다.

공자의 이 말을 비판하는 의견이 있다. "어찌 사람만 다치지 않았느냐고 묻고 말은 다치지 않았느냐고 묻지 않았는가?"라는 반론이다. 사람의 생명만 소중한 것이 아니라 말의 생명도 소중하다는 신념에서 나온 이견(異見)이다. 그런데 여기서 더 나아가 이 비판에 대해 사람과 말뿐만 아니라 마구간 옆의 나무들은 무사한지, 마구간 마당의 잔디가 화상을 입지는 않았는지에 대해서도 물었어야 한다는 비판도 가능하다. 이 세 관점은 각각 그 무엇보다도 인간의 생명이 가장 소중하다는 가치 기준, 사람의 생명뿐만 아니라 동물의 생명도 소중하다는 가치 기준, 더 나아가 동물의 생명뿐만 아니라 식물의 생명도 소중하다는 가치 기준의 표명이라 할 수 있다. 이런 여러 관점들 중 어느 관점이 도덕적으로 옳은지를 단언하는 것은 무리이다. 다만 이런 논제로 숙의하는 '도덕함'의 연마가 필요하고 가치 있음에 대해서는 우리 모두 강조해두어야 한다.

사철 푸른 소나무도 한겨울에 내리는 눈이 가지에 쌓이고 또 쌓이면 한계에 이른다. 눈의 무게를 이기지 못하여 가지가 부러지거나 줄기가 꺾이는 것을 '설해목(雪害木)'이라 한다. 눈이 많이 내린 날이면 깊은 산속 산사(山寺)의 승려들은 설해목의 비명에 잠을 설치는 일이 많다고 한다. 눈이 쌓인 산길을 가다 보면 이렇게 줄기가 꺾이거나 가지가 부러진 나무를 보게 된다. 그 추운 겨울날 노란 속살이 드러나 있고, 가까이 가보면 송진이 흐르고 있다. 우리 선조들은 유·불·도를 막론하고 수양공부를 하는 학인(學人)이라면 이 장면에 처했을 때 발걸음을 멈추지 않을 수 없고, 마음 아파하지 않을 수 없다. 현대사회에서도 도덕 교육의 최고치는 이 '마음'에 이르는 것이다.

1   현재 화학분야에서 공식화된 원소는 103개이고, 여기에 실험실에서만 발견 또
     는 확인 가능한 원소들로 104번부터 118번까지가 있다. 103개 원소 중에서도
     숫자가 높은 번호일수록 자연 상태에서는 그 존재의 확인이 어려운 것들이라
     고 한다.

:: 참고문헌

김기현(2018), 「선심의 선과 중절의 선—사단칠정 해석 분기(分岐)의 제1원인
　　—」, 『栗谷學硏究』 제37집, 栗谷學會.

김기현(2004), 「외암과 남당의 미발론이 갖는 도덕철학상의 배경」, 『東洋哲學
　　硏究』 제39집, 東洋哲學硏究會.

김명진·EBS <동과 서> 제작팀(2008), 『동과서』, 서울: 위즈덤하우스.

김영식 편역(1994), 『중국 전통문화와 과학』, 서울: 창작과비평사.

김영식(2005), 『주희의 자연철학』, 서울: 예문서원.

박성래(1999), 『한국사에도 과학이 있는가』, 서울: 교보문고.

사중명, 김기현 역(1998), 『유학과 현대세계』, 서울: 서광사.

孫廣德(1994), 『陰陽五行說的政治思想』, 臺北: 臺北商務印書館.

앨런 차머스, 신일철·신중섭 역(1985), 『현대의 과학철학』, 서울: 서광사.

야마다 케이지, 김석근 역(1992), 『朱子의 自然學』, 서울: 통나무.

야부우치 기요시, 전상운 역(2014), 『중국의 과학문명』, 서울: 사이언스북스.

앤더슨 외, 양성만 역(1993), 『哲學과 人文科學』, 서울: 문예출판사.

은정희 역주(2002), 『원효의 대승기신론소·별기』, 서울: 일지사.

전상운(2000), 『한국과학사』, 서울: 사이언스북스.

조셉 니덤, 콜린 로넌 축약, 김영식·김제란 역(2000), 『중국의 과학과 문명:
　　사상적 배경』, 서울: 까치.

최영진(1998), 「人物性同異論의 生態學的 解釋」, 『儒敎思想硏究』 제10집, 한국유
　　교학회.

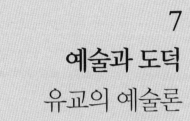

7
예술과 도덕
유교의 예술론

이우진 (공주교육대학교 교육학과 교수)

7
예술과 도덕
유교의 예술론[1]

I. 음악의 신 건달(乾達)을 아십니까?

'건달'이라고 하면 으레 그렇듯 '하는 일도 없이 빈둥빈둥 놀거나 게으름을 피우는 난봉꾼' 아니면 '폭력을 휘둘러 나쁜 짓을 일삼는 사람 이른바 깡패(gang)'를 떠올릴 것이다. 하지만 건달은 본래 그런 의미를 지닌 용어가 아니었다. 놀랍게도 건달은 '불교에서 음악을 담당하는 신(神)'인 '간다르바(gandharva)의 한자 음역어인 건달바(乾闥婆)'에서 유래한 용어이다.[2] 건달바의 거주지는 수미산(須彌山)의 남쪽 금강굴에 있는 나무향기와 꽃향기로 둘러싸인 곳이다. 수미산은 세계의 중심에 솟아 있다는 상상의 산으로, 그 꼭대기와 중턱에는 불법(佛法)을 수호하는 '제석천(帝釋天)'과 '사천왕(四天王)'이 살고 있다. 건달바는 이들보다 서열이 낮지만, 그는 부처가 설법을 할 때면 언제나 하늘을 날아와서 불법을 찬양·수호하는 노래와 춤을 추는 불교예술의 최고

신이다. 그는 다른 음식은 먹지 않고 오직 향기[香]를 먹고 산다. 그리하여 '향신(香神)' 또는 '식향(食香)'으로 한역(漢譯)되기도 하였다. 정리하면, 건달바는 '공중을 날아다니며 향만을 먹는 불법을 수호하고 득도(得道)의 환희를 표현하는 음악의 신인 간다르바의 음차 번역어'이다. 어떠한『사전』에 건달바를 다음과 같이 정의한다.

건달바(乾闥婆): 산스크리트어인 간다르바(gandharva)의 음차 번역어.
<향신(香神)>, <식향(食香)> 등으로 한역(漢譯)하고 또 <건달바(揵達婆)>, <건달박(揵闥縛)>, <건답화(乾畓和)>' 등으로도 음차 번역한다.
1) 천상(天上)의 음악사(音樂師), 악신(樂神) 간다르바.
2) 중유(中有)의 신체.
인도 신화에서 간다르바는 옛날에 신들의 음료인 소마주(蘇摩酒)를 지키고 의약(醫藥)에 대단히 뛰어난 공중(空中)의 반신(半神)으로 여겨지고. 또 특히 여성에 신비적인 힘을 미치는 영적인 존재라고도 생각되고 있었으며, 후에 천녀(天女) 아프사라스(Apsaras)를 반려자로 하고 인드라(indra) 제석천(帝釋天)을 섬기는 천상의 악사(樂師)로 알려지게 되었다. 불교에서는 이 악사(樂師)이자 반신(半神)인 간다르바가 가신(歌神) 긴나라(Kimnara)와 함께 (불법을 지키는 여덟 신장인) 천룡팔부중(天龍八部衆)의 하나로 꼽히기도 한다. 한편 여성의 회임(懷妊)·출산 등에 관련되는 그 신비적인 힘 때문인지 윤회(輪回) 전생(轉生)에 반드시 있어야 할 영적인 존재로도 간주되어 육체가 없어진 뒤에 새로운 육체를 획득할 때까지의 일종의 영혼, 즉 <중유(中有)의 몸인 오온(五蘊)>을 의미하는 특수한 용법도 낳았다(中村元 外, 1989: 240; 진하게 한 표시와 문단 나눔, ( ) 안의 해설은 필자가 넣은 것임).

이에 따르면, 간다르바의 음차 번역어인 건달바는 이후 '중유(中有) 상태의 존재'라는 의미로까지 확장되어진다. 윤회(輪回)를 이야기하는 불교에서는 인간의 생애를 '본유(本有) – 사유(死有) – 중유(中有) – 생유(生有)'의 4단계로 설명한다. 여기서 '중유(中有)'는 '사람이 죽은 뒤 다시 환생하기까지의 49일 동안의 상태'를 말한다. '아무 일도 없이 공중을 떠다니며 앞으로의 생(生)이 어찌될지 모르는 불안정하고 불확실하며 존재'인 것이다. 어쩌면 이러한 '중유'로서의 건달바가 지닌 의미가 '하는 일도 없이 빈둥빈둥 놀거나 게으름을 피우는 사람'이라는 나쁜 의미로 변질되었는지도 모른다.

그렇다 할지라도 '공중을 날아다니며 향만을 먹는 불법을 수호하고 득도(得道)의 환희를 표현하는 예술의 신인 건달바'가 어떻게 '난봉꾼이나 깡패와 같은 불량한 존재'를 의미하는 용어로 변질되었을까? 이는 무엇보다도 불교사회였던 고려시대에서 유교사회인 조선시대로의 전환이라는 역사와 관련이 있다고 생각된다. 잘 알려져 있듯이, 조선의 건국세력은 유교 국가를 확립하는 데 불교의 이념과 가치들을 폄하하였다. 신진사대부들은 정도전(鄭道傳, 1342 – 1398)을 필두로 하여 불교를 신랄하게 비판하였다. 그들의 불교비판에는 심성론(心性論) · 윤회인과론(輪回因果論) 등과 같은 철학적 논의들도 있었지만, 그 중심에는 언제나 '인륜(人倫)을 중시하는 유교의 도덕 · 윤리적 기준'이 자리하고 있었다. 유학자(儒學者)들이기 보기에 '자신의 성불(成佛)의 위해 모든 인연(因緣)의 끈을 완전히 놓아야 한다'는 불교의 논의는 진정 터무니없는 주장이었다. 그들에게 출가(出家)를 주장하는 불교의 가르침은 '가족과 사회에서 관계하는 인간이란 존재의 본질적 속성을 왜곡'시키고 있는 것이었다. 그것은 '인륜을 파괴하는 가르침인 멸륜지교(滅倫之敎)'로서 '부모도 없고 임금도 없다는 무부무군(無父無君)'을 주장하는 가르침이었다. '무부(無父)'는 가족을 저버리는 것이고 '무군(無君)'은 사회를 저버리는 일로서 인간이 아닌 금수(禽獸)가 되자는 것이었다. 일찍이 맹자(孟子)는 양주(楊朱)와 묵적(墨翟)을 비판하면서 '무부무군(無父無君)'을 내세운 바 있다.

> 양주(楊朱)와 묵적(墨翟)의 주장이 천하에 가득 유행하고 있다. 그리하여 양주에 속하지 않으면 묵적에 속하게 되었다. 하지만 양주는 '위아(爲我)'를 주장하니 이것은 '무군(無君)'이고, 묵적은 '겸애(兼愛)'를 주장하니 이것은 '무부(無父)'이다. '무부무군(無父無君)'은 바로 금수(禽獸)이다. (중략) 양주와 묵적의 도(道)가 그치지 않으면 공자의 도가 드러날 수 없으니 잘못된 학설이 백성을 속여서 인의(仁義)를 막게 되는 것이다. 인의가 막힌다면 짐승을 데려다 사람을 먹게 하고 사람끼리 잡아먹게 하는 결과를 초래할 것이다. 내가 이런 결과를 근심하여 앞선 성인(聖人)의 도를 수호하고 양주와 묵적의 학설을 막으며, 방탕한 말을 추방하여 부정한 학설을 주장하는 자가 나오지 못하게 하려는 것이다(『맹자(孟子)』, 「등문공하(滕文公下)」 편).

유학자들에게 '무부무군(無父無君)'을 주장하는 이들은 모두 척결해야 할 이단(異端)이었다. 춘추전국시대에는 유교의 이단이 양주와 묵적이었다면, 불교가 전래된 이후에는 유교의 주적으로 불교가 자리하게 되었다. 유학자들은 맹자의 선례를 따라 '성인의 도를 수호하기 위해 이단사설의 방탕한 말을 추방'하고자 했다. 그들의 추방대상은 단순히 불교의 철학적·윤리적 논의들에 한정되지 않았다. 불교의 시·

음악·문학 등 예술의 전 영역도 추방의 대상이었다. 때문에 유학을 이념으로 하는 조선의 지식인들에게 '불법을 수호하는 음악의 신 건달바'도 비판의 대상일 수밖에 없었다. 특히 '가족과 사회에 근거를 두어야 한다고 믿는 유학자들'에게 '아무 일도 없이 공중을 떠다니며 앞으로의 생(生)이 어찌 될지 모르는 불안정하고 불확실하며 존재'인 건달바는 거부될 수밖에 없었을 것이다. 유학자들에게 모든 기준은 인륜이었다. 이른바 '무부무군(無父無君)'의 반대편에 자리하는 '가족·사회적 관계를 필연적으로 바라보는 유부유군(無父無君)'의 입장에서 모든 판단을 하였다.

예술도 마찬가지다. 유학자들의 사유에서 '예술을 위한 예술(L'art pour l'art)'을 표방하는 '예술지상주의의 입장'은 찾아보기 어렵다. 그들은 '미적 가치[美]'와 '도덕적 가치[善]'는 독립적이라 보지 않았다. '미적 가치는 도덕적 가치를 실현하는 데 기여할 때 의미가 있다'고 믿는 도덕주의의 입장에 유학자들은 서 있었다. 예술의 미적 가치보다는 예술의 사회적·교육적 기능에 주목하고 있었다. 이러한 그들의 사유가 바로 예악(禮樂) 사상으로 발현하였다.

이제부터 도덕주의의 입장에서 예술을 다루고 있는 유교의 사유를 탐색해보도록 하겠다. 그 출발은 유교의 시조(始祖)인 공자(孔子)의 예술론에 대해 고찰하고, 다음으로 그의 예술론을 계승·발전시킨 순자(荀子)의 예술론에 대해 논의하도록 하겠다. 마지막으로 공자-순자로 이어지는 유교 예술론을 집대성시킨 한(漢)나라 초기의 『예기(禮記)·악기(樂記)』에 대해 다루도록 하겠다. 사실 한대 이후에 제기된 유학자들의 예술론은 「악기(樂記)」에서 제시한 틀에서 거의 벗어나지 않는다. 신유학의 거장인 주희(朱熹)와 왕수인(王守仁)의 예술론도, 조선 실학의 집대성자인 정약용(丁若鏞)의 예술론도 「악기」의 변주곡이라고 해도 과언이 아니다. 이 글이 '공자-순자-악기'의 예술론으로 한정하면서 거창하게 '유교의 예술론'이라고 부제를 달 수 있었던 것은 그러한 이유이기도 하다.

II. 공자의 예술론: 인간다움[仁]의 실현 장치

공자는 딱딱한 사람이 아니었다. 다른 사람들과 함께 노래를 부르기도 했으며, 어떤 이가 노래를 잘하면 다시 한번 앙코르(encore)를 청하고 난 뒤, 다시 그와 함께 노래를 부르곤 했다(『논어(論語)』, 「술이(述而)」 편). 그의 삶에서 예술은 중요한 부분이었다. 공자는 자신의 포부에 대해 이렇게 말했다.

> 도(道)에 뜻을 두고, 덕(德)에 의거하며, 인(仁)에 의지하고, 예(藝)에서 노닐겠다(『논어』, 「술이」 편).

'참으로 인간다운 삶'이란 무엇일까? 공자는 '도(道)·덕(德)·인(仁)과 함께 예(藝)'가 필수라고 믿었던 것 같다. 그렇다면 공자가 노닐고자 했던 '예(藝)'는 무엇일까? 사실 이 '예(藝)'는 현대에서 말하는 '순수예술(fine art)'과는 차이가 있다. 그것은 '예(禮)·악(樂)·사(射)·어(御)·서(書)·수(數)'의 육예(六藝)이다. 현대어로 표현하자면 '예학·음악·활쏘기·말타기·붓글씨·수학'이다. 이 육예는 '공자 당시의 지식인이 지녀야 할 여섯 가지 기예(技藝)'로 '고상하고 원만한 인격을 완성하기 위해 지녀야 할 교양(敎養, Liberal Art)'이었다.

우리가 예술(藝術)이란 한자를 '순수 예술(fine art)'이라는 현대적인 의미를 지닌 용어로 사용되게 된 것은 그리 오래되지 않았다. 그것은 일본의 니시 아마네(西周)가 '아트(Art)'를 '예술'로 번역한 이후부터였다. 니시 아마네에 따르면, '아트(Art)'는 라틴어 '아르스(Ars)'에서 나왔으며, 이 '아르스(Ars)'는 희랍어의 '학문·기술(技術)·기능(技能)'을 의미하는 '테크네(Techne)'의 번역어이다. 그리고 동양의 '예(藝)'와 '술(術)'도 그 어원을 따져보면 서양과 동일하게 '기술과 기능'을 의미하는 단어였다(山本貴光, 2016: 80-98). 곧 동서양의 '아트(Art)'와 '예술'은 모두 '아름다움을 표현하려는 인간의 기술과 기능'과 관련이 있는 단어들이다.

여기서 중요한 것은 그 '아름다움이 무엇이냐'는 것이다. 이에 대한 해석은 역사적으로 다양했다. 유교의 아버지 공자는 그 아름다움을 '인간다움[仁]의 아름다움'과 연결하였다. 그는 '미적 가치[美]'와 '도덕적 가치[善]'를 동일선상에서 해석하였다. '예술은 예술 안에서 완벽함을 추구할 뿐 예술 밖에서 완벽함을 찾지 않는 예술 지상주의'를 공자의 사유에서 발견하기 어렵다.

공자는 아들 백어(伯魚)에게 "시(詩)를 배우지 아니하면 말할 수가 없고, 예(禮)를 배우지 않으면 서지 못할 것"이라고 충고하곤 하였다(『논어』, 「계씨(季氏)」 편). 또 사람에게 '유익한 세 가지 즐거움[益者三樂]'의 첫 번째 것으로서 절도 있게 예(禮)와 악(樂)을 즐기는 것을 제시하였다(같은 책, 같은 편). 공자는 이처럼 시(詩)와 음악[樂]과 같은 예술을 '아름다운 인간으로 성장하는 데 필수적인 요소'로 파악하였다. 그 때문인지 시와 음악을 논의할 때면, 언제나 예(禮)를 함께 들먹이곤 했다.

> 시(詩)에서 감흥을 일으키고, 예(禮)에서 질서를 세우며, 악(樂)에서 인격을 완성한다(『논어』, 「태백泰伯」편).

공자에게 시와 음악과 같은 예술은 예(禮)와 함께 '인간다움[仁]의 아름다움'을 실현하기 위한 교양이었다. 하지만 '인간다움[仁]의 아름다움'을 놓친다면 그 교양이 무슨 소용이 있겠는가? 그래서 공자는 이렇게 푸념하곤 하였다.

> 인간으로서 인간답지 못하다면 예(禮)가 무슨 소용이리요? 인간이면서 인간답지 못하다면 악(樂)이 무슨 소용이리오(『논어』, 「팔일(八佾)」편).

공자는 예악(禮樂)이 '인간다운[仁] 인간으로 성장·완성하는 데 이바지하는 장치'로서 자리해야 한다고 생각했다. 그는 도덕성을 상실한 채 세련된 외적 표현에만 집중하는 것을 거부하였다. 때문에 공자는 "정(鄭)나라의 음악은 음란하기에 추방할 것이다(『논어』, 「위령공(衛靈公)」편)."라고 말했는지 모른다. 감성미에 지나치게 탐닉하게 하여 인간다움[仁]의 실현에 방해가 된다면, 그것은 좋은 예술일 수 없기 때문이다. 물론 세련된 외적 표현이 없다면 예술이라고 할 수 있을까? 이를 부정하기는 쉽지 않다. 하지만 그 세련된 외적 표현은 '내면에 도덕적 바탕'을 마련한 다음에 일이다. 공자는 제자 자하(子夏)와 이렇게 대화하였다.

> 자하: 『시경(詩經)』에 "방긋 웃는 모습에 보조개 예쁘고, 아름다운 눈
>   동자 흑백이 분명하네. 흰 바탕에 고운 색을 더하였구나."라고 하였
>   는데, 이는 무엇을 말하는 것인지요?
> 공자: 그림을 그리는 일은 흰 비단을 마련한 뒤에 해야 한다는 것이지.
> 자하: 예(禮)를 나중에 한다는 것인지요?
> 공자: 그렇고말고. 나를 일깨워주는 이는 바로 자네일세. 비로소 자네
>   와 함께 시를 말할 수 있겠네(『논어』, 「팔일」편).

그림을 그리기 위해서는 먼저 흰 바탕의 도화지든지 캔버스(canvas) 를 마련해야 한다. 공자는 인간도 마찬가지라고 믿었다. 아름다운 도덕적 자질을 마련하는 것이 우선인 것이다. 그 뒤에야 예(禮)라는 교양 있는 태도가 의미를 지닐 수 있다. 예술도 동일하다. 아무리 시와 음악에서 뛰어난 예술적 능력을 보이는 사람일지라도, 도덕적 자질을 갖추지 못했다면 그는 결코 아름다운 인간일 수 없다.

물론 '내적 바탕[質]'과 함께 '외적 꾸밈[文]'이 균형을 이룬다면 더할 나위 없다. 공자는 문질(文質)이 조화를 이룬 그러한 인간을 군자(君子)라고 치켜세웠다. 바탕[質]이 너무 지나치면 꾸밈[文]을 이기면 세련되지 못하고, 꾸밈이 바탕을 이기면 겉만 번드르르해지기 때문이다(『논어』「옹야(雍也)」편). 문질(文質)의 균형은 중요하다. 하지만 문질(文質)에는 우선순위가 있다. 공자는 분명하게 요구한다. '외적 형식[文]'보다 그 '내적 바탕[質]'에 집중하는 것이 우선이라고.

예(禮)라고 하는 것은 그것의 옥과 비단과 같은 폐물에 있지 않으며, 음악이라 하는 것은 종과 북과 같은 악기에 있지 않다(『논어』, 「양화(陽貨)」편).

옥과 비단을 선사하는 예(禮)는 존경심을 표현하고자 하는 장치이다. 그리고 종과 북으로 연주되는 음악은 내면의 감성을 표출하기 위한 도구이다. 그것들은 정신적 가치를 표출하기 위한 형식일 뿐이다. 공자는 예술의 형식보다 그것이 담고 있는 정신적 가치에 집중하고자 하였다. 시(詩)를 해석할 때에도 마찬가지였다. "『시경』 삼백 편을 한마디로 하자면 생각에 사악함이 없다(『논어』, 「위정(爲政)편』)."라고 말한 것을 보라. 공자는 시가 담고 있는 정신적 가치를 보고자 했다.

시뿐만이 아니었다. 음악도 마찬가지였다. 공자는 소악(韶樂)을 좋아했다. 이 음악을 배우는 3개월 동안 고기의 맛을 모를 정도로 심취하였다고 한다(『논어』, 「술이」편). 왜 이토록 그는 소악에 빠져들게 되었을까? 그 실마리는 소악과 쌍벽을 이루는 또 다른 음악인 무악(武樂)과의 비교 평가에서 찾아볼 수 있다. 공자는 두 음악에 대해 이렇게 평하였다.

소악(韶樂): "지극히 아름다우며[盡美], 지극히 착하다[盡善]."
무악(武樂): "지극히 아름다우나[盡美], 지극히 착하지는 않다[未盡善]."
    (『논어』, 「팔일」편)

여기서 소악(韶樂)은 신화 속 군주인 순(舜)의 음악이고, 무악(武樂)은 주(周)나라 첫 번째 왕인 무왕(武王)의 음악이다. 순은 요(堯)를 이어

훌륭한 정치를 하였고, 무왕은 희대의 폭군인 주왕(紂王)를 정벌하였다고 한다. 모두 백성을 구제하였다는 점에서 이 두 인물의 공은 동일하게 위대하다. 그래서 공자는 소악과 무악 모두 '지극히 아름답다'고 평하였다고 한다. 하지만 천하를 얻은 그 방법이 달랐다. 순은 평화롭게 왕위를 선양받은 반면, 무왕은 왕위를 쟁취하고자 정벌이라는 폭력을 사용했다. 그래서 소악과 무악은 착함에서 차이가 있다(『논어집주(論語集註),「팔일」편 주자주(朱子註)). 여기서 말하는 '아름다움[美]'은 '음악의 외적인 형식[文]'이라면, '착함[善]'은 '음악이 담고 있는 정신[質]'이라고 볼 수 있다. 곧 소악은 '내적 바탕[質]'과 함께 '외적 꾸밈[文]'이 균형을 이룬 군자의 예술이었다. 공자가 그토록 사랑했던 소악은 '미적 가치[美]'와 '도덕적 가치[善]'가 일치되는 최고의 예술이었던 것이다.

정리해보자. 공자에게 예술은 예(禮)와 함께 '아름다운 인간'으로 성장하기 위해 지녀야 할 필수 교양으로 자리한다. '아름다운 인간'은 '외적인 아름다움'과 '내적인 아름다움'이 균형을 이룬 존재로 곧 군자이다. 아무리 뛰어난 교양 있는 태도를 지녔다고 할지라도, 도덕적 자질을 갖추지 못했다면 그는 결코 아름다운 인간, 즉 군자일 수 없다. 특히 공자는 '외적 꾸밈[文]'보다 '내적 바탕[質]'이 더 우선함을 주장했다. '외적 꾸밈'은 그 '내적 바탕'을 표현하고자 하는 장치로 자리하기 때문이다. 예술도 마찬가지였다. 공자는 예술의 형식보다 그것이 담고 있는 정신적 가치에 집중하였다. 그가 생각한 참다운 예술은 무엇일까? 소악(韶樂)의 경우에서 볼 수 있듯이, '외적 형식과 내적 바탕', 즉 '문질(文質)'의 균형을 이룬 예술이었다. 그것은 '미적 가치'와 '도덕적 가치'가 하나 되는 진정한 예술이었다. 다시 말해, '인간다움[仁]의 아름다움'을 내용과 형식으로 갖추고 있는 예술이야말로 공자가 바라본 참다운 예술이었다.

III. 순자의 예술론: 선(善)으로 이끄는 인위(人爲)의 도구

순자는 천재다. 그는 제(齊)나라의 싱크 탱크(think tank)인 직하학궁(稷下學宮)의 제주(際酒)를 세 번이나 역임했던 인물이다. 당시 직하학궁은 제자백가(諸子百家)의 뛰어난 천재들이 모여든 곳이었다. 제주(際酒)라고 하면 단순히 '제사의 책임자'로 이해해서는 안 된다. 왜냐하면, 제주가 되었다는 것은 직하학궁의 모든 이들에게 학문적으로 최고의 권위를 인정받았음을 말해주기 때문이다. 순자가 그러한 자리인 제주를 세 번씩이나 역임했다는 사실은 그가 천재 중의 천재임을 보여주는 것이다.

순자의 천재적인 면모는 중국 최초의 체계적인 음악론인 '악론(樂論)'을 제창하였다는 점에서도 확인해볼 수 있다. 물론 성악설(性惡說)을 주장한 그의 사유 중심에는 예(禮)가 자리하고 있다. 공자가 예(禮)를 '인간다움[仁]을 표현하는 방식'이라는 인문학적 방식으로 이해하였다면, 순자는 예를 사회과학적 입장에서 접근하였다. 순자는 예(禮)를 '사회라는 집단에서 개개인의 욕망들이 충돌하지 않도록 질서를 잡아 주는 장치'로서 규정하였다. 하지만 그는 당시의 혼란을 종식하고 사회 질서를 바로잡기 위해 강제적이고 타율적인 예(禮)만을 강요하지 않았다. 악(樂)을 통해서 예(禮)의 부족함과 치우침을 보완하였다. 그는 예(禮)와 악(樂)의 차이점과 공통점을 이렇게 제시하였다(『순자(荀子)』,「악론(樂論)」편,「신도(臣道)」편).

	예(禮)	악(樂)
차이점	• 바꿀 수 없는 이법(理法) • 다른 것을 분별하는 것 • 성실을 드러내고 거짓을 제거하는 것 • 공경(恭敬)	• 변할 수 없는 조화 • 같은 것을 통합하는 것 • 근본을 궁구하여 변화를 다하는 것 • 조화(調和)
공통점	모두 인간의 마음과 관련	

  예(禮)가 '질서를 이루기 위한 분별의 장치'라면 악(樂)은 '조화를 이루기 위한 통합의 장치'이다. 악(樂)은 예(禮)의 하위 영역에 속하는 것이 아니라, 예와 대등한 지위를 지닌다. 예와 악은 바람직한 인간의 삶을 유지하기 위한 동전의 양면과도 같다. 따라서 우리가 순자의 예론(禮論)을 온전히 이해하기 위해서는 반드시 「악론(樂論)」을 함께 살펴보아야 한다.

  순자는 '묵자(墨子)가 제기한 음악을 부정하는 논의인 「비악론(非樂論)」'을 비판해가면서 자신의 「악론」을 전개해간다. 이 전개과정에서 음악의 기원·본질·기능과 심미적 기준에 대한 자신의 「악론」을 체계적으로 제시한다. 흥미롭게도 순자의 선배인 성선설(性善說)을 주장한 맹자는 음악에 대한 거의 언급하지 않았다. 뿐만 아니라 어떠한 체계적인 음악 이론이라 불릴 만한 것도 제시하지 않았다. 하지만 순자는 달랐다. 그는 공자의 예악사상을 계승·발전시켜 이전의 유학자들이 생각하지 못했던 예(禮)와 악(樂)의 상관관계를 치밀하게 논의하였다.

이는 맹자와 순자가 초점을 두고 있는 부분이 달랐기 때문이다. 맹자는 선천적·선험적·불변적인 인간의 선한 본성에 초점을 두고 있었다. 때문에 '후천적 교육 혹은 문화적 교화'보다는 인간 본래의 '도덕적 씨앗인 사단(四端)'을 잘 키우는 수양론(收養論)에 관심이 깊었다. 반면 순자는 후천적·경험적·가변적인 인간의 본성에 초점을 두고 있었다. 그는 인간을 그대로 방치하면 욕망에 의해 악(惡)으로 흘러갈 수 있다고 보았다. 때문에 '교육이나 교화'와 같은 '인위(人爲:僞)적 노력'을 통해 인간을 선(善)으로 향하게 해야 한다고 믿었다. 이 점에서 교육 혹은 교화의 장치인 예악(禮樂)은 순자의 중요 관심 대상일 수밖에 없었다. 그의 악론은 내용상 다음과 같이 네 부분으로 나눌 수 있다(이상은, 2011: 200-221).

1. 음악의 본질과 기능 및 묵자의 비악론 비판
2. 음악과 천지자연(天地自然)과의 관계성
3. 왕도정치(王道政治)를 실현조건으로서의 음악
4. 음악과 난세(亂世)·치세(治世)

그 처음은 묵자의 「비악론」에 대한 비판이다. 순자의 악론을 살펴보기 앞서 묵자의 음악비판론인 「비악론」에 대해 들어볼 필요가 있다. 묵자는 올바른 정치는 "사람들에게 이익이 되는 일을 일으키고 피해가 되는 일을 줄이는 것 이른바 흥리제해(興利除害)"라 생각했다(『묵자(墨子)』, 「비악상(非樂上)」 편). 하지만 음악은 사람들에게 아무런 이익이 되지 않는다는 것이다. 음악은 경제적 생산에 아무런 도움이 되지 않을 뿐만 아니라, 더욱이 지배층이 음악을 즐기고자 하여 백성들의 막대한 부담만 가중시킬 뿐이라는 것이다.

묵자는 음악이 공공재로서 무익할 뿐 아니라 공공에 해를 끼친다고 주장한다. 악기를 제작하기 위해서는 막대한 재화가 필요한데, 이를 위해 지배층은 백성들의 재화를 착취한다. 배나 수레와 달리 악기는 백성들에게 전혀 유익함을 제공해주지 못하는 것임에도 현실에서 백성들의 이익을 훼손케 만든다는 것이다(『묵자』, 「비악상」 편). 또 묵자는 '음악으로 인해 발생되는 노동인력의 손실'에 대해 문제를 제기한다. 악기를 연주하기 위해서는 상당한 훈련이 필요하고 이 훈련으로 인해 생산 활동에 문제가 생기게 된다. 그리고 악기를 연주할 만한 인력은 생산 활동에 종사해야 할 신체 건강한 젊은이라는 점에서 더욱 큰 문제이다. 젊은이들에게 악기를 익히고 연주하게 하면 그만큼의 노동 인력과 시간이 줄어들게 되며, 심지어 이 연주자들을 먹여 살리기 위해 다시 백성들의 재화를 착취하게 만들기 때문이다(『묵자』, 「비악상」 편).

이처럼 묵자의 「비악론」은 흥리제해의 입장에서 음악의 무용론(無用論)을 주장한 것이었다. 이에 대한 순자는 '음악의 유용론(有用論)'에 근간하여 묵자의 논의에 반박한다. 백성들은 좋아하고 미워하는 감정이 있는데, 이를 기쁨과 노여움으로 표현할 방법이 없다면 사회혼란은 필연적이다. 이때 음악은 인간의 감정 표현을 순화시키는 역할을 하여 사회혼란을 방지해준다. 또한 좋은 음악은 사람의 선한 마음을 감동시키며, 사악하고 더러운 기운이 범접하지 못하게 한다. 하지만 무엇보다도 음악은 유용·무용을 떠나 '인간의 본질적인 즐거움'이라고 순자는 주장한다.

악(樂)이란 즐거움이다. 즐거움은 인간의 감정에서 없앨 수 없는 것이다. 그러므로 인간은 악(樂)이 없을 수 없다. 즐거우면 그 감정이 소리와 음으로 나타나게 되어 있고 또한 움직임과 멈추는 동작으로 드러나게 되어 있다. (중략) 인간은 즐거움을 느끼지 않을 수 없고, 그 즐거움은 겉으로 드러나지 않을 수 없다. 그러나 바르게 인도되지 않는다면, 거기에 혼란이 없을 수 없다. 선왕(先王)은 이러한 혼란을 싫어하셨다. 그리하여 아(雅)·송(頌)의 악(樂)을 제작하여 바르게 이끌었다. 그 악(樂)은 즐거움을 다하되 음탕한 데 흐리지 않도록 하였다. 그리고 가사는 사람이 충분히 이해할 수 있으면서도 사악한 데가 없도록 하였다. 또한 휘어지고 곧게 뻗는 가락, 다양하게 변화하거나 단조로운 소리, 가늘고 날카로운 소리와 굵고 무딘 소리로 사람들의 선한 마음을 감동시킬 수 있으면서도, 사악하고 더러운 기운이 마음에 범접할 수 없도록 했다. 이것이 바로 선왕(先王)이 악(樂)을 제정한 이유이다. 그런데도 묵자가 음악을 부정하고 있으니 이는 어찌 된 까닭인가?(『순자』,「악론」편)

인간은 감각 기관을 가진 감정의 존재이다. 음악은 이 인간의 필연적인 즐거운 감정(만족감)을 표현하는 장치이다. 그러므로 음악은 인간에게 본질적인 것이다. 사실 순자에게는 악기의 모양과 소리마저도 이 천지자연과 닮은 것이었다. 그에게 "북은 하늘을 닮았고, 종은 땅을 닮았으며, 경쇠는 물을 닮았고, 생황과 쌍피리와 피리는 하늘의 별과 해와 달을 닮은 것"(『순자』,「악론」편)이다. 곧 음악은 이 우주자연의 반영체이다. 따라서 음악은 유용·무용의 논의하기 앞서 우주자연의 자녀인 인간에게 본질적으로 필연적인 것이다.

이뿐만 아니라 음악은 유용한 것이다. 순자는 음악이 인간에게 미치는 거대한 영향력에 대해 주목한다. 음악은 인간의 마음에 깊이 사무치고 그 교화의 속도가 대단히 빠르다. 때문에 음악은 인간의 감정을 바르게 이끄는 장치일 뿐만 아니라 세상을 바르게 이끄는 건설적인 도구가 될 수 있다. 순자의 표현을 빌리자면, 음악은 낡은 풍속과 관습을 바꾼다는 '이풍역속(移風易俗)'의 도구인 것이다. 하지만 반대로 음악은 인간의 감정을 사특하게 만드는 장치일 뿐만 아니라 세상을 어그러트리는 파괴적인 도구도 될 수 있다. 그러므로 좋은 음악과 나쁜 음악을 분명하게 구분하여, 좋은 음악은 퍼트리고 나쁜 음악을 제거해야 한다. 순자는 유교의 이상적인 정치인 왕도정치(王道政治)의 시작은 거기에 있다고 역설한다.

노래와 음악은 사람의 감정에 파고듦이 깊고, 사람을 감화시키는 속도가 빠르다. 그러므로 선왕(先王)이 음악의 형식을 신중하게 한 것이다. 음악이 조화롭고 평온하면 백성이 화합하고 방종하지 않는다. 음악이 엄숙하고 장중하면 백성들이 질서를 지키고 혼란하지 않게 한다. 백성들이 질서를 지키면 군대는 강해지고 성은 견고해져서 적국이 감히 침략하지 못한다. 이리하면 백성들은 모두 자기 거처에서 편안히 살고 마을에서 즐겁게 살지 않는 이가 없으니 자신들의 군주에 참으로 만족해한다. 그리하면 명성이 크게 드러나고 빛나게 되니, 온 천하의 백성들이 자기의 지도자로 삼고자 하기에, 이것이 왕도정치의 시작이다.

반면 음악이 요염하고 위태로우면 백성들은 방종하고 오만하고 야비하고 천박하게 된다. 방종하고 오만하면 질서가 흐트러지고 야비하고 천박하면 다툼이 일어난다. 질서가 흐트러지고 다툼이 일어나면 군대는 약해지고 성은 침략을 받아 적국이 위태롭게 할 것이다. 이리하면 백성들은 자기 거처에서 편안히 살 수 없고 마을에서 즐겁게 살지 못하니 자신들의 군주에 불만이 가득하다. 이처럼 예(禮)에 맞는 음악이 무너지고 사특한 음악이 일어나는 것은 나라를 위태롭게 하여 영토를 빼앗기고 수모를 당하게 하는 근본 원인이 된다. 그리하여 선왕은 예(禮)에 맞는 음악을 귀히 여기고 사특한 음악을 천시하였던 것이다(『순자』, 「악론」편).

일찍이 공자는 음악과 정치와의 관련성이 있음을 인식하고 있었다. 안연(顏淵)이 공자에게 정치에 대해 묻자 "음악은 소무(韶舞)로 하고 음란한 '정성[鄭聲]'은 추방해야 한다(『논어』, 「위령공」 편)."라고 답한 바 있다. '소무(韶舞)'란 앞서 우리가 살펴본 공자가 참다운 예술의 표본으로 생각한 '순임금의 음악', 즉 '소악(韶樂)'을 말한다. '정성(鄭聲)'은 '정나라의 음악'으로 『시경』에 담긴 시 중 가장 호색적인 시들로 평가받고 있다. 아마도 공자는 정나라 음악의 내용이 지나치게 인간의 감성을 자극한 것을 비판하였던 것으로 생각된다.

순자는 공자의 음악과 정치의 상관성에 대한 입장을 계승한다. 그는 "음악은 사람을 다스리는 가장 효과적인 것(『순자』, 「악론」 편)"이라 주장한다. 또한 공자의 입장을 계승하여 "사람의 마음을 음탕하게 하는 정나라의 음악이나 위(衛)나라의 사특한 음악을 듣지 말고, 마음을 차분하고 무게 있게 하는 소무(韶舞)를 들 것(같은 책, 같은 편)"을 요구한다. 바로 순자는 소무와 같은 옛 성왕이 제작한 좋은 음악을 '사람들을 선(善)으로 향하게 하는 후천적 장치', 즉 '인위(人爲: 僞)'로서 파악하고 있었다. 그에게 좋은 음악은 인간을 '참된 즐거움'으로 이끄는 장치로 자리하는 것이었다.

옛 성왕이 제작한 아(雅)·송(頌)과 같은 좋은 음악을 들으면 뜻과 의지가 넓어지게 된다. …… 좋은 음악은 세상을 바로잡는 표준이고, 올바로 조화시키는 규범이다. …… 좋은 음악이 연주되면 뜻이 맑아지고, 예를 닦으면 행실이 단정해 진다. 그리하면 귀와 눈은 잘 들리고 잘 보이며, 혈기는 화평하게 되며, 풍습은 바로잡히고 풍속이 순화되어 온 세상이 편안해지고, 사람들이 아름답고 착하게 되어 서로 즐겁게 살 수 있다. 그러므로 음악을 즐거움이라 하는 것이다(『순자』, 「악론」 편).

정리해보자. 순자는 당시의 혼란을 종식하고 사회 질서를 바로잡기 위해 예(禮)를 강조하였지만, 악(樂)을 통해 예의 부족함과 치우침을 보완하고자 하였다. 여기서 예(禮)는 '질서를 이루기 위한 분별의 장치'라면 악(樂)은 '조화를 이루기 위한 통합의 장치'이다. 순자는 악론(樂論)을 전개하는 데 음악이 무용(無用)하다는 묵자의 「비악론(非樂論)」을 비판하였다. 음악은 인간의 감정 표현을 순화시키고 사회혼란을 방지할 수 있는 유용한 도구일 뿐만 아니라, 유용(有用)·무용(無用)을 떠나 '인간에게 본질적인 것'이었다. 특히 순자는 음악이 인간에 미치는 영향력에 주목하였다. 좋은 음악은 유교의 이상정치인 왕도정치를 이룰 수 있는 기틀이지만, 나쁜 음악은 세상을 파괴하는 장치가 될 수 있음을 인식했다. 그래서 좋은 음악과 나쁜 음악을 반드시 구분해야 한다고 그는 역설하였다. 이처럼 순자의 예술론은 철저히 도덕주의에 기반하고 있다. "예술은 도덕적인 가치를 반영해야 하고, 감정을 순화하여 도덕성 함양에 기여해야 하며, 올바른 사회 구현에 기여해야 한다."라는 입장이었다. 다시 말해, 순자는 "예술이 사람들을 선

(善)으로 향하게 하는 후천적 장치[人爲: 僞]로 자리할 때 진정한 예술일 수 있다."라고 보았던 것이다.

IV. 『예기(禮記)』의 「악기(樂記)」 편: 유교 예술론의 집대성

순자의 「악론(樂論)」이 유교의 예술론을 체계적으로 정리한 최초의 문헌이라면, 『예기』의 「악기」는 유교 예술론의 집대성이라고 해도 과언이 아니다. 그 내용의 방대함이나 상세함은 순자의 「악론」이 「악기」를 따라갈 수는 없다고 할지라도, 「악기」가 존재할 수 있었던 것은 순자의 「악론」이 있었기에 가능한 것이었다. 순자는 역시 천재였다. '예(禮)와 악(樂)의 본질과 기능을 밝히고 그 차이점과 공통점을 논의하는 예악동이론(禮樂同異論)'을 비롯하여 '음악과 인간 감정의 상응관계', '음악과 정치의 상관관계' 등의 순자가 제기한 수많은 예술론이 「악기」에 고스란히 계승되기 때문이다.

	예(禮)	악(樂)
차이점	• 밖으로부터 만들어짐, 밖에서 작용 • 외형을 장식함 • 성실을 드러내고 거짓을 제거하는 것 • 가장 높은 경지는 공순[順] • '덜어내고 줄이는 것[減]'이 근본이나 나아가는 마음이 수반 • 사람들을 다르게 함 • 귀천의 분별 • 의(義)에 가까움	• 마음에서부터 나옴, 안에서 발동 • 마음을 평온케 함 • 근본을 궁구하여 변화를 다하는 것 • 가장 높은 경지는 조화[和] • '가득차서 넘기는 것[盈]'이 근본이나 돌이키는 마음이 수반 • 사람들을 같게 함 • 상하의 화합 • 인(仁)에 가까움
공통점	모두 인간의 마음과 관련	

하지만 「악기」는 순자의 예술론만을 받아들이지만은 않았다. 거기에 노장(老莊)사상과 음양오행설(陰陽五行說)을 더하여 유교의 예술론을 더욱 풍부하고도 세밀하게 논의하였다. 예컨대 '예악동이론(禮樂同異論)'만 하더라도 그 논의가 대단히 풍부하다.

　「악기」는 순자와 마찬가지로 예악(禮樂)을 인간의 마음과 관련이 있다고 파악하지만, 순자와 달리 예악을 음양(陰陽)·천지(天地)와 연결시켜 우주론적 지평으로 확대시켜 논의하기도 한 것이다. 또한 악(樂)을 소리[聲]-음(音)-춤[舞]과 구분하고 그것들의 관계를 다음과 같이 발생론적으로 정밀하게 분석하기도 한다.

　　악(樂)은 마음의 움직임에 의해 생겨나는 것이다. 마음의 움직임은 처음에는 '소리[聲]'로 나타난다. 그 다음에는 높고 낮은 여러 '소리[聲]'들이 어울려 '음(音)'이 생긴다. 다시 그 다음에는 그 '음(音)'에 '춤[舞]'이 추가되어 악(樂) 생긴다(『예기』, 「악기」 편).

　현재 「악기」의 저자가 누구인지는 아직 정론을 확립하지 못한 상황이다. 어떤 이들은 공자의 재전 제자인 공손니자(公孫尼子)가 「악기」를 엮었다고 말하기도 하고, 또 어떤 이들은 서한(西漢)의 유덕(劉德)과 모장(毛萇)을 대표로 하는 유학자들 집단이 공동 작업으로 「악기」를 편찬하였다고 주장하기도 한다. 원래 「악기」는 23편이었다고 하나 현존하는 『예기』에는 11편만이 실려 전해지고 있다. 그 편명과 내용을 간략히 나타내면 다음과 같다.[3]

순	편명	중요 내용
1	악본(樂本)	• 음악의 근본 －음악이란? －예악형정(禮樂刑政)과 왕도정치
2	악론(樂論)	• 예악에 대한 논의(1) －예악의 본질과 역할 －예악의 기능과 특징
3	악례(樂禮)	• 예악에 대한 논의(2) －천지의 구별과 예 －천지의 조화와 음악
4	악시(樂施)	• 음악과 백성의 교화 －참된 음악인 아악(雅樂) －예악과 백성의 교화
5	악언(樂言)	• 음악의 창작 －음악과 인간의 성정(性情) －어지러운 세상의 음악
6	악상(樂象)	• 음악의 상징 －소리와 마음의 상관성 －음악과 덕(德)
7	악정(樂情)	• 음악과 인간의 감정 －예악의 본질과 원칙 －음악의 효과
8	위문후(魏文侯)	• 음악에 관한 자하(子夏)와 위문후(魏文侯)의 대화
9	빈모고(賓牟賈)	• 음악에 관한 공자와 빈모고(賓牟賈)의 대화
10	악화(樂化)	• 음악과 개인의 수양 －음악을 통한 내면의 수양 －예악의 기능과 특징
11	사을(師乙)	• 음악에 관한 자공(子贛)과 사을(師乙)의 대화

위 표에서 볼 수 있듯이 「악기」의 11편에는 '음악의 원리, 창작, 기능, 효과, 상징'을 비롯하여 '음악과 예(禮)와의 관계를 논의한 예악론'은 물론이고, '공자·사을·자하의 예술론'까지도 다루고 있다. 이 「악기」는 오천 글자 내외의 적은 문장이지만, '유교 음악론의 총체'라 말해도 지나치지 않을 만큼 대단히 풍부한 내용을 담고 있다. 하지만 이곳에서 「악기」의 그 모든 내용을 다룰 수는 없기에, 공자－순자로 이어져오는 '도덕주의 입장의 유교 예술론'을 「악기」에서 어떻게 계승·발전시키고 있는지를 중심으로 논의하도록 하겠다.

사실 「악기」의 음악론은 순수한 의미에서의 예술론이라기보다는 유교의 예학(禮學)과 결합된 예악론(禮樂論)이다(이상은, 1985: 92-93). 때문에 우리가 「악기」를 읽어가다 보면 언제나 '정치와 교화'의 내용들과 마주하게 된다. 심지어 궁상각치우(宮商角徵羽)의 오음(五音)을 정치적 현실과 상징적으로 연결시키는 내용과 만나기도 한다.

가령 궁(宮)은 임금을, 상(商)이 신하를, 각(角)은 백성을, 치(徵)는 일을, 우(羽)는 사물을 상징한다고 해보자. 이 모든 오음(五音)이 어지럽지 않다면 조화롭지 않은 음조는 없을 것이다. 그러나 만약 궁음이 어지러우면 음조가 산만해지는데, 이는 마치 임금이 횡포하여 현명한 신하를 멀리하는 경우와 동일하다. 만약 상음이 어지러우면 음조가 치우치는데, 이는 관리가 부패하여 나라가 위험에 빠지는 경우와 같다. 만일 각음이 어지러우면 음조가 근심스러워지는데, 이는 마치 백성의 원한이 도처에 깃드는 경우와 같다. 만약 우음이 어지러우면 음조가 위태로워지는데, 이는 마치 재물이 부족하여 나라에서 사용하기에 양이 부족한 경우와 같다. 이와 같이 오음이 모두 어지러워 서로 침범하게 되면 어그러진 '만음(慢音)'이 되는데, 이에 이르는 나라는 머지 않아 멸망하게 되리라(『예기』, 「악기」 편).

이처럼 「악기」는 '음악의 조화'와 '정치의 조화'를 연결시킬 뿐만 아니라, '음악이 정치의 가장 뛰어난 수단'이라 주장한다. '음악과 백성의 교화를 다루고 있는 「악시(樂施)」 편'을 보면, 옛날 순임금이 다섯 현의 금슬을 타며 '남풍(南風)'을 노래하여 천하를 다스렸다는 이야기가 나온다. 여기서 '남풍'은 순임금이 지었다고 전해지는 노래로 그 가사는 이와 같다.

남풍의 훈훈함이여, 우리 백성들 걱정을 풀어주구나.

남풍의 때맞춤이여, 우리 백성들 재물을 넉넉히 해주구나(『공자
가어(孔子家語)』).

「악시」편에 따르면, 순임금이 백성을 잘 다스린 제후에게 위 남
풍의 노래를 음악으로 만들어 상으로 주었다고 한다. 음악을 위정자
(爲政者)에게 주는 것은 무엇 때문인가? 그것은 순자가 지적했듯이, 음
악은 인간의 마음에 깊이 사무치고 그 교화의 속도가 대단히 빠르기
때문이다. 때문에 아무 음악이나 제후를 교육하는 장치로서 사용할
수는 없다. 이에 「악시」편은 다음의 음악들을 추천한다.

<대장(大章)>은 요(堯)임금의 공덕을 밝히고, <함지(咸池)>는 황제
의 은덕이 세상에 널리 퍼졌음을 찬양하며, <소(韶)>는 순임금의 덕의
정치를 칭송하고, <하(夏)>는 우(禹)임금이 요순(堯舜)의 덕을 드높인
일을 추앙하며, 은(殷)나라의 음악(周)과 주나라의 음악은 탕왕(湯王)
의 문치(文治)와 무왕(武王)의 무공(武功)이 극진함을 표현하고 있다
(『예기』, 「악기」편).

이 노래들은 하나같이 중국 고대의 뛰어난 위정자들에 관한 음악
들이다. 이 노래들을 통해 위정자는 더 뛰어난 위정자가 될 수 있게 되
고, 백성은 선으로 인도될 수 있다. 「악기」는 이와 같이 '내용이 도덕
적이고 형식도 아름다워 사람들을 이롭게 하는 음악'을 '덕음(德音)'이
라 칭하였다. 반면 '공자와 순자가 비판한 정(鄭)나라의 음악처럼 음란
하여 덕을 해치는 음악'을 '익음(溺音)'이라 칭하였다. 「악기」는 정나

라 음악 이외에도 여러 '익음'을 제시한다.

> 정(鄭)나라 음악은 방종하여 사람의 마음을 음란하게 하고, 송(宋)나라 음악은 너무나 부드럽고 편안해서 마음을 탐닉하게 하고, 위(衛)나라 음악은 다급하여 마음을 산란하게 하고, 제(齊)나라 음악은 오만하여 마음을 교만하게 한다. 이 네 가지 음악은 모두 음란하고 덕을 해친다(『예기』, 「악기」편).

이와 같은 '덕음'과 '익음'이라는 명칭의 출현은 순자의 「악론」에서 볼 수 없던 것으로, 「악기」가 저술되는 시기에 이르면 '도덕을 기준으로 백성 교화의 음악을 구분하는 상황'이 일반화되었음을 말해준다. 심지어 「악기」는 덕음을 통한 정치를 시행하면 다음과 같이 유교의 이상인 평천하(平天下)가 이루어질 것이라 생각했다.

> 덕음을 행하면 (위정자와 백성 모두) 마음이 맑아지고 눈과 귀가 총명해지고, 혈기가 화평해지며 낡은 풍속을 바꾸어 천하가 편안히 될 것이다(『예기』, 「악기」편).

정리해보자. 『예기』, 「악기」는 공자-순자로 이어져오는 '도덕주의 입장의 유교 예술론'을 집대성한 문헌이다. 이 「악기」에는 선진유가의 예술론뿐만 아니라 노장(老莊)사상과 음양오행설(陰陽五行說)을 더하여 악(樂)에 대해 논의한다. 특히 악을 인간의 심성론을 넘어서 우주론적 입장으로 확장시켜 정당화한다. 그뿐만 아니라 「악기」는 순자가 「악론」에서 제기한 '예악동이론(禮樂同異論)'을 훨씬 세밀하게 정리하고 있다. 하지만 「악기」의 예술론은 예학(禮學)과 결합된 예악론(禮樂論)으로, 예술의 사회적 효용론에 집중하여 기술하고 있다. 즉 예술의 정치·교화적 성격에 집중한다. 공자와 순자의 입장을 발전시켜 「악기」는 좋은 음악과 나쁜 음악을 '덕음(德音)'과 '익음(溺音)'으로 구분하고, 올바른 정치를 하기 위해서는 '덕음'을 칭송하고 '익음'을 금지할 것을 요청한다. 즉 『예기·악기』에서도 순자와 마찬가지로 예술의 존재 가치를 철저히 공동선을 실현하기 위한 도구로서 바라보고 있었다.

V. 결 론

지금까지 살펴보았듯이, 공자에서 시작된 유교의 예술론은 순자를 거쳐 그 기틀을 마련하고, 『예기·악기』에 이르러 온전한 체계를 갖추게 된다. 공자 이래로 유학자들은 예술의 미적 가치보다는 예술의 사회적·교육적 기능에 주목하고 있었다. 그들의 예악(禮樂) 사상에서 예술 지상주의의 시각은 거의 찾아볼 수 없다고 해도 과언이 아니다. 공자에게 예술은 '아름다운 인간인 군자(君子)'로 성장하기 위한 필수 교양이었으며, 진정한 예술은 '인간다움[仁]의 아름다움'을 내용과 형식으로 갖추고 있는 예술로 파악하고 있었다. 순자의 경우, 예술은 사회질서를 바로잡고 사회 혼란을 종식시킬 수 있는 예(禮)의 보완장치로서 이해하고 있었다. 또한 『예기·악기』의 경우 예술의 존재 가치를 사회 공동선의 실현도구로서 규정하고 있었다.

어쩌면 유교의 예술론은 '예술이 지닌 고유의 미적 가치와 거기에서 기인하는 심미적 즐거움을 무시한다'고 비판받을 수 있다. 또한 '유교의 가치를 담고 있는 '덕음(德音)'과 같은 예술만이 진정한 예술이고 다른 '익음(溺音)'과 같은 예술은 져버려야 한다는 입장'도 예술적 자율성을 인정치 않는 주장이라고 비난받을 수 있다. 하지만 반대로 생각해볼 수도 있다. 유학자들은 음악과 같은 예술이 인간에게 미치는 커다란 영향력에 대해 분명하게 통찰하였으며, 그 영향력을 이용하여 이상세계를 구축하고자 했다는 점을 높이 살 수도 있다. 곧 유교의 예술론은 예술 지상주의의 입장에서 보느냐, 아니면 도덕주의의 입장에서 보느냐에 따라 다른 평가를 받을 수밖에 없다.

하지만 분명한 하나의 사실이 있다. 아무리 뛰어난 예술이라 할지라도 그것은 '인간에 의한 작품일 수밖에 없다'는 사실 말이다. 곧 예술이 인간 위에 자리하지 않는다는 것이다. 다시 말해, 인간이 예술작품을 통해 아름다움을 추구하는 것은 자신이 아름다운 인간이 되고자 하는 욕망의 투영인 것이다. 공자 이래로 유학자들은 바로 이 지점에 집중했다. '진정한 예술은 우리 인간을 아름답게 만드는 데 공헌해야 함'을 말이다.

:: 참고문헌

『논어』,『맹자』,『순자』.

『묵자』,『예기』,『논어집주』.

조항범(1997),『다시 쓴 우리말 어원사전』, 서울: 한국문원.

山本貴光(2016),『『百学連環』を読む』, 東京: 三省堂.

中村元 外(1989),『岩波佛教辭典』, 東京: 岩波書店.

한흥섭 역(2007),『예기·악기』, 서울: 책세상.

박정련(2016),「불교음악미학 재발견을 위한 음악의 신 '건달바' 이해」,『한
    국음악문화연구』제8집.

이상은(1985),「「樂記」의 음악론에 관한 고찰(III) : 음악의 윤리 및 정치교화
    적 기능을 중심으로」,『동양철학연구』제8집.

이상은(2011),「荀子「樂論」의 특징과 영향」,『유교사상문화연구』제44집.

최재목(2006),「건달의 재발견: 불교미학, 불교풍류 탐색의 한 시론」,『美學·
    藝術學硏究』제23집.

동양고전종합DB(db.cyberseodang.or.kr)『東洋古典解題集』.

8
다문화사회에서의
종교적 공존과 관용

안영석 (안동대학교 윤리교육과 교수)

8

다문화사회에서의 종교적 공존과 관용[1]

I. 다문화사회와 종교

한국사회는 이미 다문화사회로 진입했다.[2] 국가 간의 임금 수준 격차로 인한 외국인 노동자들의 지속적인 유입, 일부 내국인들의 3D업종 기피 현상, 국제결혼의 증가, 자본시장 개방화, 기타 난민 문제 등등의 이러한 추세로 볼 때, 한국사회의 다문화사회로의 변모는 점점 더 가속화되며 진행될 것으로 전망된다.

　이러한 급격한 변화는 사회적 필요에 의해 촉발되어 그에 상응하는 적절한 역할을 수행해온 긍정적인 측면이 있기도 하지만, 기존 우리사회의 의식 및 법률체계에 대해 더욱 새로운 변화를 요구하고 있다. 특히 상당수 이주민들의 하층계층으로의 편입, 언어적 의사소통의 어려움, 상이한 문화적 관습과 생활방식에 의한 이질감의 형성 및 부조화 등의 문제들은 사회구성원들 간의 차별과 억압, 오해와 갈등,

다툼 및 범죄 현상의 빈발 현상을 초래할 수도 있다. 이러한 위험 요소들을 극복하고 공존과 번영을 향한 활력적인 새로운 사회의 건설을 위해서는 정부뿐만 아니라 교육 및 문화 등의 분야에서도 적절한 대책과 실행이 요구된다.

그런데 이 글은 이들 분야 중에서도 문화 분야 그중에서도 특히 '종교 간의 관계'에 관련하여 논의를 진행하고자 한다. 왜냐하면 다문화사회의 구성원들 간의 갈등에서 정치적 경제적 법률적 문제들의 경우 그에 따른 공정성이나 형평성의 원칙에 맞게 비교적 합리적인 해결책이 논의될 수 있지만, 문화적 관습이나 가치관의 문제들과 얽혀서 사태가 전개되는 경우에서는 그 합리적인 해결이 용이하지 않기 때문이다. 특히 다문화사회의 경우 구성원들은 서로 다른 종교에 바탕하여 문화적 관습이나 가치관이 서로 다른 경우가 많은데, 그러한 가치관의 기준이 상이하다는 것은 합리성의 기준이 상이하다는 것과 다르지 않기 때문이다.

인류는 역사적으로 세계의 여러 지역에서 각기 다른 문명을 건설하며 집단적인 생활을 영위해왔다. 그리고 그러한 문명들은 제각기의 가치체계와 규범을 갖추며 발전해왔는데, 그러한 가치와 규범들은 대체로 그 문명의 지배적인 종교들에 의해 생성되었거나 정당성이 뒷받침된 것들이다. 그래서 문화신학자 폴 틸리히는 "종교는 문화의 실체요, 문화는 종교의 형식이다."라고 천명한 바 있다.

결국 다문화사회란 상이한 문화적 관습과 가치체계를 지닌 여러 민족이나 인종으로 구성된 사회일 수밖에 없다. 이러한 사회에서 구성원들의 평화적인 공존과 발전적인 통합을 이룩하기 위해서는 그 문제의 근간을 이루는 종교 간의 갈등 문제를 해결하는 것이 필수적으로 요구된다. 이에 이러한 시대 상황적 요구에 직면하여 비교적 일찍부터 다종교적 갈등 상황에 처하여 이를 지혜롭게 해결하고자 노력해왔던 우리 민족의 대표적인 사상들을 고찰함으로써, 오늘날의 종교 간의 갈등을 극복할 수 있는 원리와 지혜를 탐색해본다.

　따라서 이 글은 먼저 종교의 다양성의 원인과 바람직한 관계 설정에 대해 모색하고, 다음으로 고조선의 건국신화를 통해 우리 민족의 원형적인 정신 특징을 고찰하며, 이어서 다종교적 역사 속에서의 우리 민족의 종교적 분쟁의 극복 노력을 원효(元曉)와 최치원(崔致遠)의 사상을 중심으로 하여 고찰한다. 그리고 마지막으로 현재 한국사회에서 실현되어야 할 종교적 갈등 해결의 원론적인 방향에 대해 논해본다.

II. 종교의 다양성과 공통성

종교(宗敎)란 '근원에 대한 가르침' 혹은 '근본이 되는 가르침'을 의미하는 불교 용어였으나, 19세기 말 일본에서 서양의 'religion'의 번역어로 사용되면서 불교·기독교·이슬람교·유교 등의 개별 종교들을 통칭하는 유(類)개념으로 우리사회에 정착되었다.

　여기에서 근원이란 모든 개별자들의 근원으로서, 시공적인 제한을 받는 개별자들의 모든 속성을 초월하는 무한(無限)·절대(絶對)의 존재를 말한다. 따라서 위에서 말한 종교들은 대개 이러한 절대자를 추구하고 신앙하는 특징을 지녀왔으며, 이러한 행위를 통해 인간의 근원적인 불안과 죽음의 문제 및 사회적 갈등과 대립 등의 실존적인 문제들의 해결을 모색해왔다. 그리고 이러한 과정에서 절대자와 개별자들의 관계에 대한 교리적 이론체계를 갖추고, 또 그에 입각하여 절대자에 다가서거나 합일하기 위한 수행, 예배, 기도 등의 실천체계를 갖추어왔다.

그렇다면 왜 인간사회에서는 절대자를 똑같이 추구하면서도 다양한 형태의 종교가 발생하게 되었는가? 이러한 다양한 종교의 발생 원인으로는 대략 다음의 세 가지를 들 수 있다(김경재, 2010: 8-9).

첫째, 근원 혹은 절대자라 불리는 '궁극적 실재'의 자체 속성 때문이다. 절대자는 현상의 사물 세계와는 달리 어떠한 상대적인 성질이나 특징으로 한정될 수 없는 무한한 무규정적 존재이기 때문에 어떠한 개념으로도 규정될 수 없다. 이렇게 규정될 수 없는 존재를 굳이 이름 붙여 표현하자니 각 문화권이나 사람에 따라 도(道)·진여(眞如)·리(理)·하나님·알라·브라만 등 각자의 방식으로 이해하고 표현하면서 다양한 종교들이 등장했다.

둘째, 생활조건을 달리하는 지역적인 차이 때문이다. 지구상에서 집단적인 삶을 영위한 이래로 인류는 서로 다른 지역에서 그 환경에 적응하며 삶을 개척해왔다. 즉 서로 다른 기후와 지질에 따라 거기에 적합한 생산물을 나름의 방식을 통해 생산·분배·소비하면서, 각자에게 적합한 언어와 문화를 발전시켜왔다. 이러한 차이들로 인해 하나의 사물이나 현상에 대해서도 서로 다르게 바라보고 판단하는 가치관의 차이가 자연스럽게 발생하게 되었고, 종교적인 문화현상에서도 이러한 차이의 발생은 자연스럽게 이루어졌다.

셋째, '궁극적 실재'를 추구했던 인간들의 문제의식과 목적이 다양했기 때문이다. 어떤 사람은 삶과 죽음을 비롯한 인간의 근원적인 고통의 문제를 해결하기 위해서, 또 어떤 이는 사회적 혼란을 극복하고 질서를 건립하기 위해서 세계의 궁극적 원인이자 법칙이 되는 그러한 존재를 탐구하였고, 그 결과 다른 관점과 태도를 지닌 여러 종교가 출현하였던 것이다.

이러한 이유들로 인해 세계의 각 지역에서는 여러 종교들이 발생하였고 그들 중 일부는 자기 문명권 속에서 구성원들의 광범한 지지와 믿음을 획득하면서 그들 문명의 정신적 방향과 가치를 결정짓는 역할을 하게 되었다. 오늘날 고등종교라 불리는 종교들은 모두 이러한 것들이라 하겠는데, 이들은 애니미즘이나 토테미즘 등의 저급한 신앙단계를 넘어서서 '궁극적 실재'인 절대자를 각자의 방식으로 추구하고 신앙하였던 공통점을 지니고 있다.

그러나 이들 종교들은 이러한 공통점에도 불구하고 그간에 형성된 서로의 종교관과 교리 내용 및 행동양식의 차이로 말미암아 어떤 경우에는 소통과 화합이 아닌 갈등과 투쟁의 길을 선택하여 세계 곳곳의 지역에서 피비린내 나는 전쟁의 원인을 제공하기도 하였다.[3] 그리고 이러한 문제들은 지금까지도 평화적으로 해결되지 못한 채 곳곳에서 분쟁이 지속되어오고 있다. 따라서 종교적 분쟁은 지구촌의 평화를 위해 반드시 해결되어야 할 중요한 과제로 남아 있다.

이러한 까닭에 유엔에서는 1981년부터 2010년까지 지속적으로 11차례에 걸쳐 '세계 종교 간 화합과 평화에 대한 유엔 총회 결의문' 등을 통해 종교 간의 차이로 인해 발생하는 모든 형태의 비타협적인 태도와 차별을 배격하고, 종교 간의 화합을 통해 세계평화를 실현하려는 노력을 기울여왔다(유엔 종교간 평화추진 한국협회 엮음, 2012: 5).

III. 한민족의 원형적 정신과 계승

우리 민족도 일찍부터 인간의 실존적 고통 극복과 사회의 평화적 통합을 실현하기 위해 절대자를 찾고 이를 체현하려는 노력을 기울여왔다. 이는 종교의례적 측면에서는 제천의식으로, 이념적 측면에서는 홍익인간이라는 국가이념으로, 상징적 측면에서는 환(桓, 한의 의미)·백(白, 밝·붉의 의미)을 숭상하는 광명사상의 형태로 나타났는데, 이는 모두 개아(個我)를 초월하여 절대자에 합일하려는 노력들이라 하겠다. 태고 이래의 이러한 노력들의 집적 결과 우리 민족은 부분에 매몰되기보다는 전체성을 중시하고, 한 측면에 편향되어 그것을 고집하지 않는 '균형과 조화를 중시하는 개방적인 정신 특성'을 지니게 되었다.[4] 그리고 이러한 특성은 이후로도 민족정신의 근저에서 면면히 이어져 내려오며 외래 문물의 유입이나 외침에 대한 우리 민족의 주체적인 대응을 가능케 한 원동력으로 작용해왔다.

고조선 건국신화에 나타난 정신 특성

우리 민족의 삶에 지대한 영향을 미쳤던 유교와 불교 및 도교가 우리 민족에게 전래된 것은 보통 삼국시대로 알려져 있다. 이렇게 보면 오천 년의 우리 민족의 역사 속에서 삼국시대 이후 후기 2천 년은 외래사상이 유입되어 지배적인 영향력을 행사했던 시기이다. 그렇다면 우리 민족의 본래 모습과 정신적 특성은 바로 그 이전의 상고사(上

古史)의 연구에서 찾아야 할 것이다.[5] 그러나 이 시기에 해당하는 고조선을 역사적인 국가 실체로 기록하고 있는 일부 사서(史書)들은 아직까지 공인되지 않고 있다. 그나마 공인된 사서로는 『삼국유사』에서 신화적 요소가 가미된 형태로 고조선의 건국 과정을 서술하고 있는데, 요약하면 다음과 같다.

> 『위서(魏書)』에 의하면, 당시로부터 2천 년 전에 단군왕검이 나라를 개창하여 도읍을 아사달에 정하고 이름을 조선(朝鮮)이라 하였는데, 요임금(高, 堯)과 같은 시기였음.
>
> 『고기(古記)』에 의하면, 천상에 환인(桓因)과 그 서자인 환웅(桓雄)이 있었음. 환웅이 하늘 아래 인간 세상에 가기를 원하여 삼위태백을 내려다보니 널리 인간을 이롭게 할 만함[홍익인간]. 이에 환웅이 무리 삼천을 이끌고 태백산의 신단수에 내려와서 와서, 풍백(風伯)·우사(雨師)·운사(雲師)를 거느리고 곡식·수명·질병·형벌·선악을 주관하며 360여 가지의 일을 관장하며 인간세계를 교화함[재세이화]. 이때 지상에 곰과 호랑이가 사람이 되기를 원함. 환웅이 제시한 기율(紀律)을 지킨 곰은 사람이 되고 호랑이는 되지 못함. 웅녀와 환웅이 혼인하여 단군을 낳음, 단군이 나라를 세우고 1500년 동안 나라를 다스림(『삼국유사』, 「기이」, <고조선> 요약).

위의 『위서(魏書)』에 근거한 서술은 사실을 간략히 전하는 사실적 서술인 데 반해, 『고기(古記)』에 근거한 서술은 신화적인 요소를 상당 부분 포함하고 있다.[6] 그러나 비록 신화적 요소가 가미된 형태이지만 고조선 건국의 유래와 과정 그리고 전말을 함축적으로나마 세밀 소상하게 묘사함으로써 우리 민족의 원형적 정신 특성을 잘 표현해주고 있다. 이를 통해 보자면 우리 민족의 원형적 정신 특성으로 가장 먼저 들 수 있는 것은 포용적·평화적 정신 특성이다. 위 서술에 따르면 우리 민족의 국가 형성은 이질적 문화를 지닌 두 집단의 결합을 통해서 이루어진 사건이다.[7] 하늘을 숭상하는 천신부족과 곰을 숭상하는 토템부족과의 통합이 전쟁이 아닌 '교화를 통한 수용'이라는 평화적 방식으로 고조선이라는 국가가 건설된 것으로 서술되고 있는 것이다. 이는 발달된 청동기 이주부족과 그 수준에 미치지 못했던 토착부족의 통합을 의미하는 것이기도 하다(김두진, 1999: 14 이하). 비록 온전한 사실적 형태의 기술이 아니라 신화를 통한 비유적 표현이긴 하지만, 이렇게 강한 집단이 약탈이 아닌 교화를 통한 평화적 방식으로 약한 집단을 수용하여 통합국가를 이룬다는 것은 인류사적으로 유래가 드문 경우라고 보인다. 그런데 이것이 우리 민족의 건국신화의 서술구조에서 가능했던 이유는 선진문물을 지닌 강력한 부족이 추구하였던 정신적 지향성, 즉 '널리 인간세상을 이롭게 한다'는 홍익인간의 가치 지향성과 그 영향 때문이다. 즉 미개한 부족까지도 함께 포용하여 지상에서 광명세계를 실현하려하였던 선진부족의 '밝고 광대한 마음'에 대한 강한 의지 내지는 그 지향성과 그것이 면면히 이어져 내려왔기 때문이다.[8]

다음으로 도의(道義) 지향적 정신이다. 주도적인 세력이 밝고 광대한 마음으로 여러 대상들을 포용하여 함께 생활한다고 하더라도, 문명사회가 형성된 이상 그 사회를 발전시키고 지속시킬 수 있는 합리적인 규율과 규범, 즉 도의(道義)는 필수적인 것이다. 그리고 구성원들이 그것을 개인적 이익이나 충동에 의해 함부로 파기하지 않고 준수하는 것은 사회 존립의 근간이다. 따라서 국가를 건설하는 데 주도적인 계층이나 집단의 포용적인 정신만 중요한 것이 아니라, 그 구성원이 되려는 계층이나 집단의 공동체적 역량, 즉 사회규범을 준수하려는 정신이나 의지 또한 매우 중요하다. 왜냐하면 문명사회 구성원으로서의 인간 생활이란 동물적인 욕구나 충동에 좌우되는 수준의 생활이 아니라 그것을 극복한 행동양식을 체화한 생활일 수밖에 없기 때문이다.

이렇게 볼 때 우리는 위의 서술을 통해 우리 선조들이 국가공동체를 건설하려던 밝은 지혜를 엿볼 수 있다. 그것은 상대가 원한다고 하여 무조건 받아들이는 것이 아니라 발달된 문명사회의 규율을 수용하여 실천할 수 있는 의지와 역량을 상대가 지니고 있는지를 검증하여, 그것이 가능함을 확인함으로써 문명사회의 구성원으로 받아들여 더 큰 국가로의 발전을 이룩해나갈 수 있었던 지혜인 것이다. 따라서 곰이 환웅이 제시한 규율을 받아들여 웅녀로 변신해간 과정은 동물에 가까운 미개한 인간의 수준에서 문명적인 인간의 수준으로 변화해간 과정이며, 미개한 부족이 선진부족의 생활양식을 수용하고 변화하는 과정을 상징적으로 표현한 것이라 할 수 있다. 그리고 이러한 과정이 공감과 교화의 방식으로 진행되었기 때문에 평화적인 통합이 가능했던 것이다.[9]

정리하자면 고조선의 건국은 넓고 큰 정신[홍익인간]을 지닌 선진부족과 그들의 발달된 생활을 흠모하여 그 규율을 수용하였던[재세이화] 토착세력인 곰 투템 부족의 자발적인 통합 의지에 의하여 문명생활이 더욱 확대된 결과로서 이루어진 사건이다.[10] 그리고 이러한 국가 건설의 원동력은 '환함', '밝음', '한'으로 표상되는 '하나인 무한자'를 추구하고 이를 인간 세상에서 함께 실현하고자 하였던 우리 민족의 포용적인 정신이다.[11] 또한 이러한 정신은 이후 우리 민족이 외래 사상을 수용하는 과정에서도 일방적인 수용과 추종이 아닌 새로운 한국적 변용과 종합을 가능케 한 원동력으로 작용하여왔다.

원효 사상의 원융회통적 성격

한국사상사에서 '궁극적 실재'인 '하나인 무한자'를 체험하고, 이를 바탕으로 포용성과 주체성을 발휘한 대표적인 사상가로는 원효를 들 수 있다. 원효의 속성(俗姓)은 설(薛)이며, 이름은 서당(誓幢), 법명(法名)은 원효(元曉)이다. 617년에 압량군(押梁郡) 불지촌(佛地村) 북쪽 율곡(栗谷)에서 태어나서 686년에 입적하였다. 그는 당시 중국으로부터 다양한 종파의 불교 사상들이 무분별하게 유입되어 붓다의 가르침에 대한 혼란과 논쟁이 초래되자, 그의 깨달음에 입각해 원융회통(圓融會通)의 견지(見地)에서 여러 책을 저술함으로써 이러한 이설(異說)들을 회통시키는 작업을 수행하였다. 이를 보통 화쟁사상(和諍思想)이라 하는데, 원융(圓融)이란 '세계의 실상이 원만하게 하나로 융합되어 있음'을, 회통(會通)이란 '대립 갈등하는 문제를 모아서 서로 통하게 함'을 말한다. 또한 그는 단순한 불교이론가로서뿐만 아니라 중생의 깨달음을 성취시키는 실천가로서 활동하여 당시의 귀족적인 불교를 넘어서는 민중불교를 탄생시켰다.

그렇다면 그는 어떻게 하여 분열과 대립을 거듭하던 종파적 이론들의 다툼을 화해시키고 글자도 제대로 익히지 못한 민중들로 하여금 붓다의 가르침을 이해시키고 따르도록 할 수 있었을까? 그것은 그가 붓다가 가르치는 '세계의 참된 실상', 즉 '궁극적인 경지'를 무명(無明)을 타파함으로써 실제로 깨달았기 때문이다. 즉 더럽고 깨끗하고, 귀하고 천한 등등의 우리가 오랫동안 은연중에 물들어왔던 '분별적인 마음작용과 사고'를 일순간에 넘어섬으로써, 그 근원인 '하나의 마음', 즉 '일심(一心)'을 깨달았기 때문이다.[12]

> 일심(一心)이란 무엇인가? 더러움과 깨끗함은 그 성품이 둘이 아니고, 참과 거짓 또한 서로 다르지 않다. 그러므로 하나(一)라고 한다. 그러나 이 둘이 없는 자리에 모든 법(法)의 실다움이 허공과는 달라 스스로 신령스럽게 아는 성품이니 이를 마음(心)이라고 한다. 그러나 이미 둘이 없는데 어찌 하나가 있으며 하나가 없는데 무엇을 일러 마음이라 하겠는가? 이 같은 마음의 도리는 말을 여의고 생각을 초월했으니 무엇이라고 지목할 바를 몰라서 억지로 이름하여 일심(一心)이라고 한다(『대승기신론소』, 「해석분」편).

그가 말하는 일심이란 우리들의 본래 마음이자 모든 존재의 근본, 즉 우주의 근본이라고 할 수 있다. 왜 우리들의 본래 마음이 우주의 근본인가? 그것은 크고 작고, 높고 낮고, 깨끗하고 더럽고, 참된 것과 거짓된 것 등의 우주의 모든 다양한 모습들은 그 자체에 그러한 고정된 본질을 지니고 있어서 성립되는 것이 아니기 때문이다. 그것들은 다양한 존재들의 관계망들 속에서 끊임없이 커지고 작아지고 모이고 흩어지는 등의 상대적인 양상으로 부단하게 변화하는데, 그러한 것들이 일순간의 우리들의 분별적인 의식에 의해 고정적인 속성을 지닌 것으로 분별되어 현현됨으로써 우리가 보는 세계, 즉 우주가 우리 눈앞에 펼쳐지기 때문이다. 따라서 우리들의 마음이 어떠한 분별의 기준을 갖고 보는가에 따라서 이 세계는 그에 맞게 달리 드러나 보이고 느껴지게 되는 것이다. 이를 『80화엄경』, 「보살설게품(菩薩設偈品)」에서는 일체유심조(一切唯心造)라고 표현하고 있다.

그렇다면 이렇게 우주의 만상(萬象)을 지어내는 우리들의 마음은 어떠한 존재인가? 이를 위에서는 '허공과는 달라 스스로 신령스럽게 아는 성품'으로 표현하고 있는데, 이는 바로 '지각하는 존재로서의 마음과 그 작용'을 말하는 것이다. 원효는 이를 보통 '일심'이라 부르지만 때로는 다음과 같이 '대승'으로 부르기도 한다.

> 그러나 무릇 대승(大乘)의 형체는 고요하고 적막하며 깊고도 그윽하다. (중략) 크다고 말하고 싶으나 안이 없는 것에 들어가도 남음이 없고, 작다고 말하고 싶으나 밖이 없는 것을 감싸고도 남음이 있다. 있다고 하고 싶어도 한결같은 작용으로 텅 비어있고, 없다고 하고 싶어도 만물이 이를 타고 생겨나니, 무엇으로 표현해야 될지 알지 못하므로 억지로 이름하여 대승이라 한다(『대승기신론소』, 「종체문」 편).

사실 일심 또는 대승으로 불리는 마음이라는 이 존재는 상대적인 현상세계를 현전(現前)시키는 지각작용을 본래부터 지니고서 작동하고 있지만, 상대적인 현상세계를 헤아리는 기준에 따라 이를 측량하고자 한다면 그것은 크기와 모양과 수(數)로서는 결코 파악될 수 없는 무형(無形)의 존재이다. 원효에 의하면 바로 이 존재의 작용에 의해 모든 세계의 갖가지의 존재들이 드러나 생긴 것이다. 그래서 이 존재야

말로 우리들의 근본 마음이자 모든 존재, 즉 우주의 근본 존재라고 할
수 있다.

그렇기 때문에 원효에 의하면 이러한 존재는 비록 불교를 통해 드
러났지만 단지 불교라는 종교 안에만 한정될 수 없는 존재이다. 그래
서 그는 성문승(聲聞乘), 연각승(緣覺乘), 보살승(菩薩乘)이라는 삼승(三
乘)을 포괄하는 불교 이외에도 인승(人乘)과 천승(天乘)으로 유가(儒家)
와 도가(道家)를 지칭하면서 다음과 같이 그의 회통(會通)의 대상으로
포괄하고 있다.

> 물음: 방편교 가운데 인승과 천승이 있는데, 어찌하여 이 둘은 회통하
> 지 않고 오직 저 삼승(三乘)만 회통하는가?
> 대답: '삼승을 회통한다'는 말은 역시 이 둘을 포섭하고 있다. 왜 그런
> 가하면 법화교 가운데 삼승을 설한 것이 두 가지가 있는데, 하나는
> 세 가지 차(車)의 비유인데 「비유품」에 나오고, 두 번째는 세 가지
> 풀의 비유이니 「약초품」에 나온다. 이 뜻은 무엇인가. 인천(人天) 이
> 승은 합해져서 소승이 되니 소약초와 같고, 성문과 연각은 중승(中
> 乘)이라 하니 중약초와 같으며, 저 별교의 발심한 보살은 대승이라
> 이름하니 대약초와 같다. 이 삼승을 회통하면 바로 오승을 포섭한
> 다(『법화종요』).

위에서 본 바와 같이 원효는 불교의 수행 과정을 통해 궁극자를
체득했지만, 그가 체득한 궁극자는 비단 불교에만 국한된 것은 아니
다.[13] 따라서 그는 비록 불교 우월론적 시각에 입각해 있지만 이들을
포괄하여 회통하려는 입장을 보이고 있는 것이다. 그런 그에게는 유

가와 도가는 배척의 대상이 아니라 같은 근원적인 진리를 부분적으로 공유하고 있는 포용과 화합의 대상이었던 것이다.[14]

이러한 그의 사상은 삼국의 분열과 대립으로 인한 끊임없는 전란 (戰亂)과 그로 인한 민중의 고통이 신라의 통일에 의해 겨우 마감되었지만, 투쟁과 대립의 요소가 근원적으로 해결되지 못했던 당시에 이를 종식시키고 평화를 가져올 수 있는 국론통합의 사상원리를 제시한 것이다. 그리고 이러한 원융회통을 통한 그의 화쟁과 통합의 정신은 고려시대에는 의천에게 계승되어 불교계를 비롯한 국론 통합의 정신으로 작동하였고,[15] 조선시대에는 휴정에게 계승되어 국란 극복을 위한 대승적 차원의 승병 활동으로 전개되었다.[16]

최치원 사상의 삼교회통적 성격

한국사상사에서 가장 대표적인 삼교회통론자로 알려진 인물로는 최치원을 들 수 있다. 그의 본관은 경주(慶州), 자는 고운(孤雲) 또는 해운(海雲)이며 경주 사량부(沙梁部) 출신으로서 6두품(六頭品) 가문 출신이다. 12세의 어린 나이에 당(唐)에 유학하여 빈공과(賓貢科)에 합격한 이후 여러 관직을 맡으면서 '토황소격문(討黃巢檄文)' 등의 문장으로 이름을 떨치면서 17년간 머무르다 신라로 귀국하였다. 귀국 후 신라 말기의 혼란상을 극복하기 위해 진성여왕에게 10여 조의 시무책 (時務策)을 제시하였으나 진골 귀족들의 반발로 무산되었고, 이후 관직을 버리고 여러 지역을 소요하다가 말년에는 해인사에 머물며 저술 활동에 전념하였다.

그는 당나라에 있을 때 이미 폭넓은 학문 활동을 통해 유교·불교·

도교에 대한 그의 입장을 확립하였다.[17] 그리하여 그는 유·불·도 삼교는 시작과 길은 다르지만 궁극적인 귀결처는 같다고 보았는데, 이를 보통 이로동귀설(異路同歸說)이라 한다. 그는 유·불·도를 대립과 갈등이 아닌 조화의 관계로 인식하고 있었다. 다음은 그가 궁극자를 어떻게 이해하고 있는지를 보여주는 구절이다.

> 만약 지극한 부처님의 심법(心法)을 말한다면, 그윽하고 또 그윽하여 이름으로 이름할 수 없고, 설명하려 하여도 설명할 수 없다. 비록 달을 얻었다고 이르나 그 달을 가리키는 손가락을 잊어버려 끝내 바람을 붙잡고 그림자를 포착하기 어려움과 같다(『최치원전집』, 「진감선사 비명」).

위에서 그는 궁극자를 '부처님의 심법'과 '달'로써 지칭하고 있는데, 이러한 심법과 달은 이를 체험하였다고 하더라도 이름할 수 없고 설명할 수 없음을 서술하고 있다. 이를 보면 그가 이해한 궁극자는 앞서 살펴보았듯이 현상세계의 사물이 아닌 '상대적인 성질이나 특징으로 규정될 수 없는 무한자'를 지칭하고 있음이 분명하다. 그렇다면 이러한 무한자가 모든 현상세계의 궁극자임이 분명하다면, 그 궁극자는 불교를 신봉하든 아니면 유교나 도교를 신봉하든 간에 이를 진실된 마음으로 추구하는 모두에게 열려 있는 존재임이 분명하다. 그래서 그는 다음과 같이 이러한 궁극자에 대한 교시(敎示)가 불교뿐만 아니라 유교에서도 '말을 통하지 않는 가르침의 방식'으로 전해지고 있음을 피력하고 있나.

그러나 멀고 높은 데에 이르는 것도 가깝고 낮은 데서부터 시작하는 것이니 비유를 취하더라도 무엇이 해로운가! 공자가 그의 제자에게 "나는 말이 없고자 한다. 하늘이 무슨 말을 하던가!"라고 하였으니, 저 유마거사가 침묵으로써 문수보살을 대한 것이나, 석가가 가섭에게 은밀히 전한 것은 혀끝도 움직이지 않고 능히 마음을 전한데 들어맞는 것이다. '하늘이 말하지 않음' 말하였으니, 이를 버리고 어디에 가서 얻을 것인가(『최치원전집』, 「진감선사 비명」).

그는 위에서 공자가 제자인 자공에게 이러한 궁극자의 뜻은 말로써 표현될 수 없음을 표현한 것과 문수보살이 둘이 아닌 법문(不二法門)에 들어가는 방법을 유마힐에게 물었을 때 침묵으로써 답을 한 것, 그리고 석가모니가 영산회(靈山會)에서 연꽃 한 송이를 대중에게 들어보임으로써 가섭에게 이심전심(以心傳心)으로 진리를 전한 것 등이 모두 '궁극자'에 대한 그들의 무언의 교시(教示)였음을 주장하고 있다. 사실 어떤 방식을 통해서든지 궁극자를 체험하였다면 그렇게 체험된 궁극자는 서로 다른 별개의 것일 수는 없다. 왜냐하면 궁극자는 하나일 수밖에 없기 때문이다. 그래서 그는 다음과 같이 유교에서의 궁극자와 불교의 궁극자가 동일한 하나임을 다음과 같이 피력하고 있다.[18]

인심(仁心)은 곧 부처이니, 부처를 지목하여 능인(能仁)이라 하는데, 이는 법칙이다(『최치원전집』, 「지증대사 비명」).

인심(仁心)이란 하늘, 즉 궁극자를 체현한 마음을 지칭하는 유교식의 표현이고, 부처란 불교에서 말하는 법신(法身), 즉 궁극자이자 이를 체현한 사람을 표현하는 이름이다. 그런데 이 둘이 같다는 말은 유교에서 지칭하는 궁극자와 불교에서 지칭하는 궁극자가 실상은 같다는 주장이다. 이것을 그는 그 이전부터 존재해왔던 '부처의 별칭이 능인(能仁: 仁을 능히 실현하는 사람)이라는 사실'을 들면서 그 주장의 타당성을 제시하고 있다. 그는 불교와 유교 관계뿐만 아니라 도교(道敎) 의식(儀式) 관련 재사(齋祠)에서도 아래와 같이 궁극자를 논하는데, 이는 그가 이해하는 궁극자가 개별 종교를 초월하여 하나라는 사실을 보여주고 있다.[19]

> 지극한 도(道)는 감각으로 알 수 있는 형체가 없지만 부지런히 간절하게 정성된 마음을 다하면 감응하여 반드시 통하게 될 것입니다(『최문창후전집』, 「황록재사」).

이 외에도 그가 이들 삼교가 가리키는 이상적인 정신 경계가 인간의 실제적인 심성에서는 서로 다른 것이 아님을 도처에서 표명하고 있음을 볼 수 있는데, 다음의 예를 들 수 있다.

> 유서(儒書)에 이르기를, '(곧은 것을) 굽은 것 위에 두어야 한다', '생각에 삿됨이 없어야 한다'고 하였으며, 불경(佛經:『유마경』)에 이르기를, '정토(淨土)가 바로 도량인 것이다'고 하였으니, 바로 직심(直心)을 가리킨 것이다(『최치원전집』, 「법장화상전」).

위에서 그는 유가에서 말하는 '삿된 생각이 없는 마음'이 바로 불가에서 말하는 '정토(淨土)'와 다름이 없음을 논하면서, 그것을 직심

(直心), 즉 '인간의 본성이 왜곡되지 않은 마음'을 가리키는 것으로 단언하고 있는 것이다. 이를 보건대 그는 당시의 삼교 사상에 대해서 개념적 논리적 이해에 그치고 있는 것이 아니라, 그것들을 그의 진지한 구도적 실천을 통해 인간의 실제 마음에서 탐구하고 확인하는 실천적인 태도를 지니고 있었음을 알 수 있다.[20]

사실 그는 유교사상에서부터 학문을 시작하였기에 스스로는 유학자로 항상 자처하였지만, 그는 유학뿐만 아니라 불교와 도가사상을 두루 섭렵한 결과 유·불·도 삼교가 궁극적으로는 하나의 목적지로 귀착되고 상호보완적인 관계를 이루고 있다는 삼교회통론을 주장하였다.[21] 그가 이러한 주장을 하게 된 데는 당시 당나라에서 성행하던 삼교융합론의 영향도 있지만, 그가 신라로 귀국한 뒤 다년간의 연구를 통해 당시까지도 신라인들에게 전해오던 우리 민족의 전통적 정신에 대한 자각이 있었기 때문에 가능했다고 볼 수 있다.[22] 그리하여 그는 다음과 같이 민족적 전통정신을 풍류(風流)로 이름하고 이를 중심으로 삼아 삼교회통적 이론을 전개하였다.

> 나라에 현묘한 도가 있으니 '풍류(風流)'라 한다. 그 가르침을 세운 근원은 '선사(仙史)'에 자세히 실려 있는데, 실로 삼교(三敎)를 포함하여 중생을 교화한다. 들어와서 집에서는 효도하고 나가서는 나라에 충성하는 것은 공자의 가르침과 같고, 무위(無爲)의 일[事]에 처하고 말 없는 가르침을 행하는 것은 노자의 뜻과 같으며, 모든 악한 일은 짓지 않고 모든 선을 받들어 행하는 것은 부처의 가르침과 같다(『삼국사기』, 「진흥왕」편).

264

난랑비서문에서 기술된 풍류(風流)란 앞부분의 '한민족의 원형적 정신 특성'에서 포용적·도의지향적 정신 특성으로 논했던 고조선의 정신문화가 후대로 전승된 것이다. 그리고 그러한 기록들은 그 당시까지도 선사(仙史)에 자세하게 서술되어 전하고 있었음을 볼 수 있다. 그는 '환함' '밝음' '한'으로 표상되는 '하나인 무한자'를 추구하고 이를 인간 세상에서 함께 실현하고자 하였던 우리 민족의 포용적·도의지향적 정신의 수련도를 풍류(風流)로 이름하고, 이를 중심으로 유·불·도 삼교를 포용하여 그 회통성을 주장하였던 것이다.[23] 이렇게 보면 그는 유·불·도 삼교의 진리의 보편성을 인정하여 그것을 개방적으로 수용하면서도 종국에는 그러한 진리의 보편성을 우리 민족의 풍류도에서 찾아, 이를 중심으로 삼교를 포괄하는 회통성을 주장하였던 주체적인 사상가라 할 수 있다.

그렇다면 그는 어떻게 하여 이렇게 주체적인 입장에서 삼교회통의 진리관을 주장할 수 있었을까? 그것은 그가 하나의 이론체계에 매몰되지 않고 인간의 삶 전체를 바라보고 그것을 중심으로 각 사상의 가치를 파악하는 인본주의적 관점을 지니고 있었기 때문이다.[24] 그리고 그러한 관점에서 각각의 종교들이 지닌 장점을 파악하여 이를 생활 속에서 적절하게 실현함으로써 인간의 삶을 유익하게 하려는 의지를 지니고 있었기 때문이다.[25] 때문에 그는 학문을 하는 데도 그러한 관점에서 유·불·도를 막론하고 항상 실천과 체득 및 그 효과를 다음과 같이 강조하였던 것이다.

도(道)는 담담하여 맛이 없는 것이지만 그래도 애써서 씹어야 한다(『최치원전집』, 「낭혜화상 비명」).

크게 이루어진 지극한 도는 본래부터 부지런히 행하는 데 있으며, 현묘한 문은 오직 잘 닫는 데 달려 있습니다. 그러므로 몸을 닦으면 그 덕이 귀하게 되고, 나라에 닦으면 그 덕은 남음이 있으니, 일을 적게 하고 공(功)은 많은 것이라 하겠으며, 잠시만 수고하면 영원히 편안하게 되는 것이라 하겠습니다(『동문선』).

이렇게 실천을 강조하며 인본주의적 관점에서 삼교의 회통성을 주장하였던 그의 사상은, 혼란을 거듭하며 말기적 증상을 노출하였던 당시의 신라사회를 민족전통의 포용적·인본주의적 정신을 통해 다시 재건하려는 실천적인 노력의 소산이라고 할 수 있다. 그러나 이러한 노력은 당시 사회의 골품제의 한계로 인해 그 실현이 좌절되었지만, 신라 육두품 유학자들로 전승되어 고려 초기에는 성종 시대의 새로운 국가체제 정비를 위한 유교적 정치이념과 시책에 반영되었고[26] 다시 고려 말의 이색의 유교 중심의 삼교회통적 사상활동을 통해 계승되었다(이은영, 2018: 38-39). 그리고 조선에서는 휴정(休靜), 최제우(崔濟愚) 등 삼교회통 내지 조화를 주장하는 사상가들에게 영향을 미쳤다.

IV. 종교적 분쟁의 해소를 위하여

인간은 다른 동물과는 달리 즉자적 존재로 만족하지 못하고 영원성을 추구하며 이를 문명사회에 다양한 활동으로 반영해왔다. 그 대표적인 사례가 종교적 활동이며 이는 지구상의 여러 문명 속에서 다양한 형태로 전개되어 왔다. 그래서 이들 종교들은 사회의 구성원들로 하여금 그들이 체험한 절대자에 이르도록 하기 위해 그들 각자의 가르침을 제시하였고, 이는 결과적으로 그들 문명의 정신적 방향과 가치를 결정짓는 역할을 하게 되었다. 그러나 이들 종교들은 각자 문명의 가치와 질서를 세우고 평화를 유지하는 긍정적인 역할을 수행해왔음에도 불구하고, 그에 못지않은 부작용을 발생시킴으로써 여러 분쟁의 원인을 제공하기도 하였다. 그것은 특히 서로 다른 이론체계와 신앙방식을 지닌 종교들이 하나의 같은 지역에서 마주쳤을 때 집중적으로 발생하였다. 그리고 그러한 문제들은 세계가 하나의 지구촌으로 변모해가고 있는 현재까지도 해결되어야 할 미완의 과제로 남아 있다.

사실 지구상의 여러 고등종교들은 서로 다른 방식과 내용으로 종교 활동을 전개해왔지만 이들이 추구하였던 궁극적인 도달처는 '같은 하나'라고 할 수 있다. 왜냐하면 그들이 추구하는 '궁극적 실재'인 절대자는 여러 개가 있을 수 없기 때문이다. 만일 각자의 종교 모두가 진실로 그러한 절대자를 체현하고 있다면, 다른 종교에서 신앙하는 절대자와 구별되는 자기 종교만의 고유한 절대자가 존재한다는 주장은 성립될 수 없다. 만일 그러한 존재가 있다면 그것은 단지 관념으로 추출하거나 상상해낸 하나의 추상물일 수밖에 없고, 따라서 그러한 절대자는 결코 절대자일 수 없다.[27]

이를 통해 보자면 오늘날의 여러 고등종교들은 모두 하나의 절대자를 지향처로 공유하면서도, 서로 다른 언어와 문화적 풍토를 지닌

지역에서 상이한 문제의식을 지녔던 인간들에 의해 개창되어 전개된 종교들이다. 그리고 이들은 동일한 절대자를 지향한다는 점에서 서로 회통하여 공존할 수 있는 내재적 근거를 지니고 있다. 따라서 서로가 다른 교리 체계와 방법들을 발전시켜왔다는 사실은 상호부정이 아닌 상호존중의 근거로서 이해되는 것이 합리적이다. 왜냐하면 다른 종교는 나의 종교에서 그동안 실행하지 않았던 방식과 내용으로 절대자의 지향이라는 인류 공통의 목표를 역사 속에서 실현해왔기 때문이다. 결국 여러 형태의 고등종교들의 바람직한 관계는 공통의 목표를 공유하면서도 서로 다른 방법과 내용을 지님을 인정하여 상호 존중하고 협력하는 관계이다.[28]

지금 우리사회는 단기간에 이룩된 압축적인 자본주의적 경제 발전으로 인하여 전근대와 근대 및 현대적 사유 의식들이 중첩된 형태의 특징을 지니면서, 세대와 계층 그리고 지역과 학력 등에 따라 차이를 지니며 공존하는 복합적인 사회 성격을 띠고 있다. 여기에 새롭게 첨가된 다문화적 요인들은 이러한 복합적인 사회 성격을 더욱 강화시켜 놓았다. 따라서 기존의 특정한 가치나 사상체계만으로는 구성원들의 통합을 요구할 수 없는 다원적인 사회로 이미 변화되었다. 따라서 현재 우리 사회에 요청되는 덕은 어느 특정한 사상이나 종교에 국한된 것일 수가 없으며, 더욱이 상대를 무시하는 배타적이거나 독선적인 태도는 더욱 경계되어야 할 것이다. 보편 가치를 지향하면서도 나 이외의 다양한 사고 경향에 대해서도 열린 태도를 견지할 수 있어야만, 융합을 통한 새로운 가치와 그에 기초한 통합적인 질서를 건립할 수 있다.

이러한 의미에서 우리 민족의 전통정신은 매우 귀중한 자산으로 평가될 수 있다. 고조선의 건국과정 자체가 홍익인간의 포용적 정신과 인본주의적 도의(道義) 정신의 실현이었으며, 그러한 정신과 전통은 원효의 화쟁사상과 최치원의 삼교회통론 등을 필두로 하여 주체적인 사상전통으로 역사 속에 면면히 이어져 내려왔다. 그리고 이러한 주체적인 사상들은 국난의 시기에 사상적 종교적 차이를 넘어 보다 큰 포용성을 드러내며 대의(大義)를 위해 함께 힘을 모으고 국론을 통합하는 실천적인 역할들을 수행하였다.[29] 그래서 이러한 우리 민족의 포용적이고 인본주의적인 사상 전통은 오늘날의 다원주의적 사회에서 사회적 통합과 평화를 모색하는 데 여러 측면에서 유효한 사상원리와 시사점을 제공해줄 수 있다.

2 2017년 통계에 따르면 우리나라에는 200개가 넘는 국가에서 온 250만 명의 외
국인이 거주하고 있다. 2012년 19대 국회에서는 비례대표 1석을 의원직으로
할당하여 이들 이주민들의 권익과 요구를 수렴하기도 하였다.

3 십자군전쟁을 비롯한 인류역사에서 상당수의 전쟁은 이러한 종교적 대립과 갈
등으로 촉발되어 일어난 전쟁들이다. 이는 여러 종교가 자신만이 유일무이한
진리를 지니고 있고 절대적으로 옳다는 배타적인 태도를 지녔었기 때문이다.

4 고조선 건국신화의 천-지-인의 전개 구조와 이러한 정신전통을 계승한 신라
화랑도의 학습 내용이 도의(道義)의 연마와 가악(歌樂)의 즐김과 산수(山水)의
여행을 포괄하고 있었다는 점 등이 대표적인 예라고 할 수 있다.

5 이 시기의 고조선과 단군의 역사적 실체에 대한 역사학계의 인식은 그 인식의
편차가 매우 크다는 문제점이 있다. 그 스펙트럼은 먼저 단군을 후대에 창작된
신화로서 상징적인 의의조차 인정할 수 없다는 극단적인 주장에서부터, 서기
전 24세기 고조선 건국은 인정할 수 없지만 민족 구심점으로서의 상징적인 의
의는 인정해야 한다는 주장, 그리고 서기 전 24세기 건국은 사실이며 구체적인
역사는 알 수 없지만 단군의 건국이 민족사의 출발이라는 것은 인정해야 한다
는 주장, 마지막으로 『환단고기』의 상고사 서술은 확고한 진실이라는 주장까
지 매우 다양하게 존재한다. 그리고 이 문제에 대한 각자의 견해가 매우 완고
한 형태로 존재하여 좀처럼 폐쇄성을 벗어나지 못하고 있다는 문제점이 있다.
이러한 상황에 대해서는 먼저 주류학계의 책임이 가장 크다고 보인다. 실증적
근거를 강조하는 주류학계는 그동안 이 문제에 대해 소극적이거나 부정적인
태도를 지속해왔다. 그 결과 이들의 상고사 연구의 내용들은 식민사관의 영향
을 탈피하지 못한 채 우리 민족의 신석기·청동기·철기시대의 시점, 고조선의
고대국가 형성 시기, 고조선의 중심지와 범위 등에 대해 오류로 판명된 주장들
을 교과서에 단정적으로 서술해왔으며, 그 결과 북한 학계의 연구에 영향받아
수동적으로 변화되어온 경우가 많았다. 그리고 이로 인해 일제의 식민사관의
영향으로부터 자유롭지 못하다는 비판을 재야학계로부터 줄곧 받아온 것이
사실이다(정영훈, 2005: 181-188). 이러한 상황에서 논자의 입장은 위의 입장들
중에서 대체로 세 번째 입장에 가깝다. 따라서 고조선 건국에 대한 신화적인
요소를 지닌 일부 서술에 대해서도 단순한 허구적 창작물이 아닌 당시 상황을
일정하게 반영한 서술로 보는 것이 타당하다는 입장에서 이 글을 작성하였다.

6 『고기』에 근거한 서술은 실증주의 사관을 표방하는 일제의 식민사관이 고조선의 국가 실체와 단군의 존재를 부정하면서 위의 건국과정을 고려시대의 한 승려에 의해 지어낸 황당무계한 신화에 지나지 않는다고 극구 부인하는 근거되기도 하였다. 그러나 바로 그 위의 『위서(魏書)』에 근거한 서술은 지극히 사실적인 기록이며, 더욱이 그것의 근거가 중국의 역사서인 『위서』라는 점에서 객관성을 의심하기 힘든 사실성을 지닌다. 사실 고조선의 실재에 대해 기록하고 있는 중국 문헌으로는 이외에도 『관자(管子)』, 『산해경(山海經)』, 『전국책(戰國策)』, 『잠부론(潛夫論)』 등이 소개되고 있다(단군학회, 2005: 387-398).

7 고조선을 두 부족이 아니라 세 부족의 결합으로 이루어진 국가로 보는 연구도 있다. 즉 태양 숭배 부족인 한(韓, 桓) 부족과 곰 토템의 맥(貊) 부족 그리고 범 토템의 예(濊) 부족 3개의 결합으로 고조선을 이해하는 입장이다. 다시 말해 한(韓) 부족과 맥(貊) 부족의 혼인동맹에 의한 결합과 함께 예(濊) 부족의 족장을 제후로 인정하는 결합, 그래서 이들 3개 부족의 결합체로 보는 입장이다(단군학회, 2005: 396-402).

8 이를 광명사상이라고도 표현한다. '환(桓)'·'한'은 밝다 크다는 뜻을 지니고, '밝'·'붉'의 차음표기인 백(白) 또한 밝음을 의미한다. 아사달(阿斯達) 또한 아침의 땅, 밝은 땅, 처음의 땅의 뜻을 지닌다(이원호, 1998: 244-246).

9 우리 민족의 정신적 특성을 위의 두 가지로 보는 저술들은 다수 존재한다. 이영경(2014: I장)은 이를 '도의와 조화의 윤리'로 표현하고 있고, 한국철학사연구회(2005: 2장)에서는 '한국인의 본바탕으로서의 인(仁)과 사회규범으로서의 의(義)'로 표현하고 있다.

10 따라서 일제의 식민지사관처럼 고조선의 건국신화를 단지 역사적 사실과 유리된 환상적인 신화로서만 이해하는 것은 곤란하다. 『한국민족문화대백과사전』에서는 해방 이후의 연구를 바탕으로 하여 우리 민족의 기원을 다음과 같이 서술하고 있다. "한민족은 몽고종 중의 신시베리아족의 알타이족에 속한다, 한민족은 알타이족의 이동과정에서 일찍이 갈라져 만주서남부와 요녕지방에 정착하여 농경과 청동기를 발달시켰고, 이 지역 및 한반도에 살고 있던 구시베리아족을 정복·동화시켜 오늘의 한민족이 형성되었다. 이렇게 하여 민족단위로 한민족이 성립되었는데, 이는 단군신화에서 전하는 고조선의 건국연대와 대체로 부합하는 서기 전 2000년대로 볼 수 있다(『한국민족문화대백과사전』 '한민족')."

11 이러한 우리 민족의 심성적 특징에 대해서는 안사성(2010: 49-57)의 연구를 참조할 수 있다.

12 의상과 함께 두 번째로 시도했던 당나라 입국 과정에서 중도 포기한 계기로 회자되는 '해골바가지' 또는 '토굴'사건이 원효가 일심을 체득한 계기가 되었던 것으로 보인다. 『송고승전(宋高僧傳)』, 「의상전(義湘傳)」에는 원효의 깨달음에 대해 다음과 같이 서술하고 있다. "어제는 토굴이라 편안했는데, 오늘 밤은 귀신의 집인 무덤에서 잠을 자기 때문에 편안하지 않구나. 마음이 일어나므로 갖가지 현상(法)이 생기고, 마음이 멸하므로 토굴과 무덤이 둘이 아니다."

13 사실 『송고승전』, 「원효전」에는 그가 불교뿐만 아니라 유불도 삼학에 두루 통달했다는 기록이 있다. 그리고 그가 불교적인 틀을 뛰어넘은 무애행을 실천하면서 요석공주와의 사이에 설총을 낳고, 설총이 신라의 대표적인 유학자로서 성장해간 사실 등은 이러한 그의 깨달음에 근거한 개방적인 종교관이 바탕이 되었을 것으로 보인다.

14 이러한 그의 종교관은 '포괄주의적 종교 해석'으로 이해되고 있다(김용표, 2010: 2장).

15 의천은 원효를 숭상하여 그를 화쟁국사(和諍國師)로 추존하고, 화쟁사상의 전통을 계승하여 고려 불교의 융합을 시도함은 물론 유가와 도가를 아우르는 사상적 틀을 모색하고 실천하였다. 그에 의한 고려의 천태종 개창은 이러한 원효의 화쟁사상의 전통에 기인한 바가 크다.

16 서산대사로 알려진 휴정 또한 원효와 의천과 마찬가지로 유가를 인승으로 도가를 천승으로 포섭하여 수용하려는 면모를 보이는데, 이는 그의 '포괄주의적 종교 해석'의 관점을 보여준다.

17 그가 있을 당시 당나라의 사상적 풍토는 도교와 불교, 유교와 도교 간의 논쟁을 거쳐 삼교의 조화와 융합을 주장하는 '삼교융합론'이 하나의 흐름으로 성행하였다. 그의 이러한 입장도 여기에 상당한 영향을 받았다고 보인다(장일규, 2005: 251-255).

18 사실 실천적인 방식으로 궁극자를 추구하였던 남명 조식의 경우에도 이와 같은 입장을 보이고 있다. "불교에서 말하는 진정(眞定)이라는 것도 다만 이 마음을 간직하는 데 달려 있을 뿐이니, 위로 천리(天理)에 통하게 되는 데는 유교와 불교가 같다(『남명집』, 「을묘사직소」)."

19 최치원의 삼교회통의 이론적 근거를 유교의 천명지위성(天命之謂性)과 불교의 실유불성(悉有佛性), 도가의 무명지박(無名之樸)이라는 본성관의 공통성에서 찾는 주목되는 연구도 있다(최영성, 2012: 336).

20 그가 이러한 실천적 실제적인 학문 태도를 지니고 인간 생활의 실질적인 향상을 끊임없이 추구해갔기 때문에 그의 학문이 외래사상의 단순한 수용에 그치

지 않고 그것을 포용하면서도 주체성을 확립한 사상으로 성장해갈 수 있었던 것으로 보인다. 이러한 실천적 실제적인 학문 태도의 예는 그가 "부처님의 말씀은 반드시 방위를 분별한 것은 아니지만, 결국에는 마음이 머물 자리를 가리키는 것이다(최영성, 2012: 206)."라는 구절에서도 확인할 수 있다.

21 그의 사상의 이러한 포괄적 성격을 삼교회통론(三敎會通論) 또는 삼교일리론(三敎一理論) 혹은 삼교융합론(三敎融合論)이라고 부르고 있다(서경전, 1996: 8; 곽만연, 2006: 55; 장일규, 2005: 247).

22 이에 대해서는 장일규(2005: II-III장)의 연구를 참조할 수 있다.

23 이러한 회통의 체계는 진흥왕이 풍월도(風月道)를 중심으로 하여 화랑도를 정비하던 행적과 궤를 같이한다고 할 수 있다.

24 여기서의 인본주의란 인간의 고통을 최소화하고 복지를 증진시키려는 모든 도덕적·사회적 운동을 통칭하는 광의의 개념으로 사용한다.

25 그는 불교 이해에서도 심학(心學)을 중심으로 하되 구학(口學)의 역할도 인정하였고, 또한 실천불교를 중시하여 이론을 현실 생활에 직결시켜 생각하고, 자신의 깨달음만 아니라 중생의 제도를 강조하였다. 그리고 효(孝)와 인(仁) 그리고 대동세계의 실현 또한 불교적 윤리실천과 결부하여 주장하였다(곽만연, 2006: 36-38, 50).

26 고려 성종 시대의 새로운 국가체제 정비를 실현하였던 최승로의 시무 28조 등이 대표적인 예이다.

27 이러한 절대자 또는 동일자는 인간의 감각이나 그에 바탕한 추상적 사유와 논리적 추론에 의해서는 절대 파악될 수 없는 존재이다. 그것은 그러한 분별적인 사유 활동을 중지할 때에야 비로소 드러나는 무분별의 무한한 존재이다. 그래서 그것은 하나이다.

28 '같으면서도 다름, 다르면서도 같음'은 존재의 실상이다. 따라서 우리 인간들이 타자와 관계 맺는 원리도 이러한 실상에 부합되는 것이어야 한다. 이러한 것에 대해 유교는 화이부동(和而不同)을 주장하고, 불교는 연기(緣起)에 근거한 중도(中道)를 주장하고 있다.

29 고려 말기의 이색(李穡)의 삼교회통론, 조선 임란 시기의 휴정의 삼교일치론, 한 말의 최제우의 동학 등이 대표적인 예이다.

:: 참고문헌

『삼국사기』, 『삼국유사』, 『동문선』.

元曉, 『대승기신론소(기회본)』, 『한국불교전서』 권I.

元曉, 『법화종요』, 『한국불교전서』 권I.

崔致遠(1972), 『최문창후전집』, 서울: 성균관대학교 대동문화연구원.

崔英成(1998), 『역주 최치원전집 1』, 서울: 아세아문화사.

崔英成(1999), 『역주 최치원전집 2』, 서울: 아세아문화사.

김두진(1999), 『한국 고대의 건국신화와 제의』, 서울: 일조각.

곽만연(2006), 「최치원의 유·불·도 삼교관 연구」, 『불교연구』 제24집.

김경재(2010), 「동서종교사상의 화합과 회통」, 『동서철학연구』 56호.

김용표(2010), 「원효의 화회 해석학을 통해 본 종교다원주의」, 『동서철학연구』 제56호.

단군학회(2005), 『남북학자들이 함께 쓴 단군과 고조선 연구』, 서울: 지식산업사.

서경전(1996), 「동양의 화사상 연구」, 『정신개벽』 제15집.

유엔 종교간 평화추진 한국협회 엮음(2012), 『세계 종교간 화합과 평화에 대한 UN총회 결의문집』, 서울: 행복한 숲.

이영경(2014), 『한국사상과 마음의 윤리학』, 대구: 경북대 출판부.

이원호(1998), 『교육사상사』, 서울: 문음사.

이은영(2018), 「목은 이색의 삼교관과 회통적 성격」, 『동양철학연구』 제94집.

장일규(2005), 「최치원의 삼교융합사상과 그 의미」, 『신라사학보』 제4호.

한국철학사연구회(2005), 『한국철학사상사』, 서울: 심산.

한자경(2010), 『한국철학의 맥』, 서울: 이화여대 출판부.

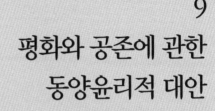

9
평화와 공존에 관한
동양윤리적 대안

박병기 (한국교원대학교 윤리교육과 교수)

9
평화와 공존에 관한 동양윤리적 대안

I. 공존(共存)과 평화(平和)라는 화두(話頭)

평화(平和)는 우리의 오랜 갈망이다. 단순히 전쟁이 없는 상태를 넘어서서 마음의 평안까지를 포함하는 평화는 오랜 시간 동안 인간을 비롯한 모든 존재하는 것들이 간절히 원했던 대상이지만, 그 간절함만큼이나 달성하지 못한 영원한 꿈처럼 느껴지기도 한다. 두 번의 세계대전이라는 인류 존망의 위기를 경험했던 20세기의 역사를 통해 70년 이상 그런 규모의 전쟁은 치르지 않고 있지만, 한국전쟁과 베트남전, 중동분쟁, 지구촌 곳곳의 '인종청소'라는 이름의 학살 등 끊임없는 국지전을 치러내고 있는 중이다.

우리의 경우는 어떨까? 남북한이 분단구조를 바탕으로 삼아 잠시 선생을 중시한다는 의미의 정전협정(停戰協定) 체제가 60년 이상 지속되는 가운데, 최근에는 북한의 핵개발과 그에 대한 미국의 적극적인 제재, 중국과 일본, 러시아 등 주변 강국들의 이해관계에 따른 갈등이 지속되면서 세계에서 가장 전쟁 가능성이 높은 곳으로 꼽히게 되었다. 이 상황 속에서 우리 자신이 주체적으로 남북분단을 중심으로 하는 평화 위협 상황에 대처하고자 하는 노력과 의지는 힘의 불균형 문제 등이 겹쳐 제대로 발휘되지 못하고 있다.

돌이켜보면 우리 역사의 어떤 시점이든지 국내 평화문제가 중국과 일본 등 주변국 상황과 긴밀하게 연결되어 있었고, 그런 대표적인 사례가 일본의 강대국화에 따른 임진왜란과 일제강점기, 중국의 왕조 교체에 따른 원나라 침략과 병자호란 등이다. 모두 고려와 조선이라는 우리의 역사 속에서 경험한 것이고, 그중 일제강점기를 극복한 것은 아직 100년도 지나지 않은 최근의 역사이다. 일제강점기를 극복하기 위한 주체적인 노력이 온전히 발휘되지 못한 상황 속에서 미국과 소련, 중국으로 대표되는 연합국 승리의 부산물로 맞은 광복은 곧바로 냉전의 격발장치 같은 모습을 띤 한국전쟁으로 이어졌고, 우리는 그 와중에 수많은 사람들의 목숨과 산업기반을 거의 온전히 내놓아야 하는 혹독한 대가를 치러야 했다.

21세기를 다시 20년 가까이 살아내고 있는 우리들은 이제 이 상황에 대해 어떻게 인식하고 수용해야 할까? '대한민국'이라는 국호를 가진 남한을 중심으로 생각하면, 우리들은 광복과 전쟁 이후 산업화와 민주화라는 두 가지 목표를 동시에 달성해낸 국가의 구성원이라는 자부심을 가질 수 있게 되었다. 세계 10위권의 경제규모와 5천 만을 넘어선 인구, 군 병력 등에서 결코 우리는 약소국이 아니다. 흔히 말하는 것처럼 영토가 좁은 나라도 아니다. 중국이나 미국, 러시아 등과 비교하면 좁은 나라지만, 유엔에 가입한 200개가 넘는 나라들 모두와 비교하면 결코 좁다고 말할 수 없다. 문제가 되는 것은 오히려 일제 식민지 교육의 유산으로 자신을 늘 '좁고 약한 나라'의 국민으로 인식하는 의식의 문제일 뿐이다.

그러나 다른 한편 우리는 마음의 평화까지는 말할 것도 없고, 당장 전쟁의 가능성이 극히 낮은 수준의 평화에 대한 기대조차 어려운 상황과 마주하고 있다. 휴전선(休戰線)을 중심으로 하는 남북한 사이의 군사적 대치의 지속이 그 첫 번째 근거이고, 북핵문제를 둘러싼 북한과 미국 사이의 전쟁위험 고조가 그 두 번째 판단근거이다. 그것들의 배경에는 일본과 중국, 러시아 같은 강대국들 사이의 이해관계의 충돌 양상이 자리하고 있다.

이런 외적 상황과 연결되면서 우리 한국인들의 마음 상태 또한 평화와는 거리가 먼 양상을 다양한 방식으로 표출해내고 있다. 세계 최고 수준의 자살율과 낮은 행복지수, 일상 속 분쟁(分爭)의 과도화 등이 그 양상 중 일부이다.[1] 급속한 개인화로 인해 인간관계의 어려움을 호소하는 사람들 비율도 지속적으로 늘어나고 있을 뿐만 아니라, 서로 함께 살아갈 수밖에 없는 속성을 지닌 우리 인간들이 어떻게 새로운 공존(共存)의 질서를 모색해야 하는지에 대한 합의나 모색도 제대로 이루어지지 못하고 있다.

우리의 의식과 사상은 이미 전통적인 기반의 것을 넘어선 곳에 자리하고 있다. 표층적으로는 어떤 주제나 개념에 관한 전통적인 인식과 이테는 항상 뒷전으로 밀리는 양상을 나타내고 있다. 평화나 공존이라는 말도 예외가 아니다. 이 두 개념의 전통적 기반을 상징하는 한

자어보다는, 각각 피스(peace)와 코이그지스턴스(coexistence)라는 영어가 먼저 떠오른다. 이런 경향성은 학교 공부의 길이가 긴 사람에게서 더 강하고, 그 이유는 우리 학교체제 자체가 그런 방식으로 작동하고 있기 때문이다. 당연히 그 학교에서 배우는 지식의 구조를 결정하는 우리 학계의 상황과도 긴밀하게 연결되어 있는 문제이다.

II. 새로운 교육과정에서 '생활과 윤리' 과목의 동양윤리적 배경 강화

'2015 도덕과 교육과정'에서 '생활과 윤리' 과목의 위상

교육과정(敎育課程)은 우리가 어떤 상황 또는 사건에 교육이라는 이름을 붙이고자 할 때 그 시간과 공간 속에서 이루어지는 모든 것을 의미하는 개념이지만, 근대적 의미의 학교를 전제로 할 경우에는 대체로 학교에서 이루어지는 공식적·비공식적 가르침과 배움의 활동을 포괄하는 뜻으로 받아들여진다. 형식적 교육과정과 잠재적 교육과정이라는 개념은 교사가 특정한 의도와 계획을 갖고 있는가의 여부에 따라 구분되고, 후자는 다시 주체의 범위에 따라 국가, 학교, 교사 수준 교육과정 등으로 각각 나뉜다. 우리가 교육부의 이름으로 주로 접하게 되는 교육과정은 그중에서 형식적 교육과정의 국가 수준 교육과정이다.

'2015 도덕과 교육과정'은 그러한 국가 수준 교육과정 중에서 2015년 9월 고시된 교육과정의 도덕 교과에 해당하는 것이다. '생활과 윤리' 과목은 그중에서도 고등학교 일반선택 과목 중 하나로 채택된 것으로, 이 교육과정에 의거한 새 교과서를 2018년 3월부터 학교 현장에서 배포하여 가르치고 있다. 이미 대학입학수학능력시험의 사회탐구 영역 선택과목 중에서 가장 선택율이 높은 과목이라는 평가를 받고 있는 이 과목은 윤리적 논쟁거리를 중심으로 현실 속의 도덕 현상과 규범에 대해 탐구하고, 그것을 자신의 가치관과 연계시키는 윤리적 성찰의 과정 자체에 초점을 맞추는 '윤리함(doing ethics)'에 초점을 맞추는 과목으로 그 성격이 규정되어 있다(교육부,『도덕과 교육과정』, 2015:33). 이 과목과 쌍을 이루는 '윤리와 사상'은 물론, 이번 교육과정 개정을 통해 처음으로 고등학교 진로선택과목으로 설정된 '고전과 윤리'와도 긴밀한 연계성을 지닌다.

이들 과목과의 비교뿐만 아니라, 이번 교육과정에서 고등학교 필수과목으로 채택된 '통합사회'와의 연계성 및 차별성 확보도 중요한 과제 중 하나로 떠오르고 있다. 학교 상황에 따라 다를 수는 있지만, '통합사회'가 대체로 고등학교 1학년 필수과목으로 채택될 가능성이 높은데 이 과목에서 다루는 행복, 환경, 인권. 정의, 시장, 지속가능한 삶 등의 주제가 '생활과 윤리'에서 다루는 주제와 겹치거나 그럴 가능성이 높기 때문이다. 이 과목에서 다루는 생명, 정의, 자연, 윤리적 소비 등의 주제도 그럴 가능성이 높은 주제들이다(교육부, 2015b: 120-121).[2]

이전 교육과정과 비교해서 이번 교육과정에서 찾아볼 수 있는 또 하나의 중요한 변화는 일상의 윤리문제를 바라보는 시각 또는 근거로서 동양윤리가 강조되고 있는 점이다. 개정된 교육과정에서는 기존의 서양윤리적 배경의 의무론과 공리주의, 덕윤리와 함께 유교윤리, 불교윤리, 도교윤리 등이 명시되어 있다. 거기에 오늘날의 새로운 접근으로서 윤리적 자연주의와 같은 도덕과학적 접근이 함께 강조되고 있다(교육부, 2015a: 35, 39). 이와 같은 동양윤리적 배경과 근거에 대한 강조는 윤리문제를 바라보는 균형 잡힌 시각의 형성 가능성과 함께, 현실적으로는 수능출제 과정에서 이 과목의 난이도와 심도를 조절하는 데도 일정한 도움을 줄 수 있을 것으로 보여 바람직한 개정이라는 평가가 가능하다. 남은 문제는 이러한 동양윤리적 배경을 고등학교 학생의 수준에 맞게 재구성해서 실천적인 관점으로 만들어낼 수 있는 교사의 역량 강화이고, 이 과제는 다시 관련 학계의 지속적인 관심에 기반한 교사 수준의 교수자료 개발로 이어진다. 그런 점에서 이 단행본의 출간은 상당한 의미를 지닌다는 평가가 가능하지만, 이 단행본을 만드는 데 참고할 만한 자료가 드물다는 점에서 일정한 한계를 지닐 수밖에 없다는 사실도 인정해야 할 듯하다.

'평화와 공존의 윤리' 영역의 내용 요소에서 동양윤리의 빈곤 문제

'생활과 윤리' 과목은 다시 여섯 개의 하위 영역으로 그 내용을 채우고 있다. 현대의 삶과 실천 윤리, 생명과 윤리, 사회와 윤리, 과학과 윤리, 문화와 윤리, 평화와 공존의 윤리가 그 여섯이다(교육부, 2015a: 35-38). 첫 번째 '실천윤리'에서 현대의 다양한 윤리문제에 대한 접근으로서 유교와 불교, 도교를 분명히 드러내고 있는 것에 비해 다른 하위영역에서 동양윤리적 접근이 제대로 드러나 있지 않다는 문제가 전반적으로 지적받아야 마땅하지만, 특히 마지막 영역에서 이 문제는 더 심각하게 드러난다.

이 영역은 다시 갈등 해결과 소통의 윤리, 민족 통합의 윤리, 지구촌 평화의 윤리 등의 세부 주제로 나뉘어 제시되고 있는데, 이 셋의 어디에서도 동양윤리적 접근이 활용될 수 있을 것이라는 암시를 주는 것조차 찾아볼 수 없다. 남북한 통합을 민족의 차원에서 접근하고 있는 점을 감안하면 기이한 일이라고 할 정도지만, 학교 교육과정이 그 학교를 둘러싸고 있는 사회의 학문과 교육 수준을 반영할 것일 뿐만 아니라 넘어설 수도 없는 것임을 감안하면 어느 누구의 책임이라고 말할 수는 없다.

이 심각한 문제를 해결할 수 있는 방안은 무엇일까? 가장 좋은 방법은 물론 차기 교육과정 개정 과정에서 이 부분을 집중적으로 보완하는 것이지만, 학교 교육과정의 안정성 문제 등을 고려해볼 때 차선책으로 교사 수준 교육과정에서의 재구성을 꼽을 수 있다. 교사 수준 교육과정은 국가와 학교 수준 교육과정을 교사의 실존적 상황과 교실 상황 등을 고려하여 재구성하는 것으로, 모든 교육이 이루어지는 핵심 통로이자 결정적인 관건이다. 이 수준의 교육과정은 교사 자신의 가치관과 삶의 실천적 지향을 근간으로 삼아 학생들과 만날 수 있는 기반을 다지고, 거꾸로 학생들과의 만남의 장을 통해 끊임없이 재구성되는 선순환의 고리를 지닐 수 있을 때 온전히 구성될 수 있다.

이 장에서 시도하고자 하는 작은 노력은 그러한 교사 수준 교육과정 구성 과정에 조금의 도움이나마 주고자 하는 것일 뿐이다. 이 책의 다른 장에서 목표로 하고 있는 것 또한 다르지 않다. 이미 총론 차원에서는 유교와 불교, 도교윤리를 구체적인 윤리적 쟁점을 다루는 과정에서 어떻게 불러낼 수 있을지에 대한 필자들 각각의 시도를 담고 있기 때문이다. 이런 시도들은 고등학교 윤리교사들은 물론 '통합사회'

를 담당하는, 윤리 이외의 과목 교사들에게도 의미 있게 다가갈 수 있을 것으로 기대된다.

III. 삶의 질서와 평화, 공존의 미학

관계와 충서(忠恕)의 윤리: 유교윤리적 대안

우리는 자신이 살아가고 있는 세계의 영향을 크게 받는다. 그 시대를 움직이는 질서와 논리 속에서 자라나고, 그것을 의식하면서 현재를 살아갈 수밖에 없는 존재이기 때문이다. 공자(孔子)와 맹자(孟子)가 살던 시기는 중국 역사 속에서 전쟁이 일상적으로 벌어지던 춘추전국(春秋戰國)시대였고, 곳곳에 군사력을 배경으로 하는 권력자들이 자리해 전쟁을 벌이는 상황이 전개되고 있었다. 자신이 태어나는 시대를 선택할 수 없는 우리는 그 시대적 배경을 있는 그대로 받아들이는 가운데 자신의 삶을 설계할 수밖에 없다.

기원전 5, 6세기는 많은 역사가들이 주목해온 것처럼 농업을 기반으로 한 인류의 생산력이 폭발적으로 증가했을 뿐만 아니라 그 분배의 차등으로 인한 신분제 질서가 자리 잡고 있던 시기였다. 지금과는 비교할 수 없을 정도였지만 먹을 것이 없어서 굶어 죽는 사람보다 전쟁으로 인해 죽는 사람의 숫자가 훨씬 더 많은 비극과 마주하면서, 사람들은 인간의 탐욕과 잔인성에 치를 떨어야 했을 것이다. 이런 참혹한 현실을 극복할 수 있는 방안은 무엇일까?

중국 고대를 대표하는 두 사상으로 꼽히는 유교와 도교는 세상은 끊임없이 변화한다는 역(易)의 철학을 공유하고 있었다. 계절이 바뀌고 함께 살아가고 있는 사람들이 죽거나 새로 태어나기도 하는 현상을 눈앞에서 관찰하면서, 그들은 이것이 인간의 삶을 움직이는 핵심적인 질서라는 생각을 하게 되었을 것이다. 나도 언젠가는 죽어 사라질 것이고 그런 점에서 허무한 삶이지만, 그렇다고 해서 그 허무에 굴복해 막 살아갈 수는 없다는 것이 그들이 공유한 전제였다. 그렇게 하기 위해 선택한 출발점에서 일정한 차이를 보였을 뿐이다.

공자가 주목한 것은 지금, 이 순간 나의 생각과 행동이다. 그는 중요한 것은 지금, 이 순간의 내 생각과 행동이라고 보았고, 이런 '일상적 순간'이야말로 그것을 통해 더 나은 인간이 될 수 있는 가능성이 열리기 때문에 우리 삶의 핵심이다. 즉 이 순간에의 충실을 통한 초월을 꿈꾸었고, 그 방법으로 예(禮) 의식에의 참여를 통한 일상의 미세한 변화의 지속을 제안했다.

내가 바뀌려면 평소 모습에서 탈피해 다른 모습을 개발해야 한다. 공자가 말하는 예(禮), 즉 의식이 변화를 이끌어내는 이유는 잠시라도 우리를 다른 사람으로 만들기 때문이다. 예는 짧게 지속되는 또 하나의 현실을 만들고, 우리는 이 현실에 잠깐 머물다가 미세하게 바뀐 평범한 일상으로 돌아간다. 아주 잠깐 동안 가상의식의 세계에 사는 셈이다(마이클 푸엣 외, 이창신 역, 2016: 61).

자신이 예의 모범국으로 생각했던 주나라가 무너지는 마지막 모습과 마주했던 공자는 그 주나라를 이끌었던 규범질서, 즉 주례(周禮)의 회복만이 그 혼란을 극복할 수 있는 방안이라고 생각했던 것 같다. 과연 주나라가 그 정도로 모범적인 국가였는지, 그것으로 복귀하기만

하면 혼란이 극복될 수 있는지와 같은 의문을 당연히 가져볼 수 있고 부정적인 답을 이끌어낼 수도 있다. 그럼에도 그런 평가를 내리기 전에 공자가 그토록 강조한 예가 무엇이고, 그 예를 통해 어떻게 세상의 질서가 바로잡힐 수 있다고 생각했는지에 대해 분명히 알아야만 한다. 우리는 쉽게 그 과정을 생략하고 '공자를 죽여야 나라가 산다'라든지, '공자만 살려내면 모든 문제가 해결될 수 있다'와 같은 과도한 결론에 이르는 오류를 범하곤 한다.

예란 이처럼 일상 속 자신의 삶에서 벗어나 잠시 다른 역할과 위치를 확보해보는 시간 자체이다. 그것을 보다 구체적으로 표현하면 자신의 일상적 욕구와 습관으로부터 한 발짝 물러서는 노력이다.

> 자신을 이기고 예로 돌아가는 것이 인(仁)이다. 하루만 이렇게 할 수 있어도 세상이 인의 질서로 돌아설 수 있다(『논어(論語)』, 「안연(顔淵)」 편).

세상을 살아가는 과정에서 예를 지니지 않으면 인간답게 살 수 없다고 생각한 공자의 사상은 그의 후계자 맹자에게도 이어져 심화된다. 그는 좀 더 나아가 인간의 본성 속에 선함의 단서가 숨겨져 있고, 그 싹을 잘 키우면 선한 사람뿐만 아니라 선한 사회도 이룩할 수 있다고 생각했다. 사람에게서 태어나 사람과 관계 맺을 수 있을 때라야 비로소 그 선함의 단서를 온전히 발달시킨 인간이 될 수 있다고 생각한 맹자는 바로 그 맥락에서 자신을 낳아주고 길러준 부모와의 관계 맺기가 윤리의 출발점이자 핵심일 수밖에 없다고 생각했다. 부모의 자애로움[慈]에 대한 자연스러운 응답인 효(孝)가 유교윤리의 핵심 개념이 될 수밖에 없는 이유이다.

> 자신의 마음을 다해 노력하는 사람은 본성을 알 수 있고, 본성을
> 아는 것은 곧 하늘을 아는 것이다(『맹자(孟子)』, 「진심상(盡心上)」 편).

자신의 마음을 다해 노력하는 일[盡心]은 흔히 충(忠)으로 표현되고, 그것이 자신과의 관계에서 타인과의 관계로 확장되는 과정은 충서(忠恕)로 표현된다. 공자가 강조했던 이 충서의 윤리는 맹자에 이르러 인간 본성론의 영역으로까지 확장되고 있는 셈이다.[3] 전쟁이 일상인 시대[戰國時代]를 살아내야 했던 맹자에게 세상은 혼란과 폭력, 무질서와 불법(不法)이 지배하는 아수라장 같은 느낌으로 다가왔을 것이다. 그런 세상 속에서 평화를 찾을 수 있는 길은 공자가 강조했던 인(仁)의 가능성을 찾아 일상 속에서 확장해가는 방법밖에 없었고, 그것은 다시 인간에게 주어져 있는 다른 선함의 가능성에도 주목할 수 있는 출발점을 마련해줄 수 있었다.

남북이 대치하는 상황 속에서 끊이지 않는 전쟁의 위협을 마주하고 있는 우리도 어떤 점에서는 맹자와 같은 고민 속에 있는지 모른다. 이 난국을 해결할 수 있는 길이 무엇일지에 대해 많은 전문가들은 주변 강대국들과의 관계 개선 등의 대안을 내세운다. 그들의 대안이 지니는 현실성에 주목해야겠지만, 과연 그것으로 모든 문제가 해결될 수 있을지도 의문이다. 그리고 그들이 자신의 이익과 다른 선택, 우리의 간청을 받아들이지 않을 것이라는 또 다른 현실에서 더 큰 문제가 생긴다. 이럴 때 공자나 맹자에게 묻는다면, 먼저 너 자신의 마음속에 있는 평화의 씨앗을 잘 바라보면서 길러내고, 그것을 다시 자신과 관

계 맺는 사람들에게 확장해가는 충서의 윤리를 제안할 가능성이 크다.

이러한 충서의 윤리는 자신과 타자의 분리되지 않는 관계를 전제로 하는 것이고, 자신과 특별한 관계에 있는 사람들에 대한 관심과 배려를 우선시하면서도 그 확장의 가능성과 필요성에 대해서도 눈감지 않는 전제를 가지고 있다. 그 관계의 배후에는 사회와 국가, 지구, 우주와 같은 확장적 연결망이 있는 것이고, 따라서 이 충서의 윤리에 기반을 둔 공존과 평화는 자신으로부터 세계로 확장되는 실천성을 지닌다고 평가할 수 있다. 그러나 그 실천성이 얼마나 구현될 수 있을지에 대해서는 여전히 부정적인 평가의 가능성이 남아 있다. 개인윤리와 사회윤리를 제대로 구분 짓지 않는 유교윤리의 한계라는 비판이 가능하다. 그럼에도 유교윤리는 일상 속에서 자신의 마음을 다해 보다 나은 삶을 살아보고자 하고, 그것을 다시 주변의 가까운 사람에게로 확장해가는 현실적인 대안을 지니고 있다는 평가 또한 가능하다. 그 확장성을 현재의 인터넷 기반 연결망과 좀 더 적극적으로 연결시킬 수만 있다면, 충서의 윤리는 실천적인 윤리로 자리매김될 가능성이 열려 있는 셈이다.

마음의 평화와 화쟁의 윤리: 불교윤리적 대안

우리에게 평화는 일차적으로 북한과의 대립 해소로 다가온다. 전쟁위기가 지속적으로 반복되면서 북한과 어떻게 하면 대립하지 않으면서 공존할 수 있을까 하는 문제가 급박한 과제로 느껴지기 때문일 것이다. 그것은 다시 좀 더 장기적인 관점에서 통일을 생각할 수 있게 하지만, 그 통일도 공존이 먼저 전제될 수 있을 때라야 온전히 바랄 수 있는 목표가 될 수 있다. 그렇지 않으면 수많은 희생을 전제로 하는 폭력적인 흡수 정도로 전락할 가능성이 열려 있다.

불교적 관점에서는 이 공존과 통일 문제를 어떻게 바라볼 수 있을까? 우리들은 역사적으로 불교가 신라의 삼국통일을 이끄는 이념적 배경 중 하나였음을 이미 알고 있고, 그 이후에도 국가통합과 통치를 위한 이데올로기로 작동하기도 했음을 알고 있다. 이른바 호국불교(護國佛敎) 논쟁을 통해 이러한 우리 불교의 역사적 전개가 과연 불교의 본래 지향, 특히 윤리적 지향과 일치할 수 있는지에 대한 여러 가지 의문이 제기되었지만, 그렇다고 해서 역사 자체를 부정할 길은 없다. 현재까지도 대통령을 위한 조찬기도회나 법회 같은 형태의 국가적 종교행사가 권력자 중심으로 유지되고 있는 것에 대해서는 또 다른 논의의 장이 필요하지만, 최소한 그것이 종교, 특히 불교의 본래 가르침과 부합하는지에 대한 성찰은 꼭 필요하다.

> 모든 것은 마음이 앞서 가고
> 가장 중요하고 이 마음에서 모든 것이 만들어진다.
> 만약 나쁜 마음으로 말하거나 행동하면
> 그로 인해 괴로움이 그를 따른다.
> 수레바퀴가 끄는 소의 발자국을 따르듯이(일아 역, 2014:13).

불교는 마음의 종교다. 경전의 곳곳에 마음에 관한 이야기가 차고 넘친다. 모든 것이 마음에 달린 것이라는 주장을 교리로 만든 '유식학(唯識學)'이 인도불교의 역사 속에서 등상하고, 우리가 속한 동아시아 불교에서 중심을 차지하고 있는 선불교(禪佛敎) 또한 마음공부로서의 수행을 강조한다. 이 선불교는 중국철학에 영향을 미쳐 성리학(性理學)이라는 또 하나의 마음 중심 철학을 만들어내는 촉매 역할을 하기도 한다.

> 생각이 일어나는 것을 두려워하지 말고 다만 깨침이 늦게 오는 것을 걱정하며, 혹 생각이 일어나거든 그 생각을 알아차리면 곧 사라진다(지눌, 해주 역주, 2009).

고려를 대표하는 승려 중 하나인 지눌 또한 마음공부의 중요성을 지속적으로 강조했다. 마음속에서 생각이 일어나는 것은 자연스러운 일이니 두려워하지 말고, 다만 그럴 때 깨침이 따라오지 않는 것을 걱정하라고 그는 충고한다. 그렇게 생각을 알아차리면 곧 사라지게 된다는 것이다. 우리에게 '마음 챙김 명상'으로 알려진 이 불교의 명상법은 초기불교뿐만 아니라 대승불교에서도 활용되던 것이고, 그 구체적인 방법으로 화두를 드는 간화선(看話禪) 수행이 강조되었을 뿐임을 확인하게 하는 내용이기도 하다.

평화 또한 당연히 마음의 문제다. 소극적 평화와 적극적 평화를 구분하는 경향이 있는 현대의 평화론에서도 마음의 평화로서의 적극적 평화가 진정한 평화임을 부정하지 않는다. 전쟁이 없는 상태인 소극적 평화는 마음의 평화로까지 이어질 수 있을 때라야 비로소 그 의미가 살아날 수 있다. 남북한 사이의 대립상황을 극복하기 위한 출발점에 대해서도 불교는 남북한 구성원들의 마음에 평화가 자리하게 하는 방안을 제안할 것이다. 만약 그것이 가능하다면 구체적인 만남과 교류의 장이 마련될 것이고, 더 나아가 건강한 공존에 기반한 통일 논의 또한 실천력을 지닐 수 있게 될 것이다.

그러나 이러한 마음의 평화론은 이상과 목표일 뿐 현실과는 늘 거리를 유지한다는 한계를 지니고 있다. 우리 마음속에는 평화보다 자신의 욕구를 충족해야 한다는 갈망 또는 갈애(渴愛)가 차고 넘친다. 이미 우리 사회구성원들 중에서도 북한과의 통일이 도대체 어떤 이득이 있느냐고 말하는 사람들이 늘어나고 있고, 그 비율은 젊은 층으로 올수록 높아지고 있다. 우리 시대를 움직이는 중심축이 이해관계에 기반한 이득의 추구임을 감안해보면 그리 이상한 일이 아니다. 현실이 이럼에도 마음의 평화를 계속 말할 수 있을까?

우리가 접할 수 있는 마음에 관한 담론은 크게 두 가지이다. 하나는 불교와 유교 같은 전통에 기반을 둔 마음 담론이고, 다른 하나는 뇌과학과 신경과학의 연구에 기반을 둔 자연주의적 마음 담론이다. 이 둘은 서로 긴장관계를 형성하면서 우리의 마음을 바라볼 수 있는 각각의 창을 제공하는데, 그럼에도 우리는 후자를 완전히 무시하고서 전자를 고집할 수는 없게 되었다. 과학적인 근거들이 지속적으로 확인되고 있기 때문이다. 자연주의적 마음 담론에 따르면, 인간의 마음에는 생존과 번영이라는 두 축의 목표가 새겨져 있고, 그 두 목표는 다시 이기심과 공감 및 연대라는 두 방향의 지향성을 동시에 지닐 수 있게 하는 진화적 요건을 마련해주었다. 다시 말해서 우리 본성 속에는 이기심과 함께 공감과 연대라는 이타성 또한 담겨 있음이 과학적 연구과정을 통해 입증되고 있는 것이다.

그렇다면 우리는 교육을 통해 이 둘을 모두 껴안을 수 있어야 하고, 실제 삶 속에서도 자신 및 타인과 관계를 맺는 과정 속에서 이 둘이 함께 발휘될 수 있는 방향으로 실천해야만 한다. 그것이 곧 마음공부이자 도덕교육의 방향성이다. 문제는 이런 방향성의 확인만으로 문제가 해결되지 않는다는 데서 생긴다. 구체적으로 그런 마음을 길러갈 수 있는 방법이 제시되어야 하는데, 우리 불교 전통에는 원효의 화쟁윤리(和諍倫理)라는 소중한 자산이 포함되어 있다.

원효의 화쟁은 여러 측면에서 이해 가능한 개념이지만, 그것의 일차적 지향이 통일과 같은 구체적인 문제의 해결이 아니라 진리주장들 사이의 만남과 '보다 나은 진리로 나아가기'라는 사실을 확인할 필요가 있다. 그중에서도 언어를 통해 진리주장을 할 수밖에 없는 우리들 자신의 한계에 대한 인식과 수용이 우선적인 과제로 설정된 개념이다. 진리를 드러낼 수 있는 수단 또는 방편으로 언어에 의존하면서도 동시에 그것을 넘어설 수 있는 이언견언(以言遣言)의 지혜를 강조하는 개념인 것이다.

> 오직 실제를 말하는 여러 언어가 있을 뿐, 그것이 실제 언어로 나타나는 것은 아니다. 비유를 통해 말해보면 허공의 청정한 모습이 나타난 것과 같아서 언어 밖의 실체가 따로 있는 것이 아니다. 다른 실체들도 모두 분별하는 생각을 내고 그것을 지속시켰기 때문에 있다고 착각하는 것들일 뿐이다(원효, 839a).

방편으로서 언어를 수단으로 삼아 각각이 자신의 주장을 펼치고, 그 주장들 안에서 일리(一理)를 찾아 인정함으로써 화쟁은 시작된다. 그럴 수 있기 위해서는 먼저 만나야 하고, 상대방에게 자신의 주장을 충분히 펼칠 수 있는 시간과 공간을 보장해주어야 할 뿐만 아니라 잘 들어주는 경청의 자세를 전제해야만 한다. 그렇게 각자의 주장 속에 담긴 일리를 찾아냈다면, 다음 단계에서는 그 조각들을 모아 보다 온전한 진리의 모습으로 한 발짝 진보할 수 있게 된다. 이런 화쟁의 과정을 필자는 다른 글에서 연속적인 세 단계로 정리하고자 했다(박병기, 2017: 25-26).[4]

첫 번째는 만남 자체의 단계이다. 만남은 아무런 전제조건 없이 마련될 수 있어야 하고, 원효의 관점에서 보면 연기적으로 얽혀 있는 나의 존재성 자체의 받아들임이어야 한다. 나의 존재 자체가 타자와의 의존적 관계망을 통해서만 비로소 가능하다는 불교의 존재론에서 만남은 그 존재성에의 충실이자 받아들임이다.

두 번째는 각각의 주장이 지니는 진리의 일단, 즉 일리를 드러내고 들어주는 쟁(諍)과 청(聽)의 단계이다. 맞아들임 또는 받아들임의 정서적 기반 위에서 각자의 주장을 논리적 근거와 경험적 근거를 바탕으로 마음껏 펼치는 이 단계는 동시에 상대방 주장에 담긴 일리를 발견하고자 하는 경청의 과정이기도 하다.

마지막 세 번째는 각각의 주장이 지니고 있는 일리들을 통합하여 보다 나은 대안을 찾는 실천적 화회(和會)의 단계이다. 이론적 차원과 실천적 차원이 함께 주어져 있는 단계이자 과정이지만, 역시 온전한 진리를 전제로 하지 않는다는 점에서 항상 잠재성을 특성으로 지닐 수밖에 없다. 이 단계는 보다 나은 수준의 진리뿐 아니라 대화 상대방들 사이의 소통 가능성을 높여줄 수 있다는 점에서 원효의 개념을 직접 빌어 회통(會通)의 단계라고 이름붙일 수도 있을 것이다.

통일문제를 둘러싼 우리 내부의 시각 차이를 인정하면서 화쟁의

장을 마련하는 한편으로, 북한과의 대화를 화쟁의 세 단계를 염두에
두고서 진행해갈 수 있다면 우리 마음의 평화가 통일로까지 확장되는
일도 가능하다는 것이 우리 불교의 마음이론과 화쟁론에 근거해 이끌
어낼 수 있는 결론이다. 담론윤리에 관한 주체적 해석과 함께 꼭 학생
들에게 소개하고 함께 실천에 옮겨보는 노력이 필요한 지점일 것이다.

관점의 재구성과 무위(無爲)의 윤리: 도교윤리적 대안

우리는 자신을 포함하여 다른 사람을 대할 때 주로 그의 이름을
부르며 다가간다. 아무개, 아무개 같은 이름은 나를 나로 확인시켜주
는 핵심적인 매개체일 뿐만 아니라 다른 사람과의 관계를 가능하게
하는 교량 역할을 하기도 한다. 그 이름은 대체로 어렸을 때 주변의 어
른들이 지어주었을 것이고, 개명이 비교적 쉬워진 요즘에는 스스로
이름을 바꾸면서 무언가 다른 삶이 펼쳐질 수 있기를 기대하기도 한
다. 그렇게 보면 이름은 확고부동한 것이 아니라 어떤 임시성과 가변
성을 지닌 것이라고 말할 수 있다.

> 도(道)를 도라고 말하는 순간 더 이상 도가 아니다. 이름[名]을 입
> 으로 올리는 순간 더 이상 온전한 이름이 아니다(『노자(老子)』).

역사적으로 그 실체가 온전히 드러나지 않는 노자(老子)라는 인물
의 이야기를 모아놓았다는 『노자』 또는 『도덕경(道德經)』은 이렇게
시작된다. 도라는 것이 있기는 한데, 그것을 언어로 표현하는 순간 온
전한 도에서 벗어나버린다는 이 생각은 훗날 선불교(禪佛敎)에도 강

력한 영향을 미쳐 입을 여는 순간 오류에 빠져든다는 격언으로 살아난다. 그렇다고 해서 도 또는 진리를 말하는 것이 불필요한 것은 아니다. 오히려 그 언어의 한계를 정확하게 인식한다는 전제를 바탕으로 우리는 끊임없이 진리에 대해 말하고 토론해야 한다.

이름도 마찬가지다. 나 자신과 타인의 이름은 정체성 확인과 교류를 위한 중요한 매개이다. 따라서 우리는 이름이 가리킬 수 있는 것의 한계를 인식하면서 그 이름을 적극적으로 활용하고, 때로 스스로 도저히 받아들일 수 없다는 생각이 들면 바꾸는 것을 고민해볼 수 있다. 세상과 나 자신을 바라보는 데는 창이 필요하고, 그 창 중의 하나로 이름을 활용할 수 있다는 의미이다. 그런데 우리는 어른이 되어갈수록 그 창을 고정된 것으로 착각하고 고집하려는 경향성을 지니게 된다. 나이가 들어갈수록 관용적이 될 가능성보다는 '고집 센 노인네'가 될 가능성이 더 큰 것도 같은 이유에서 비롯된다.

> 도에는 본래 한계가 없고 언어에도 본래 항구성이 없는 법이다. (중략) 통발은 물고기를 잡는 도구이므로 물고기를 잡고 나면 잊어버려야 하고 올가미는 토끼잡이에 쓰는 것이어서 토끼를 잡고 나면 잊어버려야 하듯이, 말도 뜻을 표현하는 도구에 불과하므로 뜻을 알고 나면 잊어버려야 한다(『장자(莊子)』, 「외물(外物)」편).

도가철학 또는 노장철학을 말할 때 노자와 함께 등장하는 장자는 이 문제를 좀 더 구체적으로 지적하고 있다.[5] 도에는 한계가 없기 때문에 그것을 표현하는 언어에는 항구성이 있을 수 없고 도구로서의 특성만 있을 뿐이라고 장자는 말한다. 따라서 쓰고 나면 버려야 하는 것일 뿐 걸머지고 다녀서는 안 된다. 이런 생각은 한국불교를 상징하는 대한불교조계종에서 주로 의지하는 경전인『금강경』에서도 뗏목의 비유를 통해 잘 묘사되어 있다. 강을 건너기 위해서는 뗏목이 꼭 필요하지만, 건넌 후에는 그것을 과감하게 버리고 가야지 짊어지고 산으로 가서는 안 되는데, 우리는 현실 속에서 그런 어리석음을 쉽게 범하곤 한다.

우리가 보기에는 오리의 다리가 짧아 보이지만 그렇다고 억지로 늘여주면 고통을 더해줄 뿐이다. 마찬가지로 학의 다리가 길다고 잘라주어도 아픔만 따를 뿐이다. 그러므로 두려워하거나 괴로워할 까닭이 없다. (유교에서 말하는) 인의(仁義)가 사람들의 본래 특성일 수 있을까? 오히려 저 사람들은 그것 때문에 불필요한 괴로움만 만들어내고 있는 것인지 모른다(『장자』, 「변무(騈拇)」 편).

우리는 너무 쉽게 충고를 하곤 한다. 그의 처지나 심정을 제대로 알지도 못하면서 쉽게 충고할 뿐만 아니라, 그것도 아주 강한 어조로 꼭 그래야 하는 것처럼 말하는 경향이 있다. 결혼하지 않은 사람을 보면 가치평가의 감정을 더해 왜 결혼하지 않았는지를 묻고, 아이가 없는 부부를 보고 너무 쉽게 아이가 왜 없는지를 묻고서는 자신의 편견에 근거한 충고를 쏟아내는 사람들이 있다. 유교 중심의 가족공동체주의에 기반한 관계 맺기에 익숙해져 있는 우리들의 '추한 자화상' 중 하나다. 관계가 삶의 핵심 요소에 속하지만, 시민사회에서의 그것은 각 개인의 선택을 앞서지 못한다. 혹시 넘어서더라도 우리는 그것이 그 자신의 몫일뿐임을 자각할 필요와 마주하고 있다.

자아정체성 문제도 마찬가지다. 우리는 흔히 확고한 정체성을 가지고 살아가야할 것만 같은 강요를 공교육 체제를 통해 받아왔다. 그 결과로 자신의 정체성이 흔들리거나 변화하는 것을 자연스럽게 받아들이지 못하고 허둥대는 모습을 보여주는 경우가 많다. 자신과 세상을 바라보는 관점을 세우는 일은 중요한 발달과업이지만, 그 관점은 늘 변경 가능해야 한다. 또한 관점의 변경이 가능해지면, 관계의 재구성도 가능해진다. 오리의 다리는 본래 짧고 학의 다리는 본래 길다는, 당연한 생각을 할 수 있게 되면 나와 타자 사이의 다름을 인정할 수 있게 되고 더 나아가 진정한 의미의 공존도 가능해진다. 이것이 도교적 관점에서 바라보는 공존의 미학이자 윤리인 것이다. 이러한 공존은 통합의 다른 모습이기도 하다.

> 이것이 장자가 제안하는 무제한적 관점과 훈련된 즉흥성이다. 인간을 초월하는 능력은 바로 우리가 인간이라는 사실에서 나온다. 우리가 지구상의 다른 어떤 생물보다 더 넓게 포용할 수 있는 이유는 방대한 상상력 때문이다. 오로지 인간만이 끝없는 가상의 세계에 들어가 다른 존재의 시각으로 우주를 볼 수 있다. 그러려면 항상 모든 것을 받아들이고, 도에 따라 즉흥적으로 움직이고 적극적으로 변화의 일부가 되도록 끊임없이 노력해야 한다(마이클 푸엣 외, 이창신 역, 2016: 239).

노장의 도는 변화와 흐름으로 해석된다. 항상 변화하고 흐르는 가운데 있는 모든 존재하는 것들의 실상을 관조하면서, 스스로 그 흐름에 적극적으로 동참히는 가세는 아무것도 하지 않는 것처럼 보이면서도 가장 적극적으로 살아가는 무위(無爲)의 윤리로 요약될 수 있다. 세상의 쓸모 있음에 얽매이는 것이 아니라 쓸모없음의 진정한 쓸모에 주목하는 자세이기도 하고, 도의 흐름이 자신의 몸과 마음에 통하게 하고자 하는 일상의 수도(修道)와도 연결되는 지점이기도 하다.

IV. 평화와 공존을 위해 우리는 어떤 노력을 해야 할까?

우리에게 평화는 선택의 문제가 아니다. 힘에 기반을 둔 정의와 권력 관계라는 현실주의가 지니는 힘을 무시하지 않으면서도 어떻게 해서 든지 전쟁은 피해야 한다. 전쟁이 인터넷망을 통해 게임처럼 중계되 는 세상이 살게 되면서 우리는 전쟁의 참상이 아닌 살상의 쾌감에 익 숙해져가고 있지만, 그것이 현실 속 우리의 고통을 전혀 감해줄 수 없 다는 사실에 주목해야 한다. 우리나라는 물론 지구상에 전쟁이 있어 서는 안 된다.

　흔히 "전쟁을 막기 위해서는 전쟁을 준비해야 한다."라는 고대 그 리스의 어느 장군의 말이 쉽게 통용되지만, 전쟁을 준비하다 보면 언 젠가는 실제로 전쟁을 하게 될 가능성이 높다는 사실을 분명히 인식 할 필요가 있다. 전쟁을 막기 위해서는 평화와 공존을 준비해야 한다. 그것이 유교와 불교, 도교로 대표되는 동아시아적 전통의 지혜이다. 자신의 마음속 평화의 자리를 넓히고 그것을 관계 맺고 있는 사람들 로 확장하는 충서(忠恕)의 윤리, 마음의 평화를 타자로 확장해가는 구 체적인 절차와 방법까지 담고 있는 화쟁(和諍)의 윤리, 자신이 지니게 된 관점의 근원적 한계를 인식하면서 변경해가고 그것을 통한 관계의 재구성까지 시도하는 무위(無爲)의 윤리 등이 구체적인 대안일 수 있음을 우리는 확인했다.

　참여민주주의를 넘어서 숙의민주주의에 이르는 여정을 밟아가고 있는 우리 시민사회에는 당연히 롤즈(J. Rawls)의 정의론이나 갈퉁(J. Galtung)의 평화론, 하버마스(J. Habermas)의 담론윤리 등에 주목하는 노력이 필요하다. 그러나 다른 한편 우리 시민사회는 전통의 기반과 서구적 근대화의 급속한 진행 사이의 긴장과 갈등 사이에서 전개되고 있고, 이들 사이의 조화 또는 새로운 대안을 지속적으로 모색해 실천해야 하는 과제를 던져주고 있다. 그런 점에서 공존과 통일, 평화 문제를 서양윤리적 관점에서 주로 고찰하도록 유도하고 있는 현행 교육과정과 교과서는 비판적 분석과 극복의 대상일 수밖에 없다. 우리 학계와 지성계의 현실을 감안하면서도 패배주의나 무감각함에 내맡기지 않으려는 노력이 그 모든 문제를 해소해가는 출발점일 것이다.

1   우리나라 사람들이 범죄가 아닌 분쟁을 경험하는 비율이 경제협력개발기구 (OECD) 국가 중에서 가장 높다는 최근의 보고가 그 사례이다. "사회생활을 하면서 다양한 분쟁을 겪는 비율은 한국이 경제협력개발기구(OECD)에서 가장 높은 것으로 나왔다. 올해 1월 발표된 OECD의 '2017 삶의 질(How's life)' 보고서를 보면 한국은 지난 1년간 사회생활 중 각종 분쟁을 경험한 적이 있다고 응답한 비율이 34%로 조사대상 회원국 중 가장 높게 나타났다. 범죄에 따른 분쟁을 경험한 비율은 1%로 다른 회원국들보다 낮은 편이었지만, 특히 '사업과 고용' 문제와 '이웃 및 주거환경' 문제로 분쟁을 겪은 비율이 각각 10%, 6%로 다른 나라들보다 높아 한국 사회의 가장 주된 일상적 갈등 요인으로 나타났다 (『주간경향』(2018.02.27.), "'만인이 만인과 싸운다' 각자도생의 한국 사회")."

2   이 과목의 목표에는 '사회과와 도덕과의 교육 목표를 바탕으로 한 통합과목'임이 명시되어 있다.

3   공자의 제자 증자(曾子)에 의해 "공자의 도는 충서에 이미 갖추어져 있다(『논어』, 「이인(里仁)」편)."라는 언명으로 확인된다.

4   아래의 세 단계는 건국대학교 인문학연구원에서 발간하는 『통일한국』 제70호 (2017: 5-34)에 수록된 필자의 글에서 가져온 것임을 밝혀둔다.

5   도가(道家)는 철학적 성격을 강조할 때 주로 사용되는 개념으로 노장철학(老莊哲學)과 호환하면서 사용되기도 한다. 그에 비해 도교(道教)는 종교적 의미를 강조하는 것으로 받아들여지는 경향이 있지만, 도교철학(道教哲學)이나 도교윤리(道教倫理)와 같이 철학적 배경을 담고 있는 개념으로 사용되는 경우가 더 많아졌다. 철학과 종교를 엄격히 구분해야 한다는 강박관념을 가지고 있었던 서양근대 계몽주의의 영향을 일정 부분 받은 것으로 보여 극복해야 하는 지점이다. '2015 도덕과 교육과정'에서는 도교윤리라는 개념을 사용하고 있다. 바람직한 개념 선택이라고 볼 수 있다.

:: 참고문헌

『논어』, 『맹자』, 『금강경』, 『노자』, 『장자』.
원효, 「십문화쟁론」, 『한국불교전서』 권1.
일아 역(2014), 『담마빠다』, 서울: 불광출판사.
지눌, 해주 역주(2009), 『정선지눌』, 한국전통사상서간행위원회.
교육부(2015a), 『도덕과 교육과정』(교육부 고시 제 2015-74호, 별책6), 세종:
　　교육부.
교육부(2015b), 『사회과 교육과정』(교육부 고시 제 2015-74호, 별책7), 세종:
　　교육부.
마이클 푸엣 외, 이창신 역(2016), 『더 패쓰(The Path)』, 파주: 김영사.
박병기(2017), 「통일윤리와 화쟁」, 『통일인문학』 70호, 건국대학교 인문학연
　　구원.
『주간경향』(2018.02.27.), '만인이 만인과 싸운다' 각자도생의 한국 사회.

찾아보기

:: ㄱ

가부장제(家父長制) 67
가아(假我) 174
간화선(看話禪) 수행 290
갑질 횡포 132
개인화 279
건국신화 249
건달 215
건달바 215‒217, 219
격물치지(格物致知) 17
경계 137
경쟁 126
고(苦) 18
고등종교 251, 267, 268
고전과 윤리 281
고조선 249
공관(空觀) 20
공교육 162
공자(孔子) 4, 46, 128, 219, 262
공존(共存) 277
공존(共存)의 질서 279
공포관리이론 40
과욕(寡欲) 31
과유불급(過猶不及) 178
과학기술 180‒183, 187, 193, 194
과학명제 189, 190
과학윤리 163, 182, 185, 186, 194
과학지식 162, 182, 183, 187, 193, 194
과학혁명 162, 166, 184, 187

『과학혁명의 구조』 190
괴력난신(怪力亂神) 45
군자(君子) 8
궁극적 실재 256, 267
궁리(窮理) 16
귀납 188
규방가사(閨房歌辭) 81
『규합총서(閨閤叢書)』 80
근대과학 189, 191, 195, 198, 199
『금강경』 296
기간(幾諫) 115
기심(機心) 182
기탄잘리(Gitanjali) 43
길리건(C. Gilligan) 85
김굉필 178
김금원(金錦園) 80
김삼의당(金三宜堂) 81
김인후(金麟厚) 149
김호연재(金浩然齋) 80

:: ㄴ

나딩스(N. Noddings) 86
난랑비서문 265
남귀여가혼(男歸女家婚) 72
남존여비(男尊女卑) 72, 79
내재화(內在化) 102
내집단 편향성 41
노자(老子) 11
『논어』 45, 46

니덤(조셉 니덤)　　　　　　184

:: ㄷ

다문화사회　　　　　　247, 248
대대(對待)　　　　　　　　77
대승　　　　　　　　258, 259
대인(大人)　　　　　　 15, 129
대체 의학　　　　　　　　196
덕선생(德先生)　　　　　 180
덕성　　　　　　　　　　118
덕치　　　　　　　　　　118
도가　　　　　161, 164, 166
도가의 생사관　　　　　　55
『도덕경』　　　　　　　　55
도덕과 교육과정　　　　　38
도덕률　　　　　　　　　103
도덕적 숙고　　　　　192, 194
도덕적 주체　　　　　　 103
도량형　　　　　　　　　138
도학(道學)　　　　　　　　5
동양윤리적 접근　　　　　282
동양의 생사관　　　　　　38
동중서(董仲舒)　　　　　 75

:: ㄹ

러셀(버트란드 러셀)　　　 188
레오나르도 다빈치　　　　42

:: ㅁ

마음공부　　　　　　　　289
마음의 평화　　　　　　　279
맹자(孟子)　　　　　　　129

『맹자(孟子)』　　　　　　75
멸절론자들(annihilationists)　52
명근(命根)　　　　　　　　55
모멘토 모리(Momento Mori)　37
『목민심서(牧民心書)』　　153
무명(無明)　　　　　 174, 175
무시무종(無始無終)　　　　58
무위(無爲)　　　　　　　　12
무위(無爲)의 윤리　294, 297, 298
무위자연(無爲自然)　 13, 182, 194
묵자(墨子)　　　　　　　227
문명　　　　　　248, 251, 267
문질(文質)　　　　　 223, 225
물화(物化)　　　　　　　　58

:: ㅂ

바르도(bardo)　　　　　　55
박수량(朴守良)　　　　　146
반증가능성(falsifiability)　 189
반증주의　　　　　　 189, 190
방편　　　　　　　　　　292
배려윤리　　　　　　　85, 88
백비(白碑)　　　　　　　149
법신　　　　　　　　　　263
법치　　　　　　　　　　118
보부아르(S. Beauvoir)　　86
보편 종교　　　　　　　185
보편성　　　　　　　　　116
본심(本心)　　　 106, 128, 176
부녀(婦媤)　　　　　　　　70
부부유별(夫婦有別)　　 68, 77

부부윤리	67	상경여빈(相敬如賓)	68
부요(婦謠)	81	상덕(尚德)	13
부정부패	140	상도(商道)	124
부창부수(夫唱婦隨)	81	상동(尚同)	104
부처	262, 263	상생상성(相生相成)	77
분수	146	새선생(賽先生)	180
분업화	139	『생각의 지도』	41
불교의 생사관	49	생계유지	124
불멸(immortality)	43	생명윤리	38
불상란(不相亂)	78	생사(生死)	54
불상압(不相狎)	78	생사관	37
불인인지심(不忍人之心)	174, 176, 193	생활과 윤리	280
불후(不朽)	49	석가	262
비악론(非樂論)	227, 228, 233	선불교(禪佛敎)	289
		선심(善心)의 선	174

:: ㅅ

		선의 과학	179, 182, 195, 197
사단(四端)	131, 176, 178, 193	선천적 선심	193
4대 봉사	72	선한 마음	109, 110, 117
사문유관(四門遊觀)	50	설해목(雪害木)	209
『사소절(士小節)』	73	성리학(性理學)	290
사성제(四聖諦)	18, 50	성찰	117, 118
사유설(四有說)	54	『성학십도(聖學十圖)』	176
사이비(似而非) 명제	190	『성학집요(聖學輯要)』	200
사회 혼란	128, 138	세월호 참사	41
『삼강행실도(三綱行實圖)』	73	소크라테스	42
삼교(三敎)	264 - 266	『소학(小學)』	70
삼교회통론	260, 264, 269	솔선수범	154
삼세윤회설	51	수기치인(修己治人)	7, 47
삼승	259	수양	116, 117
삼종지도(三從之道)	71	『수심결(修心訣)』	175
삼학(三學)	19	수오지심(羞惡之心)	103
		순자(荀子)	139, 219

순천절물 202, 203

스턴버그(R. Sternberg) 86

스피노자 42

시중(時中) 116

시집살이혼 72

신뢰 127

신종추원(愼終追遠) 48

신흥무관학교 152

심재(心齋) 59

『쌍윳따 니까야』 53

:: ㅇ

아뢰야식 60

아뢰야식(제8식) 55

아인슈타인 192

「악기(樂記)」 219

악의 과학 179, 182, 197

안빈낙도 146

양성평등 67

양심 118, 134, 136

양진(楊震) 142

어진 마음[仁心] 115

업(業) 60

업인과보 51

<여자탄식가> 81

여필종부(女必從夫) 72

연기(緣起) 18

연명의료결정법 38

열녀(烈女) 73

열반(涅槃) 10

영속론자들(eternalists) 52

예(禮) 의식 285

예(禮) 118, 126, 137

예기(禮記) 234

예술 234, 237, 240

예술지상주의 219

예악(禮樂) 219, 222, 228, 235, 240

예악동이론(禮樂同異論) 234, 240

『오륜행실도(五倫行實圖)』 73

오승 259

외손봉사 72

욕구 충족 136

원융회통 256, 260

원효 174, 176, 193, 269

『우암션생계녀서』 73

유교 48

유교의 생사관 45, 49

유교적 부부관계 67

유식학(唯識學) 289

육도(六道) 52

윤리와 사상 281

윤회(輪廻) 54

윤회봉사(輪回奉祀) 72

음악 215, 219, 221, 224, 227, 228, 230

음양대대(陰陽對待) 76

음양론(陰陽論) 75

음양오행 195 - 200

의(義) 8, 99, 100

의정불이(依正不二) 164

이기철학(理氣哲學) 200

이더무(李德懋) 73

이로동귀설 261

이빙허각(李憑虛閣) 80

이사주당(李師朱堂) 82
이상 사회 139
이언견언(以言遣言) 292
이이(李珥) 5, 200
이익(李瀷) 71
2015 도덕과 교육과정 280
이항복(李恒福) 150
이회영(李會英) 152
인(仁) 8
인격 형성 4
인물성동이 논변 204 - 206, 208
인위(人爲) 226
인의예지(仁義禮智) 128, 134
일리(一理) 292
일심 257
일일삼성(一日三省) 14
일체유심조 258
임윤지당(任允摯堂) 81

:: ㅈ

자긍심 127
자비(慈悲) 28
자신감 127
자아실현 123, 124
자연의 물정(物情) 56
자연주의적 마음 담론 291
자율 118
자율적 존재 103
장생불사(長生不死) 55
장이 124
장인 정신(匠人精神) 125

장인(匠人) 140
장자(莊子) 11, 57, 58, 164, 181
전문화 139
절대성 116
절대자 250 - 252, 268
절욕(節慾) 201
정명(正名) 139
정보윤리 162, 166, 167, 171
정약용(丁若鏞) 7, 152
정의 99
제물(齊物) 21
제물론 58
제천의식 252
조건 없는 사랑 113
조광조(趙光祖) 178
조단(造端) 88
『조선왕조실록(朝鮮王朝實錄)』 80
존경심 127
종법제(宗法制) 71
종사(從死) 73
좌망(坐忘) 59
주례(周禮) 285
『주역(周易)』 73
『주자가례(朱子家禮)』 72
주희(朱熹) 164, 177, 207
죽음 39
죽음 연구 39
죽음 현저성(Mortality Salience) 40
죽음의 가변성(variability) 39
죽음의 예측불가능성(unpredictability)
39
죽음의 인간화 42

죽음의 편재성(ubiquity) 39
죽음의 필연성(inevitability) 39
죽음학(Thanatology) 45
『중국과학기술문명사』 184
중도(中道) 28
중용(中庸) 105
『중용(中庸)』 76
중절의 선 178, 179, 193
증자(曾子) 14, 46
지구촌 251, 267
지극히 공평한 사회(至平) 139
지눌(知訥) 20, 174‒176
직분(職分) 140
직업 선택 132
직업윤리 123, 125, 128, 135, 140, 141
진아(眞我) 166
진인(眞人) 58
질곡(桎梏) 59

:: ㅊ

처가살이혼 72
천명(天命) 46
천상천하 유아독존 164
천인합일(天人合一) 203
첨성대 185
청렴 138, 140, 141, 143, 145, 148,
149, 151, 153, 154
청백리 140, 142‒147
청심(淸心) 153
최치원(崔致遠) 269
추연(鄒衍) 198

『춘추좌전(春秋左傳)』 76
충서(忠恕) 287
충서(忠恕)의 윤리 284, 298
칠정(七情) 177, 204

:: ㅋ

카르페 디엠(Carpe-diem) 37
쿤(토마스 쿤) 190

:: ㅌ

탐관오리 143
『태교신기(胎敎新記)』 82
통합사회 281
퇴계(退溪) 176

:: ㅍ

팔정도(八正道) 18, 50
패러다임(paradigm) 전환 190
평화(平和) 277
포퍼(칼 포퍼) 189
풍류 264, 265

:: ㅎ

『한씨부훈(韓氏婦訓)』 73
항려(伉儷) 76
항산(恒産) 130
헤겔(G. W. F. Hegel) 85
현대과학 196
『호동서락기(湖東西洛記)』 80
호락논변 204
호선오악 161

호접(胡蝶) 58

혼백(魂魄) 47

홍익인간 252, 254, 255, 269

화쟁(和諍)의 윤리 298

화쟁사상 269

화쟁윤리(和諍倫理) 292

화쟁의 윤리 288

환경 161, 164, 165, 191

황금률(Golden Rule) 114

회통(會通) 293

흥리제해(興利除害) 228, 229

희로애락 177

:: 저자 소개

고재석 성균관대학교 유학과 석사 및 북경대학 철학과 박사과정을 졸업하였으며, 현재 성균관대학교 유학대학 부교수로 재직하고 있다.

김기현 대만 동해대학 철학연구소 석사 및 박사과정을 졸업하였으며, 현재 전남대학교 윤리교육과 교수로 재직하고 있다.

김민재 한국교원대학교 윤리교육과 석사 및 박사과정을 졸업하였으며, 현재 충북대학교 윤리교육과 부교수로 재직하고 있다.

박병기 서울대학교 윤리교육과 석사 및 박사과정을 졸업하였으며, 현재 한국교원대학교 윤리교육과 교수이자 대학원장으로 재직하고 있다.

안영석 영남대학교 철학과 석사 및 박사과정을 졸업하였으며, 현재 안동대학교 윤리교육과 교수로 재직하고 있다.

이상호 경상대학교 윤리교육과 석사 및 박사과정을 졸업하였으며, 현재 경상대학교 윤리교육과 교수로 재직하고 있다.

이영경 경북대학교 윤리교육과 석사 및 박사과정을 졸업하였으며, 현재 경북대학교 윤리교육과 교수로 재직하고 있다.

이우진 한국학중앙연구원 한국학대학원 교육·윤리전공 석사 및 교육학 전공 박사과정을 졸업하였으며, 현재 공주교육대학교 교육학과 교수로 재직하고 있다.

장승희 서울대학교 윤리교육과 석사 및 박사과정을 졸업하였으며, 현재 제주대학교 교육대학 교수로 재직하고 있다.

'생활과 윤리'
동양윤리와 만나다

초판인쇄 2020년 2월 3일
초판발행 2020년 2월 10일

저　　자 동양윤리교육학회
펴 낸 이 김성배
펴 낸 곳 도서출판 씨아이알

책임편집 최장미, 김다혜
디 자 인 윤미경
제작책임 김문갑

등록번호 제2-3285호
등 록 일 2001년 3월 19일
주　　소 (04626) 서울특별시 중구 필동로8길 43(예장동 1-151)
전화번호 02-2275-8603(대표)
팩스번호 02-2265-9394
홈페이지 www.circom.co.kr

I S B N 979-11-5610-828-3 93190
정　　가 18,000원